Bernecker Wegweiser für Kapitalanlagen
51. Jahrgang 2018

Hans A. Bernecker (Herausgeber)

Bernecker Wegweiser für Kapitalanlagen 2018

herausgegeben
von Hans A. Bernecker

51. Jahrgang

Bernecker
Verlagsgesellschaft mbH
Detmold

Alle Rechte vorbehalten
© 2017 Bernecker Verlagsgesellschaft mbH
Herstellung: Medienhaus Theodor Gruda, 40670 Meerbusch
Printed in Germany
ISBN: 978-3-9812899-8-5

Inhaltsverzeichnis:

	Vorwort	7
1	Fünf Thesen für 2018	13
2	Deutschlands Sonderstatus	19
3	Unternehmensstrategien - Auf der Suche nach dem Shareholder Value	27
4	Die nächste Finanzkrise	35
5	Mainstream oder aktives Investment	41
6	Der deutsche Immobilien-Markt	51
7	Chancen und Risiken: Wie die Elektromobilität die Industrie verändert	59
8	Der Motorradmarkt hat das Tal der Tränen durchschritten	71
9	Die Profiteure steigender Transportvolumina	77
10	Die Digitalisierung wird langsam greifbar	87
11	Die stille Revolution in der Medienbranche	103
12	Energie- und Rohstofftrends	109

13	Ölwende?	119
14	Das goldene Lächeln der Mona Lisa	125
15	Bitcoin	135
16	Freihandel	149
17	Ein Jahr Donald Trump	155
18	La France d'abord!	165
19	Go East - Hochprozentiges aus Osteuropa	175
20	Russland bleibt Russland	193
21	Venezuela wird die Restrukturierung des Jahres	201
22	Südafrika - Debakel am Kap	213
23	Saudi-Arabien	221
24	China: Kommunismus 2.0	227
25	Asien tickt anders	237
26	Kommt der Petro-Yuan?	245
	Unsere diesjährigen Autoren	251

Vorwort

Sehr geehrte Damen und Herren!

Wir beenden das Jahr 2017 mit der Erkenntnis, dass die weltweiten ökonomischen und politischen Tendenzen asymmetrisch verlaufen. Während die Weltwirtschaft um 3,2 % wächst und somit die Fortsetzung der Globalisierung unterstreicht, hat sich der Wandel der politischen Welt von einer multilateralen in eine bilaterale Struktur vollzogen. Die Ökonomie hält augenscheinlich also noch eine Globalisierung zusammen, die von der politischen Realität aber nicht mehr uneingeschränkt gedeckt wird. Welche Kraft stärker wird und letztlich die andere korrigiert, ist das zentrale Thema für 2018. Daraus ergeben sich auch die Rahmenbedingungen, in denen sich die Kapitalmärkte bewegen. Indes:

Die Rekordstände aller Assetklassen zum Jahresende 2017 passen nahtlos zu den ökonomischen Daten, die vorliegen. Zum ersten Mal seit 2010 wachsen alle Konjunkturen weltweit, wobei insbesondere die Schwellenländer mit einem Wachstum von 4,7 % ihre Rezessionen nach den Finanzkrisen deutlich hinter sich gelassen haben. Die europäische Konjunktur ist ebenfalls homogen auf Wachstum eingestellt, sodass sich die Wachstumsdifferenzen zwischen dem bisherigen Spitzenreiter Deutschland und den übrigen EU-Staaten nachhaltig schließen.

Dahinter steht natürlich als Garant die Niedrigzinspolitik der Notenbanken, die dafür sorgt, dass dieses Wachstum dauerhaft finanzierbar ist bzw. es noch zusätzlich antreibt. Dies mag man prinzipiell kritisieren, aber die Fortsetzung der Niedrigzinspolitik der wichtigsten Notenbanken ist zu einer dauerhaften Realität geworden. Dass die Aktien- und Anleihenmärkte wie auch die Rohstoff- oder Immobilienmärkte vor dem Hintergrund dieser

Zahlen und dieser Zinspolitik neue Rekorde feiern, ist stimmig. Tatsächlich befinden sich derzeit die Kapitalmärkte in der besten aller Welten, denn das konjunkturelle Wachstum beflügelte auch die Dynamik der Unternehmen, die neben einer Umsatzausweitung auch durchschnittlich mit überproportional hoher Gewinnsteigerung überzeugen. Daraus ergibt sich der Spielraum für höhere Bewertungen, die in vielen Fällen weit über die historischen Maßstäbe hinausgehen. Begleitet wird dies von der fortlaufenden Entwicklung technologischer Innovationen, die griffig unter dem Begriff Digitalisierung zusammengefasst sind und dazu führen, dass durch Effizienzsteigerungen die Margen- und Gewinnqualität der Unternehmen weiter zunimmt. So weit die ökonomische Realität, die sich auch 2018 fortsetzen kann.

Die politischen Realitäten sehen gänzlich anders aus. US-Präsident Trump leitete vor 12 Monaten die Wende von einer multilateralen in eine bilaterale Welt ein. Wie richtig er mit dieser Einschätzung der politischen Realitäten lag, erkennt man 12 Monate später sehr gut. Geopolitische Verschiebungen zeichnen sich unweigerlich ab, aus denen sich die vielleicht gravierendste Trendwende der letzten 27 Jahre, also nach dem Ende der Sowjetunion, ergibt. Wer in diesen Verschiebungen dominiert, überrascht dahingehend, dass gerade die Europäer diese Tendenz nicht erkennen und entsprechend an Bedeutung und Gewicht in internationalen Fragen verloren haben.

Drei Staaten werden neben den USA 2018 die wichtigsten Akzente setzen bzw. die Rahmenbedingungen stellen, in denen sich letztlich auch die Kapitalmärkte bewegen müssen: Die Entwicklungen in China, Saudi-Arabien und Russland werden neben denen in den USA zur entscheidenden Größe. Alle anderen inklusive der Europäer können nur auf Entscheidungen dieser Länder reagieren, aber nicht gestaltend eingreifen. Dabei sind zwei Erkenntnisse von Bedeutung:

Erstens gibt es eine klare Machtverschiebung von Westen in Richtung Osten. Zweitens begrenzen sich die Entwicklungen dieser Länder nicht auf ihre innenpolitische Dynamik, sondern auch auf ihre außenpolitischen Konsequenzen. In der bilateralen Welt vertreten alle ihre eigenen Interessen, was auch zu unterschiedlichen Ansätzen zwischen den Ländern führen kann. Der Konsens ist beendet, weil die Summe der Übereinstimmung in Schlüsselfragen nicht mehr groß genug ist, um einen tragfähigen Konsens auf multilateraler Ebene zu erzielen. Dabei geht es auch um Rang, Einfluss und wirtschaftliche Interessen, die im Zuge der nächsten 12 Monate neu geordnet werden.

Die Entwicklung in Europa ist dabei mit großer Besorgnis zu sehen. Die Entscheidung oder Nichteintscheidung nach der deutschen Wahl hat zu einem erheblichen Ansehens- und Einflussverlust des wichtigsten europäischen Staates geführt, der noch vor 12 Monaten als entscheidendes Gegengewicht und Vertreter der multilateralen Welt gewertet wurde. Ganz gleich, welche Regierungsbildung in Deutschland nun zustande kommt, sie wird nicht annähernd die Qualität haben, die sie in den letzten 12 Jahren nach außen hin projizierte bzw. die ihr unterstellt wurde. Hinzu kommt, dass die Europäer zerstritten wirken und die auseinanderdriftenden Tendenzen verschiedener Staaten nicht nachhaltig verhindern können.

Das bezieht sich nicht nur auf Brexit oder Katalonien, sondern insbesondere auch auf die Osteuropäer. Die oben genannten drei Staaten inklusive Amerika wittern ihre Chance, das Auseinanderdriften der EU-Staaten für sich zu nutzen und sogar weiter zu fördern. Darunter liegt die Erkenntnis, dass auch innerhalb der EU die Gemeinsamkeiten in vielen Punkten zu gering sind, um den Zusammenhalt dieses Konstrukts dauerhaft zu gewährleisten. Bislang gibt es weder aus Brüssel noch aus Paris und schon gar nicht aus Berlin entscheidende Gegenargumente.

Der Spagat zwischen der ökonomischen Realität und der politischen Willensbildung wurde 2017 sichtbar und wird sich 2018 noch deutlicher hervorheben. Vielleicht sogar bis zum Punkt eines Risses oder des Konflikts, der sich insbesondere im Mittleren Osten wieder andeutet. Wenn sich politische Landschaften und Strukturen verschieben, müssen die ökonomischen und wirtschaftlichen Rahmenbedingungen dem letztlich folgen. Solche Umschwünge sind selten, dafür aber nachhaltig, wie man 1990/91 sah. Damals war die Geburtsstunde des politischen und ökonomischen Konsens unter der Flagge der Globalisierung. Dieser Konsens ist beendet. Die Politik gibt eine andere Richtung vor.

In den Differenzen liegen für Kapitalmärkte und deren Anleger natürlich riesige Chancen. Im Unterschied zwischen den Assetklassen liegt die größte Marge und nicht in der einheitlichen Tendenz aller Assetklassen in eine Richtung. Gleichwohl müssen vor dem oben genannten Hintergrund geopolitische Risiken wieder eingepreist werden, die die Kapitalmärkte in den letzten 12 Monaten augenscheinlich außer Acht gelassen haben. Wie groß und wie dauerhaft sind also die Risikoprämien, die zu erwarten sind? In den folgenden Kapiteln versuchen wir, Ihnen diese und etliche andere Fragen zu beantworten.

Die politische Realität, die sich anbahnt, wird vielfach mit Sorge beobachtet, ist aber nicht nur negativ zu bewerten. In vielerlei Hinsicht entspricht sie schlichtweg den Realitäten, was dazu führt, dass Kapitalmärkte sogar stabiler werden, je vernünftiger sie politische Realitäten einpreisen. Wer dem multilateralen oder globalisierenden Denkmuster folgt, muss noch umdenken, was in vieler Hinsicht unbequem und auch unangenehm sein kann. Der vorliegende Wegweiser für Kapitalanlagen soll Ihnen dieses Umdenken erleichtern, sofern es noch nicht stattgefunden hat.

2017 war aus unserer Sicht das erste „Nachkrisenjahr". Die Auswirkungen der Finanzkrisen liegen nun hinter uns, sodass sie auch kein Alibi mehr bieten für die Einschätzung künftiger Kapitalmarkttendenzen. In den vergangenen Jahren wurde alles noch immer unter den Auswirkungen der Finanzkrisen gewertet, was die objektive Einschätzung erschwerte. Neben strukturellen und geldpolitischen Veränderungen hinterließen die Finanzkrisen in der Erwartungshaltung der Anleger eine dauerhafte Skepsis, die sich nur zögerlich auflöst.

Das erklärt auch, warum die Höchststände der Indizes heute mehr mit Skepsis als mit Euphorie quittiert werden, was ironischerweise dazu führt, dass sich gerade diese Tendenzen fortsetzen. Insofern betreten wir 2018 Neuland, zumindest aus Sicht der Kapitalanleger. Die letzte verbleibende Sicherheit bietet lediglich die Notenbankpolitik mit ihren markteingreifenden Maßnahmen. Inwiefern diese helfen, die Veränderungen der politischen Realitäten abzufangen, wird sich zeigen, komplett kompensieren werden sie sie nicht.

Unser diesjährig in seinem 51. Jahrgang erscheinender Wegweiser für Kapitalanlagen ist darauf ausgelegt, Sie mit dieser heterogenen Konstellation zu konfrontieren und gleichzeitig richtungsweisende Ansätze fürdas kommende Jahr zu liefern. Diesen Anspruch erfüllen wir unseres Erachtens auch. Wir hoffen, Sie pflichten uns darin nach der Lektüre bei und wünschen Ihnen dabei neben der Information auch viel Spaß.

Sie kaufen erst, wenn sie meinen, jedes Risiko vermieden zu haben. Meistens kaufen sie zu spät.
(J. Paul Getty)

1

Fünf Thesen für 2018

Daniel Bernecker

Zwischen 2007 und 2016 wurden die Weltwirtschaft und auch die Kapitalmärkte durch Finanz- und Wirtschaftskrisen stark verändert. Dabei konnten viele Fehlentwicklungen aus den davor liegenden Jahren zwischen 1998 und 2006 beseitigt oder korrigiert werden. Wie stark sich die Kapitalmärkte in ihrer Struktur verändert, aber auch verbessert haben, ist auf den ersten Blick nicht ganz ersichtlich. Zu sehr hängt vielleicht noch die Krisenstimmung der letzten 10 Jahre über den Marktteilnehmern, als dass eine ausgewogenere Betrachtung infrage käme. Das Stakkato der Krisen der letzten Jahre war aber so heftig und tiefgreifend, dass man dafür Verständnis haben kann. Die Subprime-Krise in den USA 2007 bis 2009 wurde dicht gefolgt von der Eurokrise 2009 bis 2011. Aus diesen Erschütterungen ergab sich die Kontraktion in den ehemaligen Börsenlieblingen in Form der BRIC-Staaten (Brasilien, Russland, Indien, China) und die damit einhergehende Implosion der Rohstoffmärkte, die zuvor den Superzyklus gefeiert hatten. Daran knüpften sich der Ölpreis-Verfall zwischen 2015 und 2016 sowie die Liquiditätskrise in China nahtlos an, die zu massiver Kapitalflucht und letztendlich Devisenkontrollen in China führten. Es waren also wahrlich stürmische Zeiten. Zum Abfangen dieser Krisen haben Politik, Notenbank und Wirtschaft alle Hebel in Bewegung gesetzt, um Märkte und Volkswirtschaften liquide zu halten und gleichzeitig neue Regularien zu schaffen, die eine Wiederholung dieser Krisen verhindern sollen.

2017 war somit das erste echte Nachkrisenjahr. Sämtliche Assetklassen setzten zur nachhaltigen Erholung an, die politische Landschaft wurde neu geordnet, die Weltwirtschaft expandierte auf breiter Front und die geopolitischen Risiken traten in den Hintergrund. Auch wenn die Skepsis hoch bleibt, zeigt sich doch eine faszinierende Struktur, die für die künftige Perspektive der Kapitalmärkte sehr relevant ist und deren positive Entwicklung eindeutig begünstigt. Daraus ergeben sich fünf Thesen, die Sie als Leitmotiv für die nächsten drei Jahre anwenden können:

1. Die Notprogramme der Notenbanken nach der Finanzkrise sind zu einem dauerhaften Instrument für die Geldpolitik geworden. Damit wurden die Kriterien der modernen Geldpolitik in den Industriestaaten neu definiert. Die Finanzmärkte können daraus schließen, dass die Notenbanken künftig immer wieder auf dieses Instrument zurückgreifen werden, um Verwerfungen oder Finanzkrisen aller Art zu bekämpfen. Gleichzeitig werden die Notenbanken damit auch eine größere Rolle in der Steuerung der Konjunkturdynamik erhalten. Das ist eine historische Zäsur.

Wenn mit diesem neuen Instrument vernünftig umgegangen wird, hat es die Perspektive, die Geldpolitik tatsächlich zu revolutionieren. Die Verlockung, dies zu missbrauchen, indem Staaten oder auch der private Sektor eine Ausuferung der Verschuldung anstreben in der Gewissheit, dass die Notenbanken diese letztendlich aufkaufen, ist natürlich gegeben. Sollte dies geschehen, wird ein an sich sinnvolles Instrument missbraucht, was zu erheblichen systematischen Risiken in den Kapitalmärkten führen würde. Wird es indes in angemessenen Dosierungen umgesetzt, dann erhalten die Märkte hier eine Stabilität, die tatsächlich in den letzten 20 Jahren fehlte. Kapitalmärkte bzw. Kapitalströme sind so schnell und abrupt geworden, dass der Kapitalzu- und -abfluss innerhalb kürzester Zeit zu ernsthaften Liquiditätskrisen an den Devisen-, Anleihe- und Aktienmärkten führen kann. Jede Finanzkrise seit 1994 (Mexiko) ist letztlich durch den abrupten Abzug von Kapital entstanden. Dadurch ist die Annahme, dass die Liquidität der Märkte immer ausreichend gepflegt wird, um einen regulären Handel zu betreiben, nicht mehr gewährleistet. Diese Lücke können die Notenbanken mit ihren Kaufprogrammen füllen. Damit gewinnen sie natürlich eine größere Macht als je zuvor und es wird einer neue Generation von Notenbankern bedürfen, die mit dieser vernünftig umgeht.

Solange aber die Erinnerung an die Finanzkrise noch frisch ist, verleiht die Gewissheit, dass die Notenbanken ihnen unterstützend zur Seite stehen, den Märkten eine immense Beruhigung, die für die nächsten drei bis fünf Jahre auch den Kapitalmärkten erheblichen Auftrieb geben wird.

2. Die Fiskalpolitik aller Staaten wird deutlich lockerer und die Neuverschuldung wird sich drastisch ausweiten. Das gilt für die Amerikaner und insbesondere für die Europäer. Über die ausweitende Neuverschuldung wird Wachstum finanziert, wenngleich es Qualitätsunterschiede geben wird. Für die Börsen ist eine Ausweitung der Neuverschuldung zunächst positiv. Der Regierungswechsel in Deutschland bedeutet, dass insbesondere die Europäer nun dieser Logik werden folgen können.

Im Zuge der Eurokrise drängten insbesondere die Deutschen darauf, frisches Kapital nur gegen Strukturreformen der Krisenländer zur Verfügung zu stellen. Dieser Ansatz war pädagogisch richtig, aber letztlich nicht praktikabel. Der anhaltende Druck insbesondere der deutschen Regierung, die Neuverschuldung von Staaten durch Sparmaßnahmen drastisch einzuschränken, war überzogen und hat die Kapitalmärkte letztlich sogar mehr destabilisiert als stabilisiert. Sparen als heilendes Mittel befriedigt zwar die Forderung der Öffentlichkeit nach den Finanzkrisen, war aber in diesem genannten Ausmaß falsch. In letzter Konsequenz führte sie auch zu den negativen Kapitalmarktzinsen, die allein für sich schon für das Finanzsystem so schädlich sind, dass sie alle positiven Aspekte des Sparens konterkarieren.

Wer über die Sparpolitik diskutiert, muss sich vor Augen halten, dass der private Sektor (Haushalte, Unternehmen und Banken) enorme Summen an Kapital spart, verdient oder auch thesauriert. Dieses Kapital wird permanent in die Kapitalmärkte via Anleihen, Aktien oder Spareinlagen rezirkuliert - zum Teil aufgrund von regulatorischen Vorschriften, die sich in den letzten Jahren noch verschärft haben. Wenn also auf der einen Seite immer mehr Kapital angespart wird, auf der anderen Seite aber die Neuemission von Staatsanleihen weiter zurückgeht, dann entsteht ein Missverhältnis, aus dem die oben genannten Negativzinsen fast zwangsläufig resultieren. Die Neuemission von Staatsanleihen mit der höchsten Bonität absorbiert angespartes Kapital im privaten Sektor, dass anderweitig nicht sinnvoll investiert werden kann.

Gleichzeitig führt die konsequente Sparpolitik zu einem Rückgang der Investitionen im öffentlichen Bereich. Wenn Sparmaßnahmen zum Rückgang von wichtigen Investitionen in Infrastruktur, Ausbildung oder Verteidigung führen, dann sind sie kontraproduktiv, zumal sie letztlich später nachgeholt werden müssen.

Die europäischen Staaten werden hier dem Vorbild der Amerikaner und auch der Japaner folgen und ihre Neuverschuldung in den nächsten Jahren wieder ausweiten, um die vorgenannte Investitionslücke zu schließen. Das hat unweigerlich einen positiven konjunkturellen Effekt.

3. Das Weltwirtschaftswachstum läuft in allen Regionen synchron und wird sich für drei bis vier Jahre fortsetzen. Vor dem Hintergrund einer lockeren Geld- und Fiskalpolitik wird sich diese Dynamik beschleunigen - ergänzt durch die starke Regulierung, die derzeit in den USA läuft. Damit haben 2017 zum ersten Mal alle Regionen ihre Rezessionen hinter sich gelassen. Wie gesagt: 2017 als erstes echtes Nachkrisenjahr.

These 1 und These 2 begünstigen dieses Wirtschaftswachstum ganz deutlich. Niedrige Zinsen und eine expansive Haushaltsführung haben einen erheblichen konjunkturellen Effekt. In den Entwicklungsländern umso mehr, weil hier der Nachholbedarf nach wie vor größer ist.

Damit geht ein sehr fester Arbeitsmarkt einher, der bereits in den USA zu deutlich höheren Löhnen führt. Die Europäer hinken dem noch etwas hinterher, werden aber letztlich das gleiche Phänomen erleben. Die Wirkungskraft der unter These 1 und 2 vorgestellten Punkte ist zwar in Gang, wird aber ihren Zenit erst in den nächsten 24 bis 36 Monaten erreichen. Die jüngsten Konjunkturzahlen in Europa, die allesamt über den Schätzungen liegen, sind dafür ein Indiz.

4. Diese Wachstumsdynamik bleibt inflationsfrei. Die deflatorischen Einflüsse bleiben so groß, dass die Kerninflationsraten trotz hohen Wachstums niedrig bleiben. Daran ändern auch die steigenden Energiepreise nichts. Niedrige Inflation ist dann die Grundlage für die oben genannte geänderte Notenbankpolitik.

Zwei Faktoren sprechen für eine niedrige Inflation oder sogar Deflation: Der wichtigste Faktor ergibt sich ohne Weiteres aus der technischen

Revolution, wobei sich die Digitalisierung nun nahtlos an die Internetrevolution anschließt. Transparenz und Preisvergleiche entziehen Unternehmen auf breiter Front die Möglichkeit, höhere Preise durchzudrücken, was die Unternehmen dazu zwingt, ihre Margen nur durch höhere Volumen zu rechtfertigen. Für eine echte Inflationsdynamik braucht es Knappheit von Gütern, Waren oder auch Geld. Diese Knappheit zeichnet sich nirgends ab. Bei einigen Rohstoffen ist die Ausnahme die Regel. Diese nicht vorhandene Knappheit sowie die Fähigkeit, Produktionen in kürzester Zeit gemäß der Nachfrage auszuweiten, führen dazu, dass echte Inflation im klassischen Sinne nicht mehr entstehen kann.

5. Die Gewinnqualität der börsennotierten Unternehmen wird sich drastisch ausweiten. Die Digitalisierung wird dabei zu einer erheblichen Margenverbesserung führen. Das weltweite Wirtschaftswachstum führt gleichzeitig zu einer spürbaren Umsatzausweitung. Beides ist die Grundlage für eine deutlich höhere Marktkapitalisierung der wichtigsten börsennotierten Unternehmen der Welt.

Diese fünf Thesen stellen die Rahmenbedingungen für die derzeit laufende Börsentendenz dar. Die hohe Liquiditätsversorgung der Aktienmärkte mit frischem Anlagenkapital führt dazu, dass deutlich höhere Bewertungen der Börsenkurse in Aussicht stehen. Zwei Faktoren spielen dort eine bedeutende Rolle: Der ETF-Boom, der Liquidität von privaten passiven Anlegern in alle Kapitalmärkte pumpt, ist ein dauerhaftes, vielleicht sogar historisches Phänomen. Und zum Zweiten führt der steigende Ölpreis zu einer starken Rezirkulierung von angesammelten Petro-Dollar in die Kapitalmärkte. Davon profitieren sowohl die Anleihe- als auch die Aktienmärkte, sodass eine direkte Koppelung zwischen dem Ölpreis und der Börsentendenz besteht.

Geld ist von fruchtbarer, erzeugender Natur. Geld kann Geld zeugen und der Nachwuchs zeugt noch mehr. (Benjamin Franklin)

2

Deutschlands Sonderstatus

Hans A. Bernecker

Deutschland ist das viertgrößte Industrieland der Welt - mit nur 82,8 Millionen Einwohnern und bezogen auf die Relation Wirtschaftsleistung zu Einwohnern eine Einmaligkeit. Bestenfalls vergleichbar mit kleineren Ländern wie der Schweiz oder auch Österreich, was hier nur nebenbei erwähnt werden soll.

Damit steuert Deutschland zum zweiten Mal in seiner Geschichte (seit Gründung des Deutschen Reiches) erneut in eine Spitzenposition, insbesondere im Europarahmen, in der die Konflikte größer und nicht kleiner werden. Woran liegt das?

Deutschland kann sich einer ungewöhnlich friedlichen Atmosphäre loben. Die Auseinandersetzungen sowohl auf den tariflichen wie auch den sehr unterschiedlichen sozialen Ebenen werden mehrheitlich auf der Basis eines gemeinsam zu findenden Konsenses erledigt. Kein Land dieser Größenordnung leidet weniger unter Streiks und anderen Arbeitskonflikten. Der Anteil der Gewerkschaften an der Organisation der Arbeitnehmer beträgt lediglich 15,6 %.

Auf der Ebene der Parlamente und Institutionen sowohl im Bund als auch in den Ländern ergibt sich der gleiche Eindruck: Suchen und Finden von Vergleichen und Einigungen ohne spektakuläre Aktionen auf der Straße oder im Parlament. Selbst schwierige Konstellationen und Meinungsdifferenzen werden ebenso heftig diskutiert wie am Ende vernünftig gelöst. Der Paradefall dafür ist die Bewältigung der Zuwanderung von über 1,5 Millionen Flüchtlingen und Migranten ab September 2015. Soweit erkennbar und statistisch belegt muss mit etwa 1 bis 1,2 Millionen Zuwanderern gerechnet werden, die im Lande bleiben werden.

Eine derart große Einwanderung in so kurzer Zeit so friedlich zu organisieren, ist einmalig. Während alle anderen Nachbarn (innerhalb der Euro-Zone) noch um die Aufnahme von 120.000 Migranten in der Summe pokern, kostet den deutschen Staat die Integration der genannten Million ca. 13 bis 14 Mrd. Euro pro Jahr, die nahtlos finanziert sind.

Seit der Finanzkrise 2008/2009 fand Deutschland als einziges Euroland frühzeitig und gradlinig aus dem Einbruch der Produktionen aller Art heraus den Anschluss an die vorherigen Größenordnungen in Produktion, Finanzierungen, Arbeitsplatzbeschaffungen etc. Jeden Monat ist dies gut nachzuvollziehen.

Die Frankfurter Allgemeine präsentiert diese Ergebnisse nachhaltig und für jeden nachvollziehbar. Jeder, der will, kann sich den Verlauf ab den genannten Zeitpunkten anschauen und selbst interpretieren.

Mag sein, dass in einigen Fällen die in den Medien verbreiteten Meinungen anders erscheinen, als sie den Realitäten entsprechen. Besonders kritisch ist dies im Bereich des Konsums, der am besten zeigt, wie sich die Lage in Deutschland entwickelt hat und wie wöchentlich oder monatlich oder gar täglich hinreichend in den Medien darüber diskutiert wird, wie problematisch doch das Ganze und wie sehr größere Gerechtigkeit nötig sei, was zum Schlagwort der letzten Bundestagswahl wurde.

Der Immobilienboom der Deutschen ist das zweite Beispiel dieser Art. Es wird umfangreich gebaut, aber die Preise für Wohnungen steigen dennoch, weil sich der Bedarf an Wohnungen in Qualität und Größe aufgrund des gehobenen Wohlstands ebenso ausweitet wie das Gehalt zunimmt, die Menge der verfügbaren Wohnungen aber nicht schnell genug mitkommt. Für eine vierköpfige Familie lag die Nachfrage pro Wohnung in Quadratmetern gemessen vor 25 Jahren bei 70 qm, aktueller Stand 2017 110 qm. Dieser Bedarf ist richtig und nachvollziehbar, aber ohne Preissteigerungen nicht zu erreichen.

Ab der Finanzkrise 2008/2009 folgte Deutschland im Gegensatz zu anderen Regierungen einem strikten Kurs der Konsolidierung der Finanzen, ausnahmslos und ohne Experimente, der dem allgemeinen Wohlgefühl entspricht - insbesondere mit einer ungewöhnlichen Disziplin beider Tarifpartner, Gewerkschaften und Arbeitgeber. Damit war gesichert, dass die Produktionskosten stabilisiert oder kontrolliert blieben und die besondere Abhängigkeit der deutschen Industrie vom Export ebenso sicher gefestigt wurde. Das Ergebnis lässt sich besichtigen:

Der ungewöhnliche Erfolg des deutschen Exports beruhte auf den genannten Bedingungen und machte Deutschland aus der Sicht des Auslands zu einem sehr unangenehmen Partner, der permanent reicher wurde, während alle anderen in das Gegenteil rutschten. In der Leistungsbilanz dokumentiert sich diese Stellung in besonderer Form.

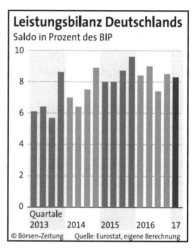

Die seit 2013/2014 einsetzende Abwertung des Euro gegen Dollar von rund 1,45 auf 1,05 bis Anfang 2017 war zweifellos hilfreich und begünstigte Deutschland in besonderer Form. Bei einer Auslandsorientierung der deutschen Industrie von rund 45 % und einer Exportquote in etwa der gleichen Höhe, worin allerdings erhebliche Einfuhren von Vorleistungsgütern enthalten sind, weist Deutschland im internationalen Vergleich eine Industrielastigkeit aus, die wahrlich beeindruckend erscheint. Dazu zählt jedoch auch:

Gut 60 % der Erwerbstätigen hängen direkt oder indirekt mit den Exportgeschäften der Industrie zusammen. Das erwies sich in den letzten Jahren zweiflelos als besonders erfolgreich. Gleichwohl lässt sich schon jetzt voraussagen:

Ein größerer Teil dieser Erfolge wird sich bei einer Normalisierung der Wechselkurse leicht verändern, wofür es laut ifo eine Art Formel gibt: Eine Aufwertung des Euro gegen Dollar bis etwa 1,20 Dollar je Euro reduziert den Leistungsbilanzüberschuss um etwa 2 %-Punkte.

Die Geld- und Kreditpolitik der EZB ist für Deutschland nicht hilfreich. Sie beeinträchtigt nicht die genannten Geschäfte, hindert aber den deutschen Finanzmarkt daran, die Rolle einzunehmen, die für eine so große Industrienation dringend benötigt wird. Das liegt u.a. daran:

Das deutsche Bankenwesen finanziert sich weitgehend über den berühmten Sparer. Jede Passivseite einer Sparkasse oder Bank setzt sich vornehmlich über Spargelder aller Art zusammen, was sich historisch erklären lässt. Die Banken schöpfen aus diesem Geld das Kreditvolumen in ihrem Aktivgeschäft und leben von der Zinsmarge. Nur geringfügige Änderungen führen also zu empfindlichen Einschränkungen der Bankenfinanzierung gleich welcher Art.

Der Anteil von Gebühren aller Art ist im Bankgeschäft der Italiener oder Franzosen deutlich höher anzusetzen, womit die Empfindlichkeit gegenüber ihrer eigenen Zentralbankpolitik entscheidend gemindert ist. Dafür sind die Kreditrisiken in diesen Ländern entsprechend größer.

Für Deutschland gilt: Eine sogenannte 0-%-Prozent-Politik der Zentralbank führt zu umfangreichen Kreditrestriktionen oder zumindest zu einem sehr vorsichtigen Geschäft für Zwischenfinanzierungen mittelständischer Firmen in allen üblichen Variationen des Kreditbedarfs und der Laufzeit. Ohne diese Politik der EZB wäre das deutsche Kreditgeschäft nach Schätzungen des Bankenverbandes um deutlich über 15 % stärker gewachsen.

Die Änderung dieser Politik gilt nun per 2018 als gesichert und verändert zweifellos die Rahmenbedingungen für alle Deutschen.

An den skizzierten wichtigsten Eckwerten des deutschen Wirtschaftsbildes profitieren die Deutschen am wenigsten. Das ist im Weltmaßstab ein Phänomen und wohl nur psychologisch erklärbar.

Das Geldvermögen der Deutschen erreicht zum Jahreswechsel 2017/18 laut Bundesbank rund 6 Billionen Euro. Davon entfallen nur wenige Prozente auf den Teil, der das repräsentiert, was gerade beschrieben worden ist: Die Dynamik der wirtschaftlichen Entwicklung in Deutschland und der damit zusammenhängenden Vermögenswerten.

Nur in Aktien und ihrer Entwicklung lässt sich dies erkennen, bestenfalls neben Immobilien, die jedoch eine geringere Liquidität der Märkte aufweisen. Schlicht formuliert:

Geldvermögen privater Haushalte in Deutschland		
2016		
in Mrd. Euro	Bestand	Bildung*
Bargeld und Einlagen	2201	44,4
Schuldverschreibungen	127	-3,2
Aktien/Anteilsrechte	591	-0,7
Investmentfonds	518	5,5
Versicherungen und Altersvorsorgesysteme	2113	19,6
Sonstige	36	-20,8
Insgesamt (brutto)	5586	44,9
Kredite/Verbindlichk.	1671	9,4
Insgesamt (netto)	3915	35,5
*) 4. Quartal; Quelle: Bundesbank		Börsen-Zeitung

Hätten die Deutschen lediglich in den vergangenen 10 Jahren seit der Finanzkrise einen so hohen Anteil in Aktien investiert, wie sie permanent auf dem zinslosen Sparkonto angesammelt haben, wären sie hochgerechnet um etwa eine halbe bis eine dreiviertel Billion reicher geworden. Eine solche Zahl zu nennen, wirkt in Deutschland fast gespenstisch.

Der Marktwert der deutschen Börse (alle Indizes zusammen) legte in dieser Zeit vom Frühjahr 2009 bis Ende 2017 auf 1,6 Billionen Euro zu. Jeder Privatanleger oder auch Geschäftsmann konnte sich in dieser Zeit umfangreich in allen deutschen Qualitätsaktien investieren. Die jederzeitige Liquidierbarkeit einer solchen Position ist bekannt. Unterstellt man die Annahme eines gewissen Auslandsanteils solcher Investments, etwa in amerikanischen oder Schweizer Aktien, um die solidesten zu nennen, lassen sich noch höhere Beträge errechnen. Umgekehrt:

Der Verzicht der deutschen Anleger, an den eigenen Leistungen zu partizipieren, ist die merkwürdige Schwäche der Deutschen.

Eine weitere deutsche Spezialität liegt darin: Als einziges Land der Welt ist die Beurteilung von Aktien in ihrer Qualität den Regeln unterworfen, die auch für Tomaten, Frischfleisch oder Milchprodukte gelten. In ei-

nem umfangreichen Kontrollverfahren muss jeder Investor, der eine deutsche Aktie kaufen möchte, erklären, ob er risikofähig sei, kenntnisreich oder in anderer Form belastet sein könnte, um z.b. eine Aktie wie Bayer oder Daimler erwerben zu dürfen. Zu kontrollieren hat dies die Bank und sie haftet dafür, dass auf keinen Fall der Anleger das Risiko eingehen darf, eine Aktie zu erwerben, die möglicherweise ein Risiko enthält. Vergleichbar der Tomate, die außen wunderbar rot aussieht, aber leider innen fault. Die Bank und der Bankberater persönlich haften dafür, dass dies alles mit rechten Dingen zugeht. Das Ergebnis ist einsichtig: Ein normaler Privatanleger wird eine Aktie sodann als zu risikoreich einschätzen.

Die deutschen Versicherer und Vorsorgeeinrichtungen verhalten sich ähnlich. Sie investieren umfangreich in Staats- und Unternehmensanleihen mit möglichst niedrigen Renditen und fahren mit einer Aktienquote von deutlich weniger als 15 % ihres Vermögensbestandes, wohingegen die gesamte ausländische Konkurrenz in vergleichbaren Ländern im Durchschnitt mit den dreifachen Quoten operiert. Ergebnis mithin:

Eine der erfolgreichsten Industrienationen und ihre Bewohner verzichten bislang darauf, auf die eigenen Erfolge zu setzen. Dafür:

Die Deutschen lieben die Gerechtigkeit. Im Bundestagswahlkampf 2017 wurde dies in besonderer Weise offenbar. Der SPD-Kanzlerkandidat machte die Gerechtigkeit in Deutschland zum Schwerpunkt seines Wahlprogramms und dies nicht ohne Grund. Obwohl eine umfangreiche Studie zum gleichen Zeitpunkt zu dem Ergebnis kam, dass 83 % aller Deutschen mit ihrer Lebenssituation äußerst zufrieden sind und nur 18 % mehr Gerechtigkeit vermissen, wurde das Thema zu einer fast wahlentscheidenden These hochstilisiert. Das ist ebenfalls einmalig.

Bleibt die spannendste Frage für alle Deutschen: Erhalten sie ihre Rente mit 67 oder erst mit 70 Jahren? Die Bundeskanzlerin sprach sich im Wahlkampf klar für 67 aus. Aber jeder weiß und kann nachrechnen: Die Deutschen leisten sich als einziges Land dieser Größe ein Rentensystem auf Basis der Umlagefinanzierung - 1957 von Bundeskanzler Konrad Adenauer eingeführt und nie korrigiert. Es bedeutet:

Alle Arbeitenden finanzieren den Aufwand für die Renten. Nimmt die Menge Ersterer demografisch ab und die Lebenserwartung Letzterer zu, öffnet sich eine Schere, die nicht zu schließen ist. Bisher ist es nicht gelungen, einen Teil der Rentenfinanzierung auf eine Kapitalisierungsgrundlage zu stellen, wenigstens in Quoten, wenn nicht ganz. Damit ist ganz sicher:

Für die längere Lebenszeit der Rentner mit steigender Anzahl wird es unausweichlich werden, dass alle Erwerbstätigen gleich welcher Art länger arbeiten müssen. Andernfalls lässt sich weder das Rentensystem als Ganzes finanzieren noch eine Rentengarantie aussprechen.

Resümee: Deutschland geht in das Jahr 2018 mit sehr soliden Zahlen und einer hinreichend soliden Regierung, die sicherlich wenig Fantasie verspricht, dafür aber verlässlich einzuschätzen ist und der Wirtschaft genügend Spielraum lässt, neue Ideen zu entwickeln.

Der Reiche hat das Gesetz in seiner Geldbörse.
(Jean-Jacques Rousseau)

3

Unternehmensstrategien

Auf der Suche nach dem Shareholder Value

Daniel Bernecker

In dem Bemühen, den Unternehmenswert zu steigern, sehen sich Konzernchefs heute mit sehr großen Herausforderungen konfrontiert. Wurden noch vor 10 oder 15 Jahren sehr homogene Strategien für verschiedene Industrien und Branchen angewandt, erkennt man inzwischen, dass dieser einhellige Prozess nicht mehr möglich ist, weil die Grundvoraussetzungen vieler Branchen und Konzerne zu unterschiedlich sind. Die technologische Revolution ist auch hier die treibende Kraft.

Konzerne und deren Vorstände leben heute in der Welt der zwei Ds: Digitalisierung und Disruption. Was als theoretische Bedrohung für bestehende Geschäftsmodelle noch vor drei Jahren als eher utopisch galt, ist heute krasse Realität mit unterschiedlichen Auswirkungen auf unterschiedliche Branchen. Die Herausforderung für Konzerne bzw. deren Führung besteht darin, bestehende Geschäftsmodelle zu verteidigen oder zu ergänzen und gleichzeitig den Kapitaleinsatz so zu optimieren, dass eine nachhaltig verbesserte Gewinnqualität entsteht. Zwischen 1990 und 2011 sorgte zudem das sehr starke Wachstum, das durch die Erschließung bis dahin nicht zugänglicher Märkte entstand, für einen nachhaltigen Rückenwind, der viele Unternehmensstrategien koexistieren ließ. Aus diesen Wachstumsmärkten ist inzwischen ein harter Verdrängungswettbewerb geworden, was die strategische Ausrichtung für Unternehmen stark kompliziert.

Die erste Shareholder Value-Welle, die Ende der 90er-Jahre bis 2010/12 lief, fokussierte sich im Wesentlichen auf die These des Kerngeschäfts, wobei Konzerne ihr Beteiligungsportfolio überprüften, zwei bis drei hochrentable Geschäftsfelder entdeckten und unrentable Beteiligungen veräußerten, um durch Zukäufe die Kerngeschäfte zu stärken. Dieser Gedankengang war richtig und hat in vielen etablierten Konzernen den Weg zu deutlich höheren Bewertungen geöffnet. Eines der besten Beispiele in Deutschland ist hier Linde, die sich von Randbereichen (Gabelstapler) frühzeitig trennten und durch mehrere Akquisitionen zuletzt in einer Vollfusion mit Praxair zum größten Gasanbieter der Welt avancierten.

So attraktiv diese Strategie für viele Konzerne war, weil sie viel schlankere Strukturen und einen effizienteren Kapitaleinsatz ermöglichte, so wurde auch diese Strategie von der „Internet-Revolution" überholt.

Die höchsten Bewertungen erzielen heute die Unternehmen, die eigentlich keine Konzernstrategie benötigen. Die FANG - also Facebook, Amazon, Netflix und Google - zeichnen sich durch unternehmerische Kriterien aus, die bis dato fast für unmöglich gehalten wurden. Mit sehr geringem Kapitaleinsatz und fast keinem Anlagevermögen haben sie Geschäftsmodelle entwickelt, die extrem skalierbar sind und dabei eine Margenausweitung ermöglichen, die in den traditionellen Industrien überhaupt nicht denkbar ist. Im gleichen Umfang führen sie zu Konzentrationsprozessen und erreichen eine Marktdominanz, die sie inzwischen in einen sehr kritischen Dialog mit Kartellämtern bzw. Regierungen bringt. Es sind hier buchstäblich die optimalen Unternehmen in einer Form entstanden, wie man sie betriebswirtschaftlich gar nicht für möglich hielt. Diese Unternehmen entstehen zwar maßgeblich, aber nicht ausschließlich, in den USA. China hat mit Baidu, Alibaba und Tencent ebenfalls eine solche Qualität erreicht. Strukturell und bewertungsmäßig spielen diese Unternehmen in einer eigenen Liga und sind somit auch kein Maßstab für traditionellere Konzerne und deren Industrien und somit auch keine Richtlinie für deren Bewertung. Die zugrunde liegende Technologie beeinflussen sie dennoch.

Die folgenden Strategien lassen sich heute ablesen und führen zu unterschiedlichen Ergebnissen. In den kommenden Jahren wird es wichtig sein, darüber zu diskutieren, wie und in welcher Form Shareholder Value entstehen soll und inwiefern das Streben nach dem Shareholder Value auch negative wirtschaftspolitische Nebeneffekte hat, die eventuell vermieden werden sollten. Wie schon vor 20 Jahren muss darüber diskutiert werden, dass nicht alles auf dem Altar des Shareholder Value geopfert werden darf, um kurzfristige Ziele zu erreichen, die aber die mittel- und langfristige Entwicklung von Unternehmen gefährden.

Die erste Strategie konzentriert sich auf die horizontale Integration. Ein ziemlich veraltetes Konzept erlebt hier vor dem Hintergrund der technologischen Entwicklung im Rahmen der beiden Ds eine Renaissance. In den 60er- und 70er-Jahren entstand mit dem ersten Anlauf der horizontalen Integration der traditionelle Mischkonzern, der mit Beteiligungen in unterschiedlichen Geschäftsfeldern anstrebte, sein Produktportfolio zu diversifizieren (ein weiteres D) in der Erkenntnis, dass, wenn Unternehmen mit unterschiedlichen Geschäftszyklen miteinander kombiniert werden, eine Glättung der Gewinnqualität entsteht, die zu einer nachhaltigen Dividende führen kann. Dieses Modell hatte bis in die frühen 90er-Jahre eine dominierende Stellung und führte dazu, dass Konzerne, die in einem Geschäftsfeld überproportional hohe Gewinne erzielten, diese in anderen Industrien investierten, um eben diese Diversifizierung zu erzielen.

Die Neuauflage der horizontalen Integration hat mit Diversifizierung nichts zu tun. Sie ergibt sich vielmehr aus der Erkenntnis, dass ein Unternehmen aus seinem ursprünglichen Geschäftsmodell über so starke Kundenbeziehungen verfügt, dass diese auch für gänzlich andere Dienstleistungen und Waren genutzt werden können. Am eindrucksvollsten bewiesen von Amazon, die mit ihrem ursprünglichen Geschäftsmodell (Bücher) auf sämtliche Bereiche des Handels, der Kommunikation, der Software und Medien

ausgewichen sind und dabei ihre ursprüngliche Plattform verwenden konnten, um höhere Umsätze zu generieren. Die oben genannten FANG sind in der Lage, dies am beeindruckendsten zu demonstrieren. Eine Ausweitung insbesondere in die Bereiche Telekommunikation, Banking und Medien führt zu einer Wertschöpfung, die die traditionellen Vertreter dieser Industrien nie erreichen können.

Diese Strategie führt allerdings zu einer erheblichen und auch problematischen Konzentration mit all ihren rechtlichen Konsequenzen. Als die amerikanische Justizbehörde im Herbst 2017 die Fusion zwischen dem Telekom-Konzern AT&T und dem Medienkonzern Time Warner untersagte, wirkte das zunächst wie eine Überraschung, greift aber genau diesen Kritikpunkt auf. Die Distributionsstärke von AT&T ist so stark, dass die Übernahme eines Medienkonzerns sofort zu einer markt- und preisbestimmenden Dominanz in der Medienbranche führen würde - gleichzeitig mit der Möglichkeit, Konkurrenzanbieter auszugrenzen. Diese Logik gibt einen Vorgeschmack auf das, was Google, Amazon und Ähnlichen blühen wird. Das wird sie nicht davon abhalten, Übernahmen anzustreben, denn es bietet ihnen die Möglichkeit, überproportional zu wachsen. In der Fähigkeit, horizontal zu integrieren, liegt der Schlüssel zu den extrem hohen Bewertungen, die diese Titel erfahren. Wenn Google oder Amazon über das autonome Fahren in die Automobilbranche eindringen wollen, ist das ein guter Beleg dafür. Es wäre spannend zu sehen, ob die Kartellbehörden in den USA oder Europa die Übernahme eines Autokonzerns durch diese Unternehmen dulden würden.

Die zweite Strategie ist die radikale Auflösung bestehender Konzernstrukturen. Dass ausgerechnet der deutsche Siemens-Konzern dies mit ungewöhnlicher Zielstrebigkeit durchsetzt, beinhaltet eine gewisse Ironie, ist aber gleichwohl nachvollziehbar. Der Holding-Gedanke feiert dabei ebenfalls eine Renaissance - allerdings auch hier nicht im Sinne der Diversifizierung, sondern als Defensivtaktik. Größere Geschäftsfelder werden komplett oder teilweise verkauft, wobei die ursprüngliche Muttergesellschaft je nach Größe nur noch Minderheits- oder Mehrheitsbeteiligungen hält. Das führt zur größtmöglichen Transparenz, entbindet aber die Konzerne gleichzeitig von der Verpflichtung, eine wirkliche Strategie zu formulieren. Wo liegt denn später der Unterschied zwischen Siemens als Holding und einer Private Equity-Beteiligungsgesellschaft? In beiden Fällen entsteht die Rendite aus einer permanenten Optimierung des Portfolios, was im Falle von Siemens einer gänzlichen Abkehr von seiner unternehmerischen Bedeutung gleichkommt.

Diese Strategie wird in den nächsten 24 Monaten bei vielen europäischen Konzernen Schule machen. Nicht zuletzt auch deswegen, weil aktive Investoren sich mit Beteiligungen zwischen 3 und 15 % einkaufen, um über Aufsichtsratsmandate oder auf den Hauptversammlungen der Unternehmen solche Konzernauflösungen durchzudrücken. Kurz- bis mittelfristig können daraus erhebliche Gewinne entstehen, die auch ausgeschüttet werden können. Ob dies allerdings langfristig sinnvoll ist, wird sich zeigen, darf aber bezweifelt werden.

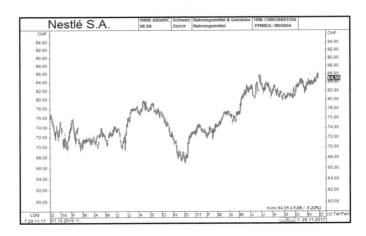

Insbesondere die Kosmetik-, Pharma- und Nahrunsmittelindustrien mit sehr breiten Beteiligungen werden ins Zentrum dieser Ansätze rücken. Selbst Konzerne wie Nestlé oder Danone können sich nur mühsam gegen die Forderungen nach Aufspaltung oder Teilveräußerung wehren. Die Börse quittiert dies gleichwohl mit Kursaufschlägen, wie man im Falle von Nestlé gut beobachten konnte.

Die dritte Strategie besteht daraus, sich selbst zum Verkauf anzubieten. Klingt nicht sehr originell, unterliegt aber der gleichen Logik, wie sie für die oben Genannten gilt. Wer in sich stark konzentrierenden Industrien keine marktbeherrschende oder dominierende Stellung erreichen kann, ist besser beraten, das eigene Unternehmen zum maximalen Preis zu veräußern. Wenn selbst die Familie Murdock der gleichen Logik folgt und ihre Medienbeteiligungen zum Verkauf stellt, weil man zu der Erkenntnis kommt, nicht mehr die kritische Größe zu erreichen, ist das ein wichtiges Indiz. Auch in der erwähnten angestrebten Fusion zwischen AT&T und Time Warner war es der Vorstand, der zu dieser Erkenntnis kam und den Konzern zum Kauf anbot. Auch so schafft man Shareholder Value, wenngleich nur einmalig, aber als Strategie ist es legitim. Es führt dazu, dass Investitionen kurzfristig drastisch gekürzt werden, um durch einen kurzfristig hohen Gewinn den Unternehmenswert maximal zu steigern und einen für die Aktionäre entsprechend guten Kurs zu erreichen.

Die vierte Strategie ist in dem Sinne keine: Marktzugang durch Übernahmen zu erkaufen, ist völlig out. Die Ausnahme ist hier die Regel, aber im Wesentlichen sind die Wachstumsmärkte bereits derartig besetzt und unterliegen solchen Preisdrücken, dass eine solche Strategie unrentabel ist. Die klassischen Fusionen, um größere Einheiten zu schaffen, sind somit eher unwahrscheinlich und sollten auch höchst kritisch gesehen werden. Wenn Unternehmen wegen Produkten, Patenten oder anderen Kompetenzen übernommen werden, ist das die eine Sache, heute zu versuchen, Marktanteile zu erkaufen, macht jedoch keinen Sinn, weil sie sich zu schnell verändern.

Für die Anleger entsteht somit eine Zwei-Klassen-Gesellschaft. Die Frage, wer also Objekt oder Subjekt wird bzw. wer übernommen wird und wer kauft und die Bereitwilligkeit der entsprechenden Vorstände, dies auch zu erkennen und zu akzeptieren, wird der Schlüssel für höhere Bewertungen bzw. einen nachhaltigen Shareholder Value.

Ergänzt würden diese Strategien weiterhin durch dauerhafte Aktienrückkaufprogramme, bei denen die Konzerne die angelaufenen Gewinne dafür verwenden, die Zahl der ausstehenden Aktien weiter zu reduzieren und damit den Anlegern durch einen höheren Kurs den entsprechenden Shareholder Value zu präsentieren. Solange die Niedrigzinspolitik der Notenbanken es für die Konzerne interessant macht, Fremdkapital an den Märkten aufzunehmen, um über Rückkaufprogramme das Eigenkapital (Aktien) zurückzukaufen, wird dieser Ansatz eine hohe Beliebtheit genießen. Ein Sonderprädikat ergibt sich daraus nicht, es gehört zum Standardrepertoire.

Die Suche nach der optimalen Unternehmensstrategie kleibt hochdynamisch. Digitalisierung und Disruption stellen eine permanente Herausforderung an die Konzernführung dar, die infolgedessen eine höchstmögliche Flexibilität anstrebt. Aus Sicht der Kapitalanleger ist das positiv, aus Sicht der Unternehmen und Industrien eher negativ. Wie sehr sich nämlich Forschung und Entwicklung in diesem Zusammenhang noch lohnen, hängt ausschließlich von den kurzfristigen Erfolgsaussichten ab. Die Qualität der Ergebnisse wird mit Sicherheit beeinträchtigt.

Fürchtet nicht den Zorn der Tüchtigen, sondern den Neid der Faulen. (Ron Kritzfeld)

4

Die nächste Finanzkrise

Hans A. Bernecker

Die nächste Finanzkrise vorauszusagen, fällt nicht schwer. Alle Fakten liegen inzwischen weitgehend und sichtbar vor, woraus die komplexe Struktur von Finanzkrisen gut zusammengefasst werden kann. Denn sie sind stets die Folge gut gemeinter, aber falsch angewandter politischer Praktiken und der sich daraus entwickelnden Markttendenzen - stets mit der Neigung zu Übertreibungen. Das wiederum ist kennzeichnend für freie Märkte. So auch jetzt:

Ab der letzten Finanzkrise 2008/2009 entschlossen sich die Amerikaner zu einer ungewöhnlichen Politik, indem sie für 5 Bio. Dollar Bonds aus dem Markt nahmen und dafür Liquidität in den Markt pumpten. Dies mit dem durchaus nachvollziehbaren Ziel, der amerikanischen Wirtschaft bei der Bewältigung der Folgen der letzten Finanzkrise zu helfen. Ein sozialpolitischer Wunsch des Präsidenten lieferte die Ergänzung hierzu, indem eine große Zahl der Amerikaner der Krankenversicherung zugeführt werden sollte. Ein großer Teil hiervon sollte über Staatsschulden finanziert werden, was bis zur Stunde noch gilt.

Mit diesen 5 Bio. Dollar sollten umfangreiche Investitionen angestoßen werden, was leider in dieser Form nicht klappte. Erster Profiteur war der amerikanische Immobilienmarkt, der damit seine Krise überstand und neue Höhen erreichte.

Denn für die Amerikaner ist der Besitz eines Hauses oder einer Wohnung eines der wichtigsten Ziele im Vermögensaufbau. Für die Banken ist dies das simpelste Kreditgeschäft, das sich mit dem Ziel der FED-Politik glänzend deckte. Das Ergebnis lässt sich hinreichend nachvollziehen.

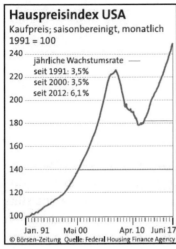

Das Ende einer solchen Preisentwicklung lässt sich leicht voraussagen, nämlich ab dem Moment, ab dem die Zinsen wieder in Richtung Norden tendieren.

Das nennt die FED dann Normalisierung des Zinsniveaus und steuert dies als Ziel auch an, wohl wissend, welche Konsequenzen dies für den Immobilienmarkt haben dürfte. Daraus entsteht nicht zwangsläufig eine Krise, wohl aber eine deutliche Konsolidierung des Marktes.

Dazu gehören Preisrückgänge und die Gefahr, dass es zu einem echten Abrutschen der Preise kommt, wenn die Zahlungsfähigkeit der Hausbesitzer abnimmt. Ein zyklischer Abschwung in angemessener Form ist dafür keineswegs ausgeschlossen, aber ein zyklischer Effekt ist unschwer vorauszusagen.

Die Aktienmärkte haben von der FED-Politik umfangreich profitiert. Aus 5 Bio. Dollar FED-Geld entstand in etwa sieben Jahren eine Aufwertung des Marktwertes aller Indizes (bereinigt) um etwa 8 Bio. Dollar. Wie viel davon entfallen auf echte Wertschöpfungen der Unternehmen, gemessen an Umsatz und Gewinn? Und wie viel auf spekulative Investments, in denen sehr viele Erwartungen stecken, aber deutlich bescheidenere Realitäten? Viel Geld ist für diese Investments jederzeit erreichbar gewesen.

Anders als in Deutschland sind Aktien-Investments in den USA üblicherweise mit Kredit finanziert und das in erheblichen Größenordnungen, die weltweit wohl einmalig sein dürften. Dieses Phänomen gab es im Übrigen schon einmal, im Jahr 1929, mit noch umfangreicheren Begleiterscheinungen. Fest steht jedenfalls:

Im Laufe des Jahres 2017 wurden erneut Grenzwerte erreicht, die sogar optisch gut nachvollziehbar sind, insbesondere im Vergleich zu den Jahren 2000 bzw. zu 2008.

Die Aktienkredite haben inzwischen eine Höhe erreicht, die es zuvor noch nie gab. In der Sache wohl mit 1929 zu vergleichen, aber nicht in der absoluten Höhe, weil es hierfür keine Statistik gibt. Zu vermuten ist aber eine sehr ähnliche Konstellation, die zu zwei Konsequenzen führt:

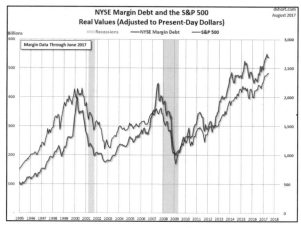

Aktienkredite lassen sich grundsätzlich von Banken und der Zentralbank steuern, um Exzesse zu vermeiden - in der Regel mit einer Begrenzung der Beleihung von Wertpapieren und schrittweisen Rückführungen.

Die zweite Möglichkeit liegt in einem direkten Eingriff der Notenbank mit Vorschriften für die Banken, unter welchen Bedingungen sie Wertpapierkredite überhaupt gewähren, z.B. gebunden an die Bonität des Portfolio-Besitzers etc. Ob hierzu der rechtliche Rahmen für die Notenbank ausreicht, ist allerdings unklar.

Die Margin Debts zeigten im Herbst 2016 den Ansatz einer vorsichtigen Rückführung. Darauf beruhte damals die Annahme, dass nach den erheblichen Kurssteigerungen der Vorjahre infolge der beendeten Politik der Bond-Käufe der FED die Marktliquidität ohnehin reduziert werden könnte.

Mit dem Wahlsieg von Donald Trump entstand jedoch eine neue Hausse-Phase, die ebenso unerwartet die Märkte bewegte und zu völlig neuen Dimensionen führte. Die geschätzten Volumina von kreditfinanzierten Aktienengagements belaufen sich an der Wall Street auf 1,5 bis 2 Bio. Dollar. Sie beruhen vornehmlich auf Erwartungen, dass der neue Präsident mit neuen wirtschaftspolitischen Zielen die USA in eine neue Dimension führen würde, was sich bis zum Ende 2017 als reine Luftnummer erwiesen hat. Anders ausgedrückt:

Die genannte Wertsteigerung des Marktvolumens entbehrt der realistischen Grundlage. Mithin ist eine Korrektur zwingend notwendig - oder aber dem neuen Präsidenten gelingt noch ein wirtschaftspolitischer Erfolg, der für die Amerikaner dann neue Perspektiven eröffnet.

Die Bewertung der Gewinne zeigt an, dass Grenzwerte erreicht worden sind.

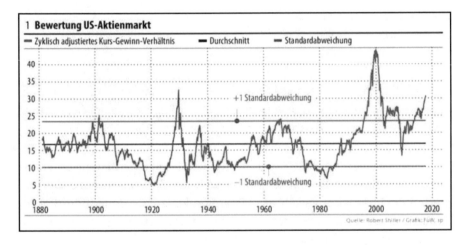

Nur im Dotcom-Hype 1999/2000 lag die Bewertung der Aktien noch höher als zurzeit, aber der Unterschied war deutlich geringer. Damit ist absehbar, dass sowohl von der Bewertung der Aktien her gesehen als auch hinsichtlich der geschilderten Kreditkonstellation die beiden wichtigsten Kriterien für Aktien-Investments auf dem Prüfstand stehen.

Der Rückbau der Bewertungen muss keineswegs zwingend als Crash beschrieben werden. Er kann sich ebenso langsam entwickeln, indem die Gewinne der Unternehmen kontinuierlich zulegen, aber die Kurse der dahinterstehenden Aktien entweder eine Zeit lang stagnieren oder mäßig korrigieren. Ob dies im kommenden Jahr gelingt, entscheidet also der Markt für sich bzw. die Marktteilnehmer.

Index-Fonds sind das Erfolgsgeschäft der letzten Jahre. Dahinter steht die Strategie passiver Investments, indem gebündelte Aktien-Portfolios als Investment-Produkt sowohl für private als auch große Anleger offeriert werden und sie ein durchaus lukratives Geschäft der Banken darstellen.

Investment-Fonds gelten als liquide und kostengünstig und verlangen sehr bescheidene Kenntnisse bezüglich der Qualität der Investments. Bündeln lässt sich in dieser Form so gut wie alles und es beruht auf angeblich kreativen Strategien der Initiatoren. Entsprechend sehen die Zukunfts-Visionen der Branche aus.

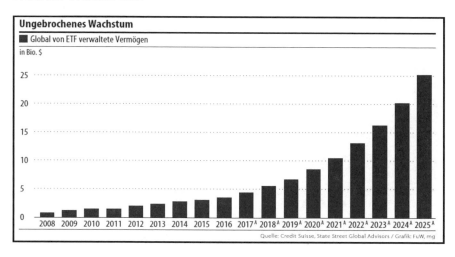

Zu jeder Hausse gehört immer eine Hochrechnung. Die aktuell gültigen Kombinationen sind der Grafik zu entnehmen. So rechnet man sich reich. Der größte Fonds-Manager der Welt erhöhte im Frühjahr 2017 seine Ziele erheblich und reduzierte gleichzeitig die Investments in konkreten, aktiven Modellen, also weg von einem aktiven Management der klassischen Art.

Damit ist der Stoff, aus dem Krisen entstehen, ausreichend angesammelt: Nämlich Übertreibungen im Zuge lang laufender positiver Entwicklungen, die schlicht der Korrektur bedürfen. Finanzkrisen sind daher nötig und es kommt lediglich darauf an, sie frühzeitig zu erkennen, um Gegenpositionen aufzubauen.

Finanzielle Probleme lassen sich am besten mit anderer Leute Geld regeln. (Jean Paul Getty)

5

Mainstream oder aktives Investment?

Hans A. Bernecker

Index-Fonds sind das Mode-Investment der letzten sieben oder zehn Jahre, je nachdem, ab wann man zu zählen beginnen möchte. Sie gelten zurzeit als die intelligenteste oder cleverste Investment-Methode, um mit relativ geringem Kostenaufwand das beste Ergebnis zu erzielen.

Das gilt zunächst für die Anbieter von ETFs mit dem niedrigen Aufwand für das Management und die ebenfalls sehr niedrigen Kosten im Vertrieb. Auf der Anleger-Seite zählen wiederum die niedrigen Gebühren, die relativ hohe Liquidität dieser Konstrukte, aber ein sehr fragwürdiges Ergebnis in der bisherigen Laufzeit.

ETF-Produkte sind fraglos intelligent gedacht. Persönliche oder mathematische Einschätzungen von Gruppen oder Sektoren bzw. anderen Kombinationen sollen in einem Produkt gebündelt werden, um damit ein besseres Investment-Ergebnis zu erzielen als der Markt. Nur wenn dies gerechtfertigt wäre oder bewiesen werden kann, wären sie in der Tat das bessere Investment. Aber:

Ohne den Geldstrom der Notenbanken, zunächst FED und anschließend EZB, hätte es einen Mainstream in den Märkten in der Form wie bisher nicht gegeben. Am besten ist dies erkennbar im Verhältnis von S&P 500 und Bilanzsumme der FED.

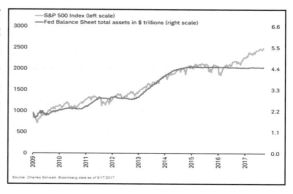

Eine engere Korrelation zwischen diesen beiden kann man sich nicht vorstellen. Also gilt der Umkehrschluss, dass ohne dieses Notenbankgeld der gesamte amerikanische Aktienmarkt bei Weitem nicht die Performance erreicht hätte, die er tatsächlich mit den bekannten Endzielen von knapp 23.000 Zählern im Dow Jones oder rund 2.600 Punkten im S&P 500 im Herbst 2017 erreichte.

Dieser Trend setzte sich aus zwei Teilen zusammen. Zum einen der Liquidität der Notenbank und zum anderen den tatsächlichen Wertverbesserungen aller Aktien im Zuge besserer Geschäfte, also Umsatz und Gewinn. Überschlägige Schätzungen gehen davon aus, dass aus dem bekannten 5-Bio.-Dollar-Programm der FED eine Wertsteigerung des amerikanischen Aktienmarktes von etwa 3 Bio. Dollar entstanden ist, die auf eben dieser Geldmenge beruhte. Der weitere Teil von etwa 3,5 Bio. Dollar entfällt auf tatsächliche Wertsteigerungen, die mithin werthaltig sind.

Daraus setzte sich der Mainstream der amerikanischen Aktienmärkte zusammen. Abgesehen von wenigen Ausnahmen/Branchen profitierten alle von diesem Rückenwind und damit war es eine sichere Erwartung, dass ein Investment, das auf diesen Mainstream setzt, tatsächlich die intelligenteste Lösung sei.

Der weltgrößte Vermögensverwalter, BlackRock, spielte den Piloten in Größe, Menge und Erfolg. Er verwaltet rund 5 Bio. Dollar in Fonds-Konstrukten aller Art und wurde damit der größte Aktionär im deutschen DAX, in dem er bei 26 von 30 DAX-Aktien Positionen zwischen 3 und 6 % hält. Das war ungewöhnlich intelligent und richtig gesehen, weil BlackRock ab 2001/2002 den Ausverkauf der Deutschland AG dazu nutzte.

Im Frühjahr 2017 forcierte BlackRock ausdrücklich Investments in ETFs zugunsten direkter Investments in einzelnen Aktien. Die Begründung: Einfacher, besser und erfolgreicher, wie eingangs erwähnt.

Der Mainstream im deutschen Markt funktioniert ähnlich, wenn auch im Europa-Rahmen etwas schwieriger und differenzierter. Doch der Grundsatz stimmt auch hier:

Die Entwicklung der Bilanzsumme der EZB ist im Wesentlichen mit dem Trend im EuroStoxx zu vergleichen, wenn auch nicht vollkommen deckungsgleich. Dafür spricht jedoch der Grundsatz.

Der EuroStoxx bildet die besten Aktien Europas ab, jeweils als schwerste Titel in den einzelnen Märkten und ihrer grundsätzlichen Qualität. Ein ETF-Produkt auf die Entwicklung des EuroStoxx wäre jedoch in dieser Zeit schon deutlich bescheidener im Erfolg zu erkennen, womit der Begriff Mainstream relativiert ist. Man kann sich nur schwer vorstellen, dass ein ETF-Index-Produkt auf Europa eine wirklich erfolgreiche Investment-Story war.

Das Gleiche lässt sich für einzelne Branchen darstellen, soweit sie in einem ETF gebündelt werden können. Praktisch wären dies nur große Sektoren wie Autos oder Chemie, aber andere bedeutende Sektoren wie Banken oder Energie lassen eine solche Konstruktion nicht zu. Bestenfalls sind einzelne, sehr enge Spezialmärkte mit einem solchen ETF-Produkt einzufangen, um einen Markttrend deutlich zu überflügeln.

Der ETF-Markt hat sein Schwergewicht daher in den USA. Soweit statistisch erfasst, entfallen etwa 80 % der Produkte dieser Art auf die US-Szene. Nebst London als Nebenmarkt für das dort gemanagte Kapital, insbesondere der großen Staats-, Länder- und Öl-Fonds. Dieser Anteil wird auf etwa 20 % Marktanteil der genannten 80 % geschätzt.

Jeder Boom führt zu zunehmenden Erwartungen bis hin zur Euphorie. Genau an diesem Punkt befinden sich zur Jahreswende 2017/2018 alle

Einschätzungen der Experten und Marktkenner, die die ETFs zum tragenden Teil der gesamten Markttendenz erklären - und auch zur besten Alternative gegenüber jedem aktiven Management eines Aktienportfolios.

Die aktuellen Hochrechnungen sind dafür der beste Beleg. Man könnte auch meinen, so rechnet man sich reich.

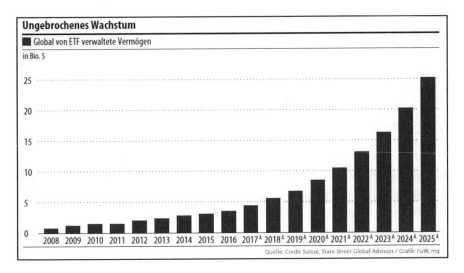

Folgt man diesen Hochrechnungen, wird es für die Märkte eng. Daran knüpfen sich eine theoretische und eine praktische Frage.

Gewinnt eine Partei einen wesentlichen Anteil an einem Markt, so werden das Preisgefüge und die Preistendenz davon wesentlich berührt. Daraus entsteht eine Verzerrung der Vermögenswerte, die in jedem Fall zu einer anschließenden Begradigung führen muss, sprich einer deutlichen Korrektur.

Der amerikanische Aktienmarkt ist der größte der Welt. Der S&P 500 allein hat einen Marktwert von rund 20 Bio. Dollar. Die Investmentquoten der großen Vorsorge-Einrichtungen und Fonds aller Art, die direkt investiert sind, betragen jedoch zwischen 50 und 70 % in allen Qualitäts-Aktien, quer durch alle Sektoren. Es handelt sich also um sogenannte Dauer- oder Langfrist-Aktionäre.

Der Anteil des floatenden Materials im Markt wird auf 15 bis 20 % veranschlagt, was regelmäßig und umfangreich gehandelt wird und die unmittelbare Index-Tendenz definiert.

Der Anteil der ETF-Konstrukte ist bislang noch relativ bescheiden und überschaubar. Insofern sind sie eine Alternative für intelligente Investment-Ideen, aber mit einem Schönheitsfehler:

In jedem Index-Produkt sind bestimmte Aktien gebündelt, gleich nach welchem Prinzip, wie bereits erwähnt. Fehlt dem Markt jedoch die weitere Liquidität für den Mainstream, wird es schwierig. Denn in diesem Fall ist ein Index-Trend sehr schwer erkennbar und mithin fällt das Ergebnis dieser ETF-Konstrukte ebenfalls sehr unterschiedlich aus. In einer deutlicheren Korrektur des Gesamtmarktes wird es dann dramatisch.

Jeder Fonds dieser Art ist rechtlich daran gebunden, die Aktien unmittelbar zu verkaufen, wenn der Investor seine Anteile in den Index-Fonds zurückreicht. In diesem Fall ist jeder Manager eines Index-Fonds unmittelbar verpflichtet, sämtliche Aktien in seinem Fonds quotenmäßig an den Markt zu geben. Es lässt sich leicht vorstellen, wie ähnlich konstruierte Fonds sodann in der gleichen Ausgangslage stehen, nämlich umfangreich und nachhaltig verkaufen zu müssen. Das ergibt den klassischen Fall einer negativen Kumulativwirkung, indem ein Verkauf den anderen anstößt.

Das Ergebnis ist unschwer vorauszusagen: ETF-Index-Kombinationen leben davon, dass sie einem Mainstream unterliegen oder ihm folgen. Sie beschleunigen am Ende die Kurstendenz bis in die berühmte Fahnenstange mit der anschließenden ebenfalls bekannten Erfahrung: Der Absturz geht schnell.

Der Goldmarkt hat bereits das Gleiche erlebt. Gold war ab 2002 ein interessantes Investment ab 250/300 Dollar je Unze. Die Entwicklung des Preises bis etwa 2006 ließ sich im Wesentlichen mit den Alternativen zum Anleihe- oder Aktienmarkt vergleichen. Spätestens ab der Krise 2007/2008 und dem Fall Lehman entdeckten die Goldhändler die wundersame Konstruktion der ETFs als Index mit der Bündelung der Investments in einem

Gold-Fonds. Jeder, der in Gold investieren wollte, tat dies in einem durchaus liquiden Fonds und folgte dem Mainstream mit ausufernden Hochrechnungen für den Goldpreis. Das Ganze lässt sich in einem Bild gut nachzeichnen:

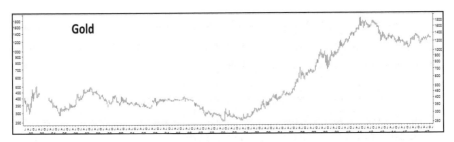

Der größte Gold-Fonds erreichte einen Bestand von über 2.300 Tonnen. Alle ETFs zusammen dürften wohl an knapp 3.000 Tonnen herangekommen sein. Auch die Chinesen verzichteten auf direkte Gold-Käufe und investierten in diese Derivate. Tatsächlich bildete der Fonds in seinem Preis und Volumen die jederzeitige Lieferfähigkeit im effektiven Gold ab.

In der Schlussphase betrug der Tagesumsatz im Gold-Terminmarkt das Zehnfache des tatsächlich effektiv gehandelten Goldes, womit das Ende der Fahnenstange sichtbar wurde: Knapp über 1.900 Dollar je Unze für ein paar Tage.

In der Normalisierung dieses Verlaufs liegt dann das übliche Korrekturbild, das im Gold-Chart gut zu erkennen ist, nämlich: Ab einem gewissen Punkt/Preis wollen alle das Gleiche, nämlich Kasse machen. Das aber lässt ein nicht hinreichend breiter Markt kaum zu.

Der ETF-Index-Hype der vergangenen Jahre ist mithin ebenso erklärbar wie auch logisch nachzuvollziehen. Wie ein solcher Trend ausläuft, ist aus vielen historischen Beispielen leicht zu entnehmen. Ein Crash oder eine Marktkrise entsteht daraus nicht zwingend, aber eine Bereinigung der Relationen ist mit großer Wahrscheinlichkeit vorauszusagen.

Der Grund ist leicht zu erklären: Bewegen sich die Märkte vorsichtig oder über eine längere Zeit in einem Seitwärtstrend, sind die meisten ETFs ein Nullsummenspiel.

Index-Fonds erfüllen weder Ertragserwartungen noch entsprechen sie den Wertvorstellungen der Anleger. Zu diesem provokanten Ergebnis kommt einer der größten französischen Asset-Manager (Natixis) nach einer umfangreichen Befragung von 8.300 Privatanlegern aus 26 Ländern. 83 % der deutschen Anleger wünschen sich, dass ihre Investments ihren persönlichen Wertvorstellungen entsprechen. Nur 46 % sind jedoch der Meinung, dass Index-Fonds diesen Bedingungen genügen. Zwar erwarteten 72 % der Anleger, dass Fondsmanager einen wirklich aktiven Investmentansatz umsetzen, aber mit 75 % glaubten ebenso viele, dass die Manager Gebühren für aktives Management erheben, obwohl sie nur einen Index abbilden.

85 % aller Anleger vertrauen mehr dem Rat von Freunden oder Familienangehörigen bzw. ihrer jeweiligen Bank, aber nicht den Finanz- oder sozialen Medien.

Das Misstrauen der Privatanleger ist Kern der Sache. Aus Sicht der Verwaltung von großen Milliardenbeträgen - insbesondere in den Vorsorgeeinrichtungen - sind Index-Fonds in gewissem Umfang tragbar. Aus der Sicht erfolgreichen Investierens dagegen mit hinreichender Sicherheit nicht.

Die Finanzindustrie handelt so, wie sie es im Wesentlichen immer getan hat: Bis zum Jahre 2000 waren Optionen und Optionsscheine ein wesentlicher Bestandteil des täglichen Börsengeschäfts und der Performance-Wünsche.

In der Periode bis 2007 waren Hedgefonds die große Nummer und ihre Manager die Wundertäter im Milliardengeschäft. Das darin gebundene Spekulationskapital, das den Fondsmanagern zur Verfügung stand, erreichte in der Spitze 2,3 Billionen Dollar. Dies war ab dem berühmten 15. September 2008 (also Lehman) kein Geschäftsmodell mehr, sondern das Gegenteil und die Hedgefondsmanager als Milliardenverdiener wurden teilweise als Kriminelle dargestellt. Inzwischen hat sich die Summe dieser Fondsvermögen mehr als halbiert.

Optionsscheine und Hegdefonds gibt es weiterhin und sie sind interessante Teile des Marktes, aber kein Kernthema mehr.

Aktive Investments sind das Gegenteil. Sie unterliegen der einzelnen Beurteilung von Ländern, Regionen, Branchen und Unternehmen. Sie repräsentieren damit keinen Mainstream, sondern den Leistungsstand einer Wirtschaft oder Branche und am Ende auch die Qualität des Managements.

Die unterschiedlichen Entwicklungen hängen also von politischen, geopolitischen und auch branchenspezifischen Ereignissen ab. Daran dokumentiert sich die Qualität von Firmen und ihrem Management, ob und wie sie als Investment aus der Sicht eines Anlegers zu beurteilen sind. Die Sektoren Mobiltelefon bzw. später Smartphone liefern für die vergangenen 20 Jahre ein illustres Beispiel dafür.

Mit dem Begriff Handy verbindet sich die einmalige Karriere von Nokia. Der bis dahin kaum bekannte finnische Konzern wurde damit zur Nummer eins in der Welt.

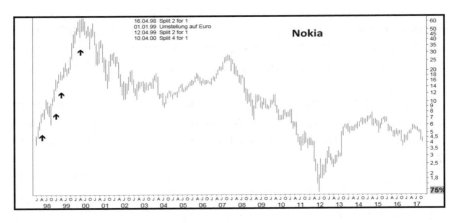

Niemand hätte sich vorstellen könne, dass Nokia seine Position nicht halten könnte, zumal der Mobilfunk erst am Anfang seiner weltweiten Karriere stand. Die Finnen schwammen im Geld, aber hatten offenbar den bevorstehenden technologischen Fortschritt nicht erkannt.

Jedes Investment in Nokia wurde in dieser Zeit zu einem Super-Investment. Die Prozentsätze der Performance lassen sich beliebig variieren. Zwischen 50 und 1.000 % war innerhalb weniger Jahre alles möglich und doch kam es anders.

Apple war zu jener Zeit eine zwar bekannte PC-Adresse, aber mit keinem aufregenden Produkt. Zunächst mit dem i-Pod und schließlich mit dem Smartphone eröffnete Apple eine völlig neue Sicht auf alles, was mit IT-Kommunikation zusammenhängt. Daraus wurde in zehn Jahren der teuerste Konzern der Welt.

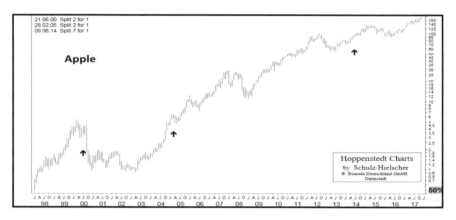

Die Frage lautet aus der Sicht der Investoren: Was konnte man erkennen, wie konnte man persönlich das Produkt einschätzen und wie investieren? Nokia und Apple stehen stellvertretend als Extremwerte, was wir betonen. Was schließlich aus dem Smartphone an weiteren Produkten entstand und abgeleitet werden konnte, führte zu einer großen Palette von Varianten, die noch nicht erschöpft ist. Aber:

Aktive Investments beruhen auf der Einschätzung, 1.) eines Unternehmens, 2.) den Produkten des Unternehmens und seiner Marktqualität und 3.) der Erwartung, wie sich daraus die Geschäfte und mithin der Aktienkurs entwickeln.

Diese Potenziale sind mit keinem ETF-Produkt vergleichbar. Was im Fall von Nokia und Apple als Extremfall erwähnt ist, lässt sich im kleineren Umfang ebenso umsetzen und damit befindet sich jeder Investor mitten im wirtschaftlichen Geschäft seiner Umwelt und seines Landes.

Aktive Investments schlagen passive Investments bei Weitem. Sie verlangen allerdings mehr Intelligenz, Kombinationsgabe und Fantasie.

Gebildet ist, wer weiß, wo er findet, was er nicht weiß.
(Georg Simmel)

6

Der deutsche Immobilien-Markt

Hans A. Bernecker

Der deutsche Immobilien-Markt steht voraussichtlich vor einer dritten Etappe seiner historischen Entwicklung seit der Wiedervereinigung. Die erste Etappe infolge der Deutschen Einheit löste umfangreiche Verschiebungen der Interessen aus, wobei die politischen Ziele grundsätzlich unklar waren. Immerhin zeigte der deutsche Immobilien-Markt ab 1990/1991 im Grundsatz eine steigende Tendenz, sowohl für den Flächenbedarf als auch für die Mietpreise, mithin auch für die Bewertung von Immobilien.

Die zweite Etappe begann mit der Einführung des Euro als Währung für alle Europäer, aber auch aufschlussreichen Vergleichswerten. Erstmals war es internationalen Investoren möglich, neutrale Preisvergleiche zu finden, die sich sowohl an der Qualität der Wohnungen orientierten als auch an der Rentabilität des Mietgeschäfts.

Die großen deutschen Wohnblöcke befanden sich zu dieser Zeit weitgehend im Besitz großer Industriekonzerne inklusive der sogenannten Werkswohnungen im Ruhrgebiet, die von diesen Konzernen nicht mehr als nötig erachtet wurden und so die Gelegenheit boten, wesentliches gebundenes Kapital freizusetzen. Eine der Ursachen war auch, dass viele der bis dahin in den Konzernbilanzen passivierten Pensionsverpflichtungen in eigenständige Pensionsfonds ausgegliedert werden mussten.

Die schnellsten Investoren waren wie üblich die britischen und amerikanischen, die über vielfältige Erfahrungen im eigenen Land verfügten. Sie waren daher auch die Ersten, die umfangreich Wohnbestände bis zu 50.000 Stück erwarben und sie effizient und nach betriebswirtschaftlichen Gesichtspunkten verwalteten. Dazu gehörte insbesondere, die Rentabilität des Wohnbestands zu verbessern, die Qualität des Wohnbestands ebenfalls den modernen Gesichtspunkten anzupassen und sogar den Versuch zu unternehmen, aus den bisherigen Mietern Eigentümer zu machen.

So entstanden große Immobilien-Gesellschaften, die klugerweise die Finanzierung über eine Aktien-Gesellschaft mit Börsennotiz abwickelten. Sie wurden die erfolgreichsten Immobilien-Investoren in Deutschland seit nunmehr 20 Jahren. Ohne diese typisch angelsächsische Investitions-Strategie hätte der deutsche Immobilien-Markt die rasante Entwicklung der kommenden Jahre kaum erreicht.

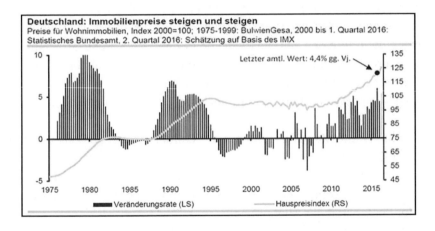

Kennzeichnend für diese Zeit ist die hohe Qualität der deutschen Mietwohnungen als Ganzes und das durchweg vertretbare Mietpreisniveau. Daran knüpfen sich allerdings sehr unterschiedliche Ansichten:

Die Qualität der deutschen Wohnungen ist im internationalen Vergleich sehr hoch. Dazu gehören insbesondere Sicherheitsvorschriften und Qualitätsverbesserungen in der Wärmedämmung mit der Folge, dass entweder in der Nachrüstung oder im Neubau der Quadratmeterpreis pro Wohnung vergleichsweise hoch ausfällt. Lediglich die Schweiz erreicht einen gleichen Standard.

Mit diesen Vorgaben des Marktes ist die Diskussion um überhöhte Mietpreise in den Großstädten nicht zu vermeiden und bleibt ein sehr wichtiges Thema. Warum?

Der steigende Wohlstand in Deutschland führt dazu, dass der Bedarf an hochwertigen und größeren Wohnungen kontinuierlich in der Weise zunimmt, wie Familien in der Lage sind, mit besserem Einkommen auch eine höhere Miete zu zahlen. Diese Nachfrage erstreckt sich sowohl auf Städte als auch auf die Randgebiete und mit sehr großen Differenzen rund um die deutschen Großstädte gemäß den Verkehrsverbindungen und anderen Fragen der Lebensqualität. Auch der Freizeitwert spielt eine Rolle.

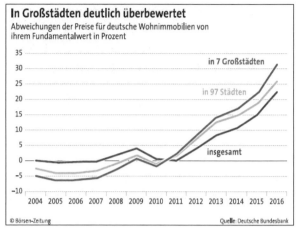

Die bislang weniger kapitalkräftige Schicht der deutschen Gesellschaft rückt nach, ist aber nur bedingt dazu in der Lage, höhere Mietpreise zu akzeptieren. Denn jeder Mieterwechsel ist in der Regel mit einer Steigerung der Qualität der Wohnungen verbunden, die sie somit teurer macht. Dies trifft insbesondere für die zitierten großen Wohneinheiten in den Ballungszentren, besonders in großen Industriestädten, zu. In diesem Spannungsfeld finden umfangreiche Diskussionen statt, die von Parteien und Interessensgruppen unterschiedlich thematisiert werden.

Allen Geschäftsberichten der Immobilien-Gesellschaften ist zu entnehmen, wie diese Modernisierungen finanziert und technisch durchgeführt werden und zu welchen Konsequenzen dies bei den Mietpreisen führt. Da sie keine gemeinnützigen, sondern privat finanzierten Gesellschaften sind, gehört es zum Geschäftserfolg, darüber ausführlich zu berichten.

So wurde aus dem früher umfangreichen gemeinnützigen Wohnbestand in Deutschland ein großer privat finanzierter in der beschriebenen Form. Dazu gehört auch die Erkenntnis, dass die Einwohnerzahl in Deutschland weniger zunimmt.

Die europäische 0-%-Politik der Notenbank hat dem Immobilien-Markt insgesamt einen deutlichen Schub gegeben, der die dritte Etappe der eingangs zitierten Entwicklung definiert. Noch nie in der deutschen Geschichte war es im gegenwärtigen Umfang möglich, mit billigster Finanzierung in Immobilien anzulegen. Hypotheken zu 1,5 oder 2 % im ersten Rang und vielleicht 3 % im zweiten gab es in den vergangenen Jahrzehnten nie.

Da gleichzeitig das deutsche Geldvolumen inzwischen an den Rand der 6 Bio. Euro-Grenze stößt, liegt es auf der Hand, dass auch diejenigen, die früher nicht an Wohnungs- oder Hauskauf gedacht haben, diesen Gedanken nun durchaus ins Auge fassen. So wurden und werden aus klassischen Mietern, die typisch für den deutschen Wohnungsmarkt sind, Eigentümer, womit sich die Nachfrage insgesamt deutlich erweitert hat.

Diese Wanderungsbewegungen lassen sich bis jetzt nicht ganz klar in statistischen Ergebnissen erkennen. Doch sie lassen sich relativ leicht aus den Angebots- und Nachfrage-Verhältnissen schätzen, die sich aus den Marktberichten ergeben.

Mit billigem Geld entsteht jedoch stets eine Nachfrage, deren Qualitätsgrenzen greifbar sind. Nicht jeder, der eine Wohnung kauft, kann sie sich auch dauerhaft als Investment leisten. Der Beleg dafür sind die berühmten Immobilien-Blasen.

Wie weit reichen die Perspektiven ab jetzt? Solange sehr niedrige Zinsen das Marktbild bestimmen gewiss noch sehr lange! Denkbar wäre eine Grenze dort, wo das Preis-Leistungsverhältnis nicht mehr stimmt. Also Knappheitspreise für Immobilien entstehen, deren Qualität sich nicht mehr rechtfertigt. Es wäre die Grenze zum Luxus.

Da die Immobiliengesellschaften privatwirtschaftlich orientiert arbeiten, lässt sich denken, dass der Ausbau dieser Portfolios von den Schwerpunkten der genannten Art auch in kleinere Größenordnungen ausgedehnt wird, also nicht mehr nur die Großstädte betreffen. Ein Herunterbrechen bis auf ganz kleine Objekte erscheint unwahrscheinlich. Dazu kommt eine deutsche Besonderheit:

Der Anteil der Mieter ist in Deutschland so hoch wie in keinem anderen Land Europas. In den jeweils bekannten Vergleichen rangiert die Quote der Eigentumswohnungen zwischen 60 und 85 % (Großbritannien), der deutsche Anteil liegt bei etwa 35 %. Dieser hohe Mitanteil in Deutschland resultiert aus der historischen Entwicklung des sozialen Wohnungsbaus und den eingangs schon beschriebenen firmenorientierten Wohnungen für Mitarbeiter. Ein Übergang in mehr Eigentum lässt sich schwer voraussagen.

Nur die Nachfrage nach höherwertigem Wohnraum wird mithin darüber entscheiden, wie sich die Preise für Immobilien in Deutschland entwickeln werden. Dabei wird die Nachfragekurve voraussichtlich flacher, indem die Nachfrage nach qualitativ hochwertigen Wohnungen auch auf dem Land zunimmt. Dies hängt allein von der Entwicklung der Infrastruktur - besonders des Nahverkehrs - ab.

Die Einwanderungswelle in Deutschland spielt eine emotional hohe, aber faktisch geringe Rolle. Migranten gehören zu jener Bevölkerungsgruppe, die im preiswerten Wohnungsmarkt zunächst Fuß fasst und sich erst über Jahre hinweg langsam verbessern kann. Eine entscheidende Größe für den Trend im Immobilienmarkt ist sie nicht.

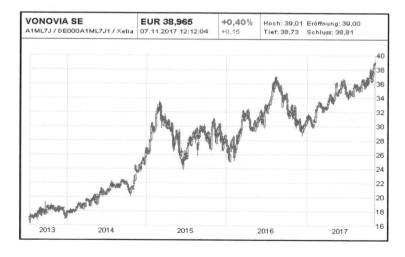

Die großen Wohnbauunternehmen sind inzwischen eine feste Börsengröße. In den DAX schaffte es bisher nur die Nummer eins, Vonovia, mit einem Marktwert von immerhin knapp 19 Mrd. Euro. Vonovia startete als Deutsche Annington als erster und bis jetzt erfolgreichster Immobilienkonzern. Die Kursentwicklung reflektiert die gesamte Tendenz am Immobilienmarkt am deutlichsten und auch nachhaltigsten. Wie einheitlich sich im Wesentlichen das Bild rundet, ist an der Nummer zwei, Deutsche Wohnen mit 13 Mrd. Euro Marktwert, abzulesen.

Wie lässt sich die Bewertung solcher Immobilienkonzerne hinreichend sicher greifen? Eine Immobiliengesellschaft wird immer gemessen am Vermögens- und am Ertragswert - aus Sicht des Anlegers dann auch an der Dividendenrendite als Rentabilitätsmaßstab für den Aktionär. Ab jetzt wird es etwas kritischer:

Der Net Asset Value (NAV) jeder Gesellschaft, zumeist auf jede Aktie umgelegt, wird von den Gesellschaften selbst nach eigenem Gutdünken und Maßstab berechnet. Eine objektive Überprüfung durch Dritte gibt es nicht, bestenfalls die indirekte Prüfung durch den Wirtschaftsprüfer, der den Jahresabschluss kontrolliert. Aus der Relation von Vermögen zu Börsenkurs ergibt sich dann die kritische Frage, ob der Markt es anders sieht als das Management und wo sich Differenzen auftun.

Am Anfang des Booms lag der NAV weit über den Börsenkursen. Darin steckte gedanklich und sachlich die Stille Reserve, die eine Spekulation rechtfertigte. Inzwischen hat sich diese Relation angeglichen oder umgekehrt: Die Börsenkurse liegen jetzt auf gleichem Niveau oder deutlich höher. Das bedeutet, dass der Markt eine Art Wachstumsprämie einpreist, die unterstellt, dass sich die bisherige Entwicklung weiter fortsetzen wird. Das wird der kritische Punkt werden, der anzeigt, wie sich der Immobilienmarkt entwickelt, wenn sich die wunderbare Zinslandschaft verändert oder normalisiert.

Dieses Signal wird voraussichtlich von der EZB kommen. Ein steigender Zins verändert natürlich die Bemessungsgrundlage für alle Immobilien in Substanz und Ertrag und insbesondere im Bewertungsfaktor.

Die ersten strategischen Vorgriffe wagten bereits einige, indem sie einen größeren Teil ihrer Immobilien aus der eigenen Bilanz in eine Fondkonstruktion ausgegliedert haben, deren Anteile im Wesentlichen bei Vorsorgeeinrichtungen aller Art (inklusive Versicherungen) liegen. Sie selbst behalten einen kleinen Anteil für das eigene Portfolio und verwalten das Immobilienvermögen als Manager. Das macht zweifellos Sinn und reduziert das Risiko, dass das Vermögensportfolio im Wert im gleichen Umfang sinkt, wie die Zinsen steigen.

Für die Investoren in den Fonds dürfte dies weitgehend neutral bleiben. Diese Kapitalanlagegesellschaften legen Wert auf eine hohe Rentabilität als Dividendenrendite auch dann, wenn die Preise für Immobilien nachgeben. Das lässt sich rechnen. Die Folge davon ist voraussichtlich:

Eine Veränderung der Zinslandschaft verändert die Werthaltigkeit dieser beschriebenen Institutionen nur gering oder angemessen in kleineren Schritten und langfristig. Aus der Sicht des Aktienmarktes wird sich aber über die Berechnung des NAV-Wertes mit ziemlicher Sicherheit ein Discount einstellen, womit der Kurs je Aktie unter dem NAV-Wert je Aktie landet.

Private Immobilienkäufer sind auf dem aktuellen Preisniveau in einer riskanten Lage, insbesondere ablesbar an den Preisen für Eigentumswohnungen und mithin auch kleineren Wohneinheiten für den Eigenbedarf und auch für Vermietung. Darin liegt das Risiko für Privatinvestments, wenn diese mit hoher Beleihung zu Preisen erworben werden, die den Zenit überschritten haben und die Nennpreise im Wohnungsmarkt sofort nachgeben, womit die Wiederverkäuflichkeit solcher Einheiten zu deutlichen Einbußen führt. Dann erreicht die Beleihung sehr schnell den Grenzwert der Finanzierung mit allen Folgen, die zu jedem Abschwung am Immobilienmarkt gehören.

Fazit: Immobilienmärkte unterliegen stets Zyklen in ihren Preisen und ihrer Qualität, was auch für den deutschen Verlauf gut nachvollziehbar ist (s. Grafik am Artikelanfang). Dies zu wissen, ist mitten im Boom sehr wichtig, wenn fremdfinanziert - weniger wichtig, wenn mit Eigenkapital finanziert wird und mithin Preisschwankungen oder ein Preisverfall nicht zum Verkauf zwingen.

7

Chancen und Risiken: Wie die Elektromobilität die Industrie verändert

Georg Sures

Die 67. Internationale Automobil-Ausstellung (IAA) hatte in diesem Jahr vom 14. bis 24. September in Frankfurt ihre Pforten geöffnet. Das wichtigste Stelldichein der Autobranche auf deutschem Boden war in diesem Jahr auch deshalb so interessant, weil die Automobilindustrie als wichtigster heimischer Industriezweig vor gewaltigen Herausforderungen steht.

Elektromobilität und der Abschied vom Verbrennungsmotor müssen bewältigt werden. Der Dieselskandal bedroht die Existenz eines Marktsegments, in dem die deutschen Hersteller bislang die Nase vorn hatten. Angesichts drohender Fahrverbote stellt sich die Frage, ob der Dieselantrieb überhaupt noch eine Überlebenschance hat. Dazu kommen neue Formen der Mobilität wie autonomes Fahren oder Carsharing.

Während sich ausländische Konkurrenten wie Renault mit dem Elektroflitzer Zoe oder Newcomer wie Tesla mit Verve in dem neuen Segment etablieren, scheint sich die deutsche Automobilindustrie mit dem Abschied vom Verbrennungsmotor schwerzutun. Auf der diesjährigen IAA hat es dabei nicht an kühnen Zukunftsentwürfen gefehlt, wie das Beispiel Sedric zeigt. Es handelt sich um ein autonom fahrendes Elektrotaxi, das Volkswagen für den Großstadteinsatz entwickelt hat. Das futuristische Gefährt kommt ohne Lenkrad und Cockpit aus und soll 2021 in Dienst gestellt werden. Ansonsten ist die Elektrooffensive aus dem Hause Volkswagen deutlich geerdeter: Mitte September hat der Konzern angekündigt, für jedes seiner 300 Modelle bis zum Jahre 2025 eine Elektrovariante anbieten zu wollen. Kostenpunkt bei der Entwicklung: 20 Milliarden Euro. 50 neue strombetriebene Modelle sollen der Kundschaft offeriert werden. Auch Daimler und BMW haben sich ähnlich positioniert, wobei im Hinterkopf der deutschen Automanager immer noch die Hoffnung zu bestehen scheint, dass der Verbrennungsmotor in einer umweltverträglicheren Form weiter bestehen kann. Fakt ist aber aktuell, dass die Elektromobilität den ganzen Markt durcheinanderwirbelt.

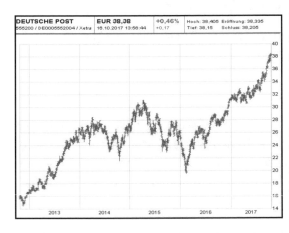

Dank dieser Umwälzung spielt jetzt auch die Deutsche Post mit. Der Logistikkonzern hat zusammen mit den Ingenieuren der RWTH Aachen einen Elektrotransporter namens Streetscooter entwickelt, der in der spartanischen Basisversion 32.000 Euro kostet. 2016 rangierte der Streetscooter in den Top 5 der in Deutschland zugelassenen Elektroautos. Jetzt will die Deutsche Post mit Ford eine XL-Version des Scooters entwickeln. Der Vorteil: Wie Elektrotaxi Sedric muss der Streetscooter kein Fahrverbot für die Innenstadt befürchten. Ein Argument, das in Zukunft noch mehr an Gewicht gewinnen dürfte.

Die Automobilindustrie besteht neben den Herstellern aber auch aus der Zulieferindustrie. Die Umstellung auf die Elektromobilität stellt auch diese Unternehmen vor große Herausforderungen. Traditionelle Wertschöpfungsketten samt den entsprechenden Margen lösen sich quasi in Luft auf, wenn der Elektromotor den Verbrennungsmotor ersetzen sollte. Zugleich bieten neue Features wie das autonome Fahren Ansatzpunkte für vielversprechende neue Geschäftsfelder. SGL Carbon ist ein gutes Beispiel dafür, dass die Umstellung auf die Elektromobilität auch neue Chancen für die beteiligten Unternehmen eröffnen kann.

SGL Carbon war als Aussteller auf der 67. IAA nicht vertreten. Die Produkte des Wiesbadener Unternehmens sind allerdings in vielen auf der IAA präsentierten Fahrzeugen vertreten. Carbon-Bauteile von SGL finden sich etwa in den BMW-Modellen 7er, i8 und i3, von denen aktualisierte Varianten auf der IAA vorgestellt wurden.

Vor wenigen Jahren herrschte bei BMW in Sachen Kohlefaser aber noch deutlich mehr Euphorie. „Das Carbon-Zeitalter beginnt", jubilierte die Presseabteilung des DAX-Konzerns noch im September 2011. SGL Carbon prognostizierte zur gleichen Zeit für 2015 für Kohlefasern den „zunehmenden Durchbruch in der automobilen Serienproduktion".

Der große Durchbruch von Carbonfasern blieb allerdings bisher aus, weil sie noch zu teuer und in der Produktion sehr anspruchsvoll sind. Standardwerkstoffe wie Aluminium oder Stahl haben deshalb ihre Dominanz behalten. Jüngst haben sich aber die Anzeichen verdichtet, dass der Einsatz neuer Werkstoffe zunimmt. So erteilte der schwedische Autohersteller Volvo dem Unternehmen in diesem Jahr einen Großauftrag über die Lieferung von Blattfedern. „Bis 2020 werden wir für Volvo jährlich 550.000 Blattfedern herstellen. Das ist derzeit nach unserer Erkenntnis in der gesamten Branche das Projekt mit der größten Stückzahl eines Verbundwerkstoff-Bauteils", frohlockte Vorstandschef Jürgen Köhler im Mai auf der Hauptversammlung von SGL Carbon.

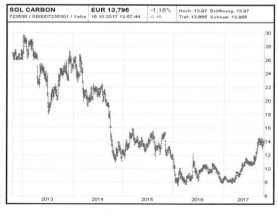

Auch an dieser Stelle macht SGL Carbon Dampf in Sachen Carbonfaser. So betreiben die Wiesbadener seit 2009 ein Joint Venture mit dem Bremsanlagen-Hersteller Brembo für die Produktion von Carbon-Keramik-Bremsscheiben. Die Bremsscheiben aus dem Verbundstoff Carbon bieten im Vergleich zur herkömmlichen Standardvariante eine Reihe von Vorteilen wie einen verkürzten Bremsweg, weniger Gewicht und eine längere Lebensdauer aufgrund des verringerten Verschleißes. Bisher kommen die Bauteile vor allem bei Oberklasseautos der Marken Lexus, Audi, Porsche, Mercedes oder Lamborghini zum Einsatz.

Mit Carbonfasern für Brennstoffzellen oder Graphit-Anodenmaterial für Lithium-Ionen-Batterien positioniert sich das Wiesbadener Unternehmen gezielt als Anbieter im Bereich der neuen Antriebstechnologien. Für Komponenten aus Kohlefasern erfordert der Schritt zur Serienfertigung eine Menge an hoch qualifizierter Entwicklungsarbeit. Um hier die Schlagzahl zu erhöhen, hat SGL Carbon 2016 am Produktionsstandort Meitingen bei Augsburg ein Kompetenzzentrum für Leichtbau eröffnet. Dort arbeiten Ingenieure und Spezialisten für Werkstoff-, Produktions- und Automatisierungstechnik spartenübergreifend zusammen, um innovative Leichtbauteile für die Serienfertigung zu entwickeln. Der Fokus liegt dabei nicht nur auf der Automobilindustrie, auch für andere Industriezweige wie die Luftfahrt oder die Windkraftbranche will SGL Carbon Lösungen entwickeln.

Laut Aussage des SDAX-Unternehmens aus Wiesbaden bestehen aktuell Entwicklungsprojekte mit BMW, VW, Daimler, Jaguar, Land Rover und zwei asiatischen Herstellern. Mit Zulieferern für die Luftfahrtindustrie entwickelt SGL Carbon zudem Flugzeugkabinen in Leichtbau. Carbonteile kommen im Auto an vielen Stellen zum Einsatz. Gleitlager, Dichtungen, Kraftstoffpumpen, Dachholme, Heckspoiler oder Querstreben: Überall kann Carbon verbaut werden.

Nach einer längeren massiven Umstrukturierung findet das Unternehmen langsam wieder auf die Erfolgsspur. Das zyklische Geschäft mit Graphitelektroden für die Stahlindustrie wurde abgestoßen. Der Umsatz wurde auf 770 Millionen im Jahr 2016 geschrumpft. Der Verlust drittelte sich fast von 295 auf knapp 112 Millionen Euro. 2017 peilt SGL Carbon bei steigendem Umsatz einen verringerten Verlust an. Charttechnisch wurde der langjährige Abwärtstrend 2017 gebrochen. Bei SGL Carbon dürfte das Ende der Fahnenstange damit noch längst nicht erreicht sein. Wer als Anleger mitspielen will, kann an schwachen Tagen eine erste Position aufbauen. Ein Teil des Kapitals sollte für einen eventuellen Nachkauf auf niedrigerem Niveau zurückbehalten werden.

Wer allerdings die Automobilbranche schon länger verfolgt, kann sich noch gut daran erinnern, dass vor zwanzig Jahren die Brennstoffzelle als das Antriebsaggregat der Zukunft galt. Inzwischen fristet diese Technologie trotz milliardenschwerer Investitionen ein eher bescheidenes Nischendasein. Auch die Elektromobilität muss sich der unbequemen Frage stellen, ob das wirklich der richtige Weg ist.

Lange Ladezeiten, zu wenig Ladestationen und geringe Reichweiten machen derzeit gerade längere Fahrten mit einem Elektromobil noch allzu oft zu einer Abenteuertour. Selbst bei Tesla stößt man schnell an Grenzen: Die Batteriespeicher der großen Tesla-Modelle verfügen zwar mit mehr als 100 Kilowattstunden über eine akzeptable Speicherkapazität. In einem vernünftigen Zeitraum lassen sich die Lithium-Zellen aber nur zu etwa 80 Prozent laden, wovon 75 Kilowattstunden im Regelbetrieb effektiv nutzbar sind. Bei einer halbwegs normalen Geschwindigkeit müssten die Tesla-Flitzer dann spätestens nach 300 Kilometern Strom nachtanken.

Aktuell liegt die technisch sinnvolle Speicherkapazität bei etwa 100 Kilowattstunden. Falls sich die Elektromobilität in großem Stil durchsetzt, würde der Stromverbrauch in Deutschland nach Schätzungen von Experten um ein Viertel steigen. Die Netzinfrastruktur stünde dann vor gewaltigen Investitionen in ihre Kapazität, um den Strombedarf der Elektroautos abzudecken.

In der Idealvorstellung der schönen neuen Elektrowelt kommt die Elektrizität für die Batterien aus regenerativen Energiequellen. Ist das nicht der Fall und wird stattdessen beispielsweise Strom aus konventionellen Kohlekraftwerken getankt, verwandelt sich die Energiebilanz des Elektrofahrzeugs schnell in ein ökologisches Desaster.

Zu diesen schon bekannten Argumenten kommt noch die negative Ökobilanz bei der Herstellung der Batterien hinzu, die bis zu einer halben Tonne wiegen können. So machte eine Studie des schwedischen Umweltinstituts IVL jüngst noch einmal klar, welche Mengen an Energie und Ressourcen die Herstellung der Batterien verschlingt - auch im Vergleich zur Energiebilanz des Verbrennungsmotors.

So fällt laut der Studie von IVL für die Produktion eines 100-kWh-Akkus eine Klimabelastung von 15 bis 20 Tonnen Kohlendioxid an. Ein Kleinwagen mit herkömmlichem Verbrennungsmotor müsste bis zu 200.000 Kilometer fahren, um so viel CO2 in die Luft zu blasen.

Diese Tatsachen, Fachleuten der Branche längst bekannt, werden allzu schnell ausgeblendet, wenn der Ausbau der Elektromobilität von der Politik gefordert wird. Wer noch einen Schritt weitergeht, kommt zudem nicht an der ultimativen Tatsache vorbei, dass der moderne Individualverkehr immer eine deutlich schlechtere Ökobilanz als öffentliche Verkehrsmittel aufweisen wird - egal, ob das eigene Auto mit Diesel oder Batteriestrom fährt.

Der Siegeszug der Elektromobilität scheint unaufhaltsam, wenn man dem Tenor in den Medien glauben will. Der Dieselskandal wird dabei schon als Grabgesang auf den Verbrennungsmotor wahrgenommen. Ob die Elektromobilität in großem Maßstab den Verbrennungsmotor ersetzen kann, hängt nicht allein von den Gegebenheiten dieser Technologie ab. Unter Fachleuten ist der Abschied von den Flüssigkraftstoffen wie Benzin oder Diesel keineswegs ausgemacht. Sie müssten in Zukunft nur umweltverträglicher und klimaneutral hergestellt werden.

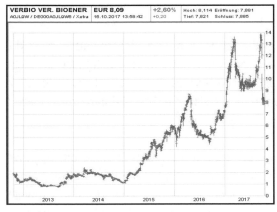

Die Lösung für die deutsche Automobilindustrie könnte im brandenburgischen Schwedt liegen. Dort betreibt die börsengelistete Verbio AG eine Bioraffinerie, die aus Stroh als Reststoff der Getreideernte sogenanntes Biomethan herstellt. Bauern aus Brandenburg und Westpolen beliefern die Anlage mit Stroh, das sonst nicht genutzt würde.

Der Biokraftstoff der zweiten Generation wird damit ganz ohne den Einsatz von Nahrungsmitteln hergestellt. Unter der Bezeichnung Verbiogas kommt er bei Fahrzeugen mit CNG-Antrieb zum Einsatz. „Aus nur vier Großballen Stroh produzieren wir den Jahreskraftstoffbedarf für einen Mittelklasse-Pkw", umreißt Verbio-Chef Claus Sauter das Potenzial dieser Technologie.

Wie eine Studie des Deutschen Biomasseforschungszentrums (DBFZ) bestätigt, bleiben jedes Jahr allein in Deutschland 8 bis 13 Millionen Tonnen Stroh ungenutzt - ein gewaltiges Rohstoffpotenzial für den Biokraftstoff aus Stroh: Mit dieser Menge könnten jährlich bis zu 5,5 Millionen Autos betrieben werden. Grundlage dafür ist das von Verbio entwickelte und weltweit einzigartige Verfahren zur Monovergärung von Stroh in einer industriellen Anlage, die am Standort Schwedt bereits seit Oktober 2014 grüne Energie in das Erdgasnetz einspeist. Das Endprodukt Verbiogas kann als Kraftstoff für Erdgasfahrzeuge im Kommunal- und Privatverkehr sowie als alternativer Kraftstoff im Nutzfahrzeugbereich eingesetzt werden.

Der Vorteil: Gegenüber fossilen Kraftstoffen wie Benzin und Diesel erreicht der Biokraftstoff eine CO_2-Reduktion von bis zu 90 Prozent. Das ist gegenwärtig deutlich mehr als ein Elektrofahrzeug, das mit dem aktuellen deutschen Strommix aus Kohle, Atom, Gas und nur zu 30 Prozent erneuerbarer Energie angetrieben wird. Darüber hinaus verringern Fahrzeuge, die mit CNG und Biomethan angetrieben werden, erheblich die Feinstaub- und Stickoxid-Belastung.

Verbio ist nicht der einzige Anbieter, der auf Sprit aus Stroh setzt: Der Schweizer Chemiekonzern Clariant betreibt seit 2012 eine Pilotanlage im bayrischen Straubing. „Der nächste Schritt ist der Einstieg in die industrielle Fertigung", sagte Markus Rarbach, Leiter Biokraftstoffe und Derivate bei Clariant, im März noch im Interview mit der Schweizer „Handelszeitung".

Das Schweizer Bundesamt für Energie prognostiziert in der Studie „Energieperspektiven der Schweiz bis 2050" für den flüssigen Biotreibstoff in unserem südlichen Nachbarland einen Marktanteil von 21,8 Prozent, um die Treibhausgasemissionen gemäß UN-Klimaziel bis 2030 um die Hälfte zu reduzieren. Fachleute sehen es für die Zukunft als durchaus realistisch an, dass der Verbrennungsmotor auf der Basis dieser Kraftstoffe neben dem Elektroantrieb bestehen kann.

Klimaneutral hergestellte, emissionsarme Flüssigkraftstoffe sind künftig auch ein zentrales Thema für die großen Ölkonzerne wie Shell oder Esso. Die Elektromobilität bedroht ihr gesamtes Geschäftsmodell. „Grüne" Flüssigkraftstoffe bieten für sie die Chance, zumindest das sogenannte Downstream-Geschäft (Tankstellen, Raffinerien) teilweise zu erhalten. Der aus Stroh hergestellte Biodiesel von Anbietern wie Verbio stellt hier nicht den einzigen Lösungsansatz dar. Ein weiterer Ansatz ist der sogenannte synthetische Diesel, der aus Ökostrom und unter Beigabe von CO_2 produziert werden kann.

Die Rettung für den Verbrennungsmotor könnte auch aus Norwegen kommen. Das Land im hohen Norden von Europa gehört zu den großen Erdölproduzenten und ist gleichzeitig ein europaweiter Vorreiter in Sachen Elektromobilität. Das norwegische Unternehmen Nordic Blue Crude plant zehn gigantische Fabriken, die eine Art sauberen Wunder-Diesel aus Kohlendioxid, Wasserstoff und elektrischem Strom aus Wasserkraft produzieren sollen.

Zunächst will das Unternehmen 70 bis 80 Millionen Euro in eine Fertigungsstätte im südnorwegischen Porsgrunn stecken. Mit an Bord ist das sächsische Unternehmen Sunfire, das als wichtiger Technikpartner bereits eine kleine Raffinerie für den synthetischen Diesel in Dresden betreibt. Sunfire liefert den Elektrolyseur für die Anlage und will Teile seines bisherigen Wunderdiesel-Know-hows dauerhaft an die Norweger verkaufen. Die großindustrielle Fertigung ist notwendig, um die hohen Produktionskosten drastisch zu senken. Unternehmen wie Audi und Lufthansa, aber auch der Mineralölkonzern Total setzen deshalb auf die Entwicklung derartiger Kraftstoffe. Die Verfahrenstechnik ist dabei teilweise schon seit über 90 Jahren bekannt (Fischer-Tropsch-Synthese).

Dazu kommen neue technische Lösungen wie eine Anlage, die für die Produktion das klimaschädliche CO_2 aus der Luft absaugt. Im Vergleich zum herkömmlichen Diesel fallen die Feinstaub- und Stickoxidemissionen 10 bis 20 Prozent niedriger aus. Autohersteller wie Audi, die die Entwicklung in Norwegen sehr genau verfolgen, können deshalb auch in Zukunft nicht auf verbesserte Abgasreinigungssysteme verzichten.

In der Anlage in Südnorwegen, die einen energetischen Wirkungsgrad von 60 Prozent hat, sollen ab 2020 pro Jahr zunächst 10 Millionen Liter synthetischer Diesel aus Kohlendioxid, Wasserstoff und Elektrizität entstehen. Die Menge reicht aus, um etwa 13.000 Autos mit Sprit zu versorgen. Falls die Produktion reibungslos verläuft, ist laut Nordic Blue-Chef Gunnar Holen eine Verzehnfachung der Kapazität geplant.

Mit der Pilotanlage soll der reine Herstellungspreis auf unter 2 Euro pro Liter gedrückt werden. Zum Vergleich: Heute kostet Diesel ohne Steuern und Abgaben im Schnitt 45 Cent. Damit hat der Wunderdiesel noch einen weiten Weg vor sich. Aber das war ja bei Windkraft oder Solarenergie nicht anders.

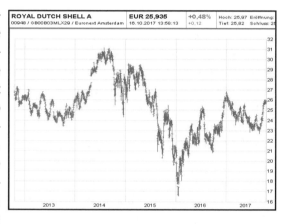

Unter dem Druck der Verhältnisse expandieren die großen Ölkonzerne in Geschäftsfelder hinein, die sie in der Vergangenheit noch gescheut haben. So verkauft Shell industriellen Großkunden Strom. Dieses Geschäftsfeld hatte Shell wie andere Ölkonzerne bisher gemieden, weil dieser Markt nach dem Geschmack der Entscheidungsträger zu reguliert war. Der Eintritt in diesen Markt (Financial Times vom 14. August 2017 „Shell's strategic move into electricity") zeigt, wie hoch der Druck für die Ölkonzerne aufgrund des Trends zur „Dekarbonisierung" inzwischen geworden ist. Öl und Kohle werden langsam, aber sicher durch „grüne" Energiequellen ersetzt. Auch deshalb hat Shell die Kapazitäten im Gasmarkt ausgebaut. Mit gasbetriebenen Blockheizkraftwerken könnte hier für große Kunden bedarfsgerecht Strom, Wärme oder Kälte produziert werden. Im kommenden Jahr will Shell Industriekunden in Großbritannien erstmals Strom verkaufen. Daneben bestehen ähnliche Pläne für die USA. Der CEO von Shell, Ben van Beurden, macht den Ölriesen damit zum Trendsetter für eine ganze Branche, die schon länger in Sachen Klimawandel kritisch gesehen wird. Die Aktie von Shell besitzt damit trotz Klimawandel eine gute Chance, auch weiterhin ein verlässlicher Dividendenwert mit einer hohen Ausschüttung zu sein. Große Kurssprünge sind aber bei dem Titel nur bedingt zu erwarten. Anleger mit Geduld sollten deshalb erst bei Kursen unter 24 Euro zugreifen.

Die Elektromobilität fängt dabei schon an der Tankstelle an, wo künftig auch Elektroautos tanken sollen. Aller Anfang ist aber schwer, denn es ist nicht so, dass Aral, Esso, Total oder Shell einfach die Zapfsäule für das Benzin durch die Steckdose für das Elektroauto ersetzen können. Die reinen Zahlen sprechen hier eine deutliche Sprache: Esso bietet hier in „knapp" 20 von 1.000 Tankstellen Ladesäulen für Elektrofahrzeuge an (Quelle FAZ, 4. Oktober 2017). Bei der Konkurrenz von Total können Elektrofahrzeuge an zwei Dutzend von insgesamt 1.200 Stationen Strom tanken.

Marktführer Aral (2.350 Tankstellen in Deutschland) sieht laut eigener Aussage kein tragfähiges Geschäftskonzept in der Betankung von Elektrofahrzeugen. Aral, eine Konzerntochter von BP, rechnet mit einem Rückgang beim Absatz von Flüssigkraftstoffen zwischen 10 und 15 Prozent, wenn zwischen 2030 und 2040 auf den bundesdeutschen Straßen 5 bis 10 Millionen Elektroautos unterwegs sind.

Diese Elektroautos müssten dann - die passende Infrastruktur vorausgesetzt - nicht zwangsläufig ihren Strom an der Tankstelle beziehen. In der schönen neuen Elektrowelt könnten die Besitzer der Elektrovehikel auch die heimische Steckdose nutzen. Aktuell gibt es in der Tankstellenbranche noch die Vorstellung, dass der stromtankende Kunde die Ladezeit für einen Besuch im Tankstellenbistro nutzt und so zusätzlichen Umsatz schafft. Mit dem Verkauf von Benzin verdienen die Tankstellenpächter heutzutage nur noch rund 15 Prozent ihres Bruttoverdienstes, der Rest wird von Autowäsche (20 Prozent) und dem Ladenverkauf samt Gastronomie (65 Prozent) eingespielt.

Auch in dieser Branche gibt es die Hoffnung, dass in Sachen Elektromobilität noch nicht das letzte Wort gesprochen ist. Der Blick in die Vergangenheit zeigt, dass der Königsweg hier vielleicht noch nicht gefunden ist: Vor zwanzig Jahren galt die wasserstoffbetriebene Brennstoffzelle als die Lösung für eine emissionsarme, klimaverträgliche Mobilität. Heute hat die Elektromobilität diese Rolle übernommen. Die Zukunft könnte auch hier noch eine Überraschung bereithalten.

Das Leben ist kurz, weniger wegen der kurzen Zeit, die es dauert, sondern weil uns von dieser kurzen Zeit fast keine bleibt, es zu genießen." (Jean-Jacques Rousseau)

8

Der Motorradmarkt hat das Tal der Tränen durchschritten

Oliver Kantimm

Die meisten der eingesessenen Motorradhersteller hatten in den vergangenen Jahren mit stetigen Absatzrückgängen zu kämpfen. Doch der weltweite Markt für Motorräder und Motorroller scheint mittlerweile einen Boden gefunden zu haben. Laut Marktforschungsunternehmen Fourin ist 2016 der Tiefpunkt markiert worden. Dennoch dürfte es vorerst weiter schwierig bleiben. So erwartet der österreichische Hersteller KTM im laufenden Jahr lediglich „ein leichtes Marktwachstum". Die Motorradsparte von BMW rechnet für Maschinen mit mehr als 250 Kubikzentimeter Hubraum im laufenden Jahr gar noch mit einer Stagnation. Beiden genannten Herstellern ist allerdings gemein, dass sie trotz dieser weiterhin schwierigen Rahmenbedingungen überproportionales Absatzwachstum vorweisen können, sich also deutlich stärker als der Markt präsentieren.

Branchenspezialisten sagen dem globalen Motorradmarkt jedoch eine nachhaltige Erholung voraus. So erwartet „Global Industry Analysts" für 2024 einen weltweiten Absatz von 71 Mio. Maschinen. Fourin rechnet für 2025 mit 74 Mio. Stück. Ausgehend von 2016 bedeutet das bei beiden Analysehäusern ein durchschnittliches Absatzwachstum von knapp 4 % pro Jahr. Das gilt allerdings nicht für alle Teilmärkte. So prognostiziert Fourin für Nordamerika, Europa und Japan im Durchschnitt eine Stagnation. Wichtigste Ursache: Der Nachwuchs wendet sich tendenziell vom Motorrad ab, sodass der potenzielle Kundenstamm immer kleiner wird. So haben es in Deutschland PS-starke Sportmotorräder immer schwerer. Das liegt auch an den immer strengeren Vorschriften, was Lärm- und Abgasemissionen angeht. So haben wegen der Einführung der Euro-4-Abgasnorm einige Hersteller sogar bestimmte Modelle vom Markt genommen, weil wegen der verhältnismäßig geringen Stückzahlen eine Anpassung an die strengeren

Regularien wirtschaftlich unsinnig gewesen wäre. So bietet Honda z.B. die CBR 600 seit diesem Jahr in Europa nicht mehr an.

Andere Segmente - z.B. Leichtkrafträder mit einem Hubraum von 125 ccm - erfreuen sich in Deutschland schon seit einiger Zeit steigender Beliebtheit. Auch Motorroller kommen immer besser an. Im Gegensatz zum Motorrad werden sie nicht aus Spaß gefahren, sondern vor allem von Berufspendlern. Insbesondere auf verstopften Innenstadtstraßen bieten sie Vorteile und werden zunehmend als attraktive Alternative wahrgenommen.

Insgesamt bleibt die Entwicklung des Marktes für Motorräder aber sowohl von den Produkten als auch von den Regionen her sehr heterogen. Als besonders aussichtsreich wird Indien angesehen. Hier trifft in besonderem Maße zu, was von Global Industry Analysts als generelle Impulsfaktoren für eine Marktexpansion angesehen wird: Bevölkerungsanstieg, Verstädterung und eine immer größer werdende Mittelschicht. Letztere sorgt dafür, dass immer mehr Menschen überhaupt Zugang zu motorisierter Mobilität erhalten. Wer ohnehin schon Motorrad fährt, kann sich dadurch auch größere Maschinen leisten. Last, but not least steigt aber auch der Anteil von Frauen, die das Motorradfahren für sich entdecken.

Welche Unternehmen werden von diesem Trend profitieren? Die infrage kommenden Unternehmen sind rar gesät. Exotische Hersteller aus China sowie Indien und Pakistan können außen vor gelassen werden. Das Motorradgeschäft der großen Player BMW, Honda, Kawasaki und Suzuki fällt anteilsmäßig am Umsatz ihrer gleichnamigen Mutterhäuser kaum ins Gewicht. Ducati ist Teil des Volkswagen-Konzerns und Triumph Eigentum des britischen Geschäftsmanns John Bloor. Übrig bleiben damit nur vier ernst zu nehmende und zudem börsennotierte Branchenvertreter: Harley Davidson, KTM, Piaggio und Yamaha Motor.

Harley Davidson (871 394; 48,32 Dollar) ist ein „Pure Player". Allerdings nimmt auch das Finanzierungsgeschäft einen großen Anteil (1/8 des Umsatzes, 1/4 des Ergebnisses) ein. Zudem befindet sich das traditionsreiche Unternehmen (1903 gegründet) im Umbruch. 65 % des Absatzes hängen vom deutlich schrumpfenden Heimatmarkt ab. Zudem hat man technologisch etwas den Anschluss verloren und die bisherige Zielgruppe ist zu alt. Die Halbjahreszahlen haben die Misere eindringlich bestätigt: Absatz - 7 %, Umsatz - 10 % und Gewinn - 16 %. Die Zahlen zum dritten Quartal waren kaum

besser: Während der Absatz im Heimatmarkt um 8,1 % nachgab, sank der weltweite Gesamterlös um 6,9 % gegenüber dem Vorjahr. Immerhin lief es damit in den USA für Harley etwas besser als für die restliche Motorradbranche, die eine Umsatzeinbuße von 9,2 % hinnehmen musste. Harleys Umsatz im dritten Quartal schrumpfte um 11,7 % auf 962 Mio. Dollar. Davon blieben 68,2 Mio. Dollar als Gewinn übrig, was im Vergleich zum Vorjahr einen Rückgang von 40 % bedeutet. Zwar dreht man im Rahmen eines Fünfjahresplans an den richtigen Stellschrauben, aber dennoch braucht die Aktie noch Zeit. Im Bereich um 45 Dollar dürfte sich mittlerweile aber ein tragfähiger Boden gebildet haben.

Piaggio (A0H 0Y6; 2,84 Euro) ist ein bewertungsmäßiger Sonderfall. Der 1884 gegründete Hersteller von Mofas und Motorrollern wird mit einem KGV von 47 per 2017 und 29 per 2018 gehandelt. Der Kursanstieg der letzten

Monate und somit auch die Bewertung nehmen eine Gewinnsteigerung vorweg, die bisher aber nur zäher als erwartet eingetreten ist. Die Aktie weist damit ein eher ungünstiges Chance-/Risiko-Verhältnis auf.

Yamaha Motor (857 690; 26,00 €) ist schon heute in den wichtigen Schwellenmärkten stark vertreten. Das Motorradgeschäft steht für gut 60 % des Umsatzes. Die Halbjahreszahlen waren besser als erwartet: Der Konzernnettoumsatz ist um 6,4 % auf 828,1 Mrd. Yen gestiegen. Yamaha Motor steigerte das Betriebsergebnis um 25,7 % auf 82,2 Mrd. Yen, während der den Aktionären der Muttergesellschaft zurechenbare Nettoertrag sogar um 87,5 % auf 60,8 Mrd. Yen zulegte. Damit erzielte das Unternehmen neue historische Höchstwerte. Auch und vor allem im Motorradgeschäft lief es gut: Der Nettoumsatz mit Motorrädern ist um 6,6 % gestiegen, vorangetrieben vor allem durch ein reges Geschäft an den aufstrebenden Märkten. Das Betriebsergebnis ist in diesem Geschäftsfeld um 86,8 % gestiegen, vor allem wegen eines wettbewerbsfähigeren Produktmixes und niedrigeren Kosten. Yamaha Motor hat die Prognose für 2017 angehoben: Nun erwartet man einen Anstieg des Nettoumsatzes von 8,5 % auf 1.630,0 Mrd. Yen, während das Betriebsergebnis um 24,3 % auf 135,0 Mrd. Yen zulegen soll. Der den Aktionären der Muttergesellschaft zurechenbare Nettoertrag soll um 42,5 % auf 90,0 Mrd. Yen steigen. Trotz des Aktienkurses knapp unter Allzeithoch ist die Bewertung noch vernünftig: Das KGV auf Basis der Gewinnschätzungen für 2017 liegt bei knapp 13, während es für 2018 auf 11,7 schrumpft. Der Kursanstieg dürfte sich weiter fortsetzen.

Auch im Motorradgeschäft gibt es Elektromobilitätsfantasie. Mit Energica Motor (A2A D2U; 3,15 Euro) gibt es sogar einen börsennotierten Aspiranten. 2009 als Projekt gestartet, wurde das Unternehmen erst 2014 offiziell in Modena und damit im Mekka der italienischen Ingenieurs- und Motorenbaukunst gegründet. 2016 hat man mit rund 30 Angestellten die Serienproduktion gestartet. Die Reichweite der beiden für gut 24.000 Euro erhältlichen Modelle liegt bei 150 km. Innerhalb einer knappen halben Stunde sollen die Akkus auf 85 % ihrer Kapazität aufgeladen werden können. Energica Motor ist logischerweise noch defizitär. Gewinne sind nicht vor 2019 zu erwarten. Die Marktkapitalisierung ist mit gut 40 Mio. Euro mikroskopisch klein. 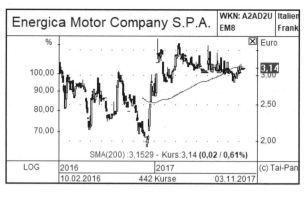 Nur sehr risikofreudige Anleger, die bereit sind, einige Jahre an Bord zu bleiben, können sich einige Stücke ins Depot legen. Kauforders unbedingt streng limitiert an der Borsa Italiana platzieren!

KTM Industries (919 331; 5,59 Euro) eilt von einem Absatz- und Umsatzrekord zum nächsten. Die Wurzeln des Unternehmens gehen auf 1934 zurück. In der heutigen Form ist KTM ein international tätiger Hersteller von Motorrädern und Sportwagen, wobei man sich insbesondere mit geländegängigen Enduro- und Motocross-Motorrädern einen Namen gemacht hat. Seit einigen Jahren bietet man aber auch mit zunehmendem Erfolg sportliche Straßenmotorräder an. Seit 2012 ist KTM der größte europäische Motorradhersteller.

KTM wächst dynamisch. Im ersten Halbjahr 2017 ist der Umsatz der Gruppe um 12,1 % auf 759 Mio. Euro gestiegen, während der Motorradabsatz mit 110.518 Stück um 10,8 % über dem Vorjahresniveau liegt. Die Kehrseite des strammen Wachstums lässt sich allerdings an der Cashflow-Entwicklung ablesen, denn sowohl für den operativen als auch für den freien Cashflow musste man mit - 8,8 Mio. Euro bzw. - 72,2 Mio. Euro negative Werte hinnehmen. Die Ursache liegt in einer starken Zunahme des Nettoumlaufvermögens sowie Mittelabflüssen aus der Investitionstätigkeit. Auch die Nettoverschuldung ist mit 98 % des bilanziellen Eigenkapitals hoch.

Die Investitionstätigkeit belastet derzeit die Profitabilität. Um die steigende Nachfrage zu befriedigen, mussten neue Produktionsanlagen geschaffen oder bestehende ausgebaut werden. Das Hochfahren der neuen Kapazitäten treibt die Kosten derzeit überproportional in die Höhe. So ist das EBITDA im ersten Halbjahr lediglich um 1,3 % gestiegen, während das EBIT um 5,5 % zurückgegangen ist. Unterm Strich blieben 41,4 Mio. Euro übrig und damit 9,5 % weniger als im Vorjahreszeitraum. Aber die Investitionen werden schon bald Früchte tragen. So hat KTM im Sommer seinen Ausblick für 2017 präzisiert: Der Umsatz soll um 12 % auf mindestens 1,5 Mrd. Euro steigen, während das EBIT um 6,6 % auf 130 Mio. Euro zulegen soll. Im Zeitraum von 2016 bis 2021 peilt man ein Wachstum von durchschnittlich 7 bis 9 % und eine EBIT-Marge zwischen 8 und 10 % an. Das ursprünglich für 2021 angepeilte Absatzziel von 300.000 Stück soll nun deutlich früher erreicht werden.

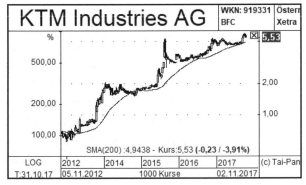

KTMs Wachstumsstory ist bestechend: Seit 2011 wurde der Umsatz verdoppelt und der operative Gewinn verdreifacht. Der Absatz ist im Laufe der letzten 16 Jahre um knapp 12 % p.a. auf mittlerweile über 200.000 Stück gestiegen. Die Aktie wird zwar mit einer Bewertungsprämie zum Branchendurchschnitt gehandelt, aber das stramme Wachstum rechtfertigt diese Prämie. Zudem hegt KTM durch eine Kooperation mit Bajaj Indien-Fantasien. Es geht um das in Indien 750.000 Stück große Premiumsegment. Überdies will KTM seine Präsenz auf dem chinesischen Markt weiter ausbauen und hat ein Joint Venture mit dem dortigen Partner CF Moto gegründet.

Die Aktie ist für risikofähige Anleger ein Kauf. Das stramme Wachstumstempo bei einer recht hohen Nettoverschuldung von 474 Mio. Euro macht die Aktie ungeeignet für konservative Anleger. Das KGV von 24 für 2018 liegt aber angesichts des dynamischen Wachstums im Rahmen.

9

Die Profiteure steigender Transportvolumina

Volker Schulz

Die globale Transportindustrie steht vor einer Wachstumsbeschleunigung. Der wichtigste Blick gehört zunächst den Frühindikatoren und hier insbesondere den Einkaufsmanager-Indizes. Bis auf Südafrika liegt der sogenannte PMI (Purchase Managers Index) im Herbst 2017 in allen größeren Volkswirtschaften über der kritischen Grenze von 50. Werte darüber signalisieren eine Expansion der Industrieproduktion. So notierte der nach Wirtschaftsleistung gewichtete globale Industrie-PMI bei 53,2 Punkten. Das entspricht dem höchsten Niveau seit sechs Jahren. Konjunkturexperten wissen: Die aktuellen globalen PMI-Werte entsprechen einem Wirtschaftswachstum von über 4 %.

Traditionell ist der Transportsektor eng mit dem globalen Wirtschaftswachstum verknüpft. Dazu kommt ein weiterer beschleunigender Treiber: Der globale Onlinehandel wächst mit prozentual zweistelligen Raten. Allein für Deutschland sehen jüngste Prognosen im Handel zwischen Unternehmen (B2B) ein hohes durchschnittliches jährliches Wachstum bis 2019 von 15 % jährlich. Auch der Handel mit den Konsumenten (B2C) soll im Schnitt um 12 % steigen. Davon profitiert die gesamte Logistikbranche mit ihren Tätigkeitsfeldern Transportieren, Lagern, Umschlagen, Kommissionieren, Sortieren, Verpacken und Verteilen. Wir wollen uns in diesem Artikel in erster Linie auf den Transport fokussieren.

Der Transport ist in der Logistik neben dem Lagern und dem Umschlagen einer der drei Hauptprozesse (TUL-Prozesse). Beim Transport werden Transportgüter oder Personen an einen anderen Ort gebracht. Der außer- oder zwischenbetriebliche Transport wird auch als Verkehr bezeichnet. Er wird durchgeführt mit Verkehrsmitteln wie Bussen, Lastkraftwagen, Schiffen, Flugzeugen oder Zügen. Der innerbetriebliche Transport (genau genommen der Transport innerhalb eines begrenzten Gebiets wie Häfen oder

Fabriken) wird als Fördern bezeichnet und durchgeführt mit Förderanlagen. Dazu zählen Fließbänder, Krane und Gabelstapler - so Wikipedia.

Wo liegen die höchsten Wachstumsraten? Die internationale Container-Schifffahrt ist seit Jahren von Überkapazitäten geprägt - das wird sich auch in den nächsten Jahren kaum ändern. Der Druck auf die Margen ist so hoch, dass hier wenig nachhaltige Perspektive in Sachen Investments zu sehen ist. Was macht der Bahnverkehr? Die Bahn als Transportmittel profitiert derzeit kaum vom strammen Wirtschaftswachstum. Der Trend ist deutlich:

Der Anteil von Bahn und Schiffen am Güterverkehr war noch 1980 genauso groß wie jener von Lkws. In den Krisenjahren 2008 und 2009 ging der Güterverkehr auf der Schiene dann deutlicher zurück als der Transport per Lkw. Inzwischen hat die Schifffahrt einen Anteil von unter 10 %, die Bahnen von unter 20 %. Es gibt zwar Länder, die wickeln ihren Güterverkehr zum größten Teil über die Schiene ab, die Schweiz zum Beispiel oder die baltischen Staaten, aber das Gros der Flächenländer hat sich vom Schienengüterverkehr schon so gut wie verabschiedet.

Im Gegensatz zu Lkws können Züge oft keine Grenzen überqueren, was an unterschiedlichen Schienensystemen liegt. Dazu kommen hohe Trassengebühren sowie ständig steigende Stromkosten. Und läuft das Geschäft nicht, werden die Lkws einfach weiterverkauft, die Fahrer, von denen viele ohnehin Ein-Mann-Unternehmen sind, nach Hause geschickt. Güterloks sind dagegen so gut wie unverkäuflich, weil es keinen internationalen Markt dafür gibt. Und das Personal ist in der Regel durch Tarifverträge geschützt. Der Markt ist unglaublich schwierig, wie der Niedergang von Vossloh zeigt. Auch Siemens oder Alstom hatten nie wirklich Freude an ihren Zug-Sparten. Nun soll eine Fusion zu Kosteneinsparungen führen. Die Frachtvolumina im Luftverkehr wachsen zwar stetig, erreichen aber nur einen kleinen Anteil am weltweiten Transportmarkt. Daraus folgt:

Da der Straßentransport neben seinen Kostenvorteilen praktisch das einzige Transportmittel für die „letzte Meile" ist, d.h. von den großen Seehäfen und Frachtverladestellen bis zum Endverbraucher, muss man der gesamten Branche eine rosige Zukunft konstatieren.

McKinsey & Company sieht das in einer Studie aus 2016 wie folgt: Der Weltmarkt für Lkws über 6 Tonnen wird von zuletzt 150 Mrd. Euro um knapp die Hälfte auf bis zu 240 Mrd. Euro Umsatz im Jahr 2025 wachsen. Das Geschäft mit kleineren Lieferfahrzeugen boomt ebenfalls. Die Umsätze im Van-Segment werden sich bis 2025 von zuletzt 130 Mrd. Euro auf bis zu 200 Mrd. Euro ausweiten. Die letzten Monate haben diese Prognosen untermauert. 2016 kletterten die Absätze global um 6 %. Im ersten Halbjahr 2017 legten nach Angaben des Herstellerverbands ACEA die Erstzulassungen in den Ländern der EU und der EFTA um 4,3 % zu. In China geht der Markt regelrecht durch die Decke. Hier stieg der Absatz im ersten Halbjahr um 13,8 % gegenüber dem Vorjahr, was jedoch auch mit strengeren Emissionsvorschriften sowie Einschränkungen an das zulässige Gesamtgewicht sowie der zulässigen Länge eines Truck-Trailer-Gespanns zusammenhängt. Dieser Substitutionseffekt wird noch einige Quartale andauern, bevor China wieder zu normalen Wachstumsraten von rund 7 bis 8 % zurückkehren wird. Die Amerikaner durchlaufen dagegen seit letztem Jahr ein zyklisches Tief auf hohem Niveau, welches Matthias Wissmann, Präsident des Verbandes der Automobilindustrie (VDA) als vorübergehend bezeichnet. 2014 und 2015 waren hoch überdurchschnittliche Wachstumsjahre. 2018 sollte auch der US-Truck-Markt wieder wachsen. Und es geht weiter:

Eine Studie der Unternehmensberatung Pricewaterhouse Coopers (PwC) geht davon aus, dass sich der Lkw-Verkehr in den kommenden zehn Jahren komplett verändern wird. Es geht um technologische Innovationen wie das autonome Fahren (automatisiertes Kolonnenfahren) und um miteinander kommunizierende Fahrzeuge. Ältere LKWs werden durch neuere und effizientere Fahrzeuge substituiert.

Wer profitiert? Natürlich die großen Lkw-Hersteller. Sie stehen allesamt vor guten Jahren. Allerdings sind die Flaggschiffe der Branche nicht für sich genommen börsennotiert, sondern nur indirekt. Der Weltmarktführer ist Daimler. Umsatz im Truck-Sektor 2017 geschätzt rund 34 bis 35 Mrd. Euro. Und die weiteren Aussichten per 2018 und darüber hinaus sind hervorragend. Besonders in der Van-Sparte läuft es rund bei Gewinnmargen von knapp 12 %. Die Wende auf dem US-Truck-Markt in 2018 wird die Absatzdynamik wieder deutlich beschleunigen. Die Gewinne in der Nutzfahrzeugsparte in-

klusive Vans stehen immerhin für rund 28 % des Gesamtgewinns. Dazu kommt: Die Neuausrichtung der Konzernstruktur ist höchst spannend. Daimler plant die größte Restrukturierung seit mehr als einer Dekade und zielt im Kern darauf ab, über eine Holdingstruktur die Unabhängigkeit der Sparten Automobile, Nutzfahrzeuge und Finanzdienstleistungen deutlich zu erhöhen. Häufig ist so etwas eine Vorbereitung für ein Spin-off, das in der Regel wertsteigernd ist. Wer also in Daimler investiert, partizipiert mit fast 30 % seines Einsatzes am Nutzfahrzeuggeschäft.

VW kommt inklusive Scania und MAN in der Nutzfahrzeugsparte auf einen konsolidierten Umsatz von rund 36 Mrd. Euro bei etwa 2,5 Mrd. Euro operativem Gewinn. Die letzten Quartalszahlen zeigten Umsatz- und Gewinnwachstum durch alle Marken. Die Sparte steht für etwa 15 bis 20 % Gewinnanteil am Gesamtkonzern.

Nach dem Verkauf der Pkw-Sparte an die chinesische Geely ist Volvo inzwischen ein reinrassiger Nutzfahrzeughersteller mit rund 33 Mrd. Euro Umsatz in 2017. Die letzten Quartalszahlen zeigten zweistellige Wachstumsraten bei Umsatz und

Gewinn, was mit einem KGV um die 16 per 2018 bezahlt wird. Die Aktie dürfte ihren Aufwärtstrend weiter fortsetzen.

In den USA macht der Lkw-Bauer Paccar einen guten Eindruck. Wie bei Volvo erzielte man im dritten Quartal zweistellige Zuwächse bei Umsatz und Gewinn. Seit 1941 schüttet Paccar regelmäßig eine Dividende aus. Zu Paccar gehört u.a. die Marke DAF. In den USA dominiert man den Markt. Ein KGV von 16 per 2018 rechtfertigt aufgrund der exzellenten Marktprognosen weiteres Aufwärtspotenzial.

So sehr als erste die Lkw-Hersteller als Profiteure in den Sinn kommen, darf man doch die Zulieferer und Dienstleister des Sektors keinesfalls vergessen. Ohne sie fährt kein einziger Lkw. Die Suche nach reinrassigen Zulieferern fällt dabei schwer. Unternehmen wie Continental, Leoni oder Hella beliefern auch den Lkw-Sektor, allerdings sind die Umsatz- und Gewinnanteile überschaubar. Folgende Spezialisten sind erwähnenswert:

Die Nummer eins bei den Nutzfahrzeugzulieferern ist Cummins aus den USA. Das Unternehmen mit einem Umsatz von 17,5 Mrd. Dollar in 2016 liefert Komponenten, ohne die kein Lkw fahren würde. Dazu gehören Diesel- und

Erdgasmotoren sowie Filter- und Kraftstoffsysteme. Zudem hat man den ersten vollelektrischen Lkw-Motor entwickelt, der 2019 in Produktion gehen soll. Die Geschäfte brummen und so wurde die Prognose beim Umsatzwachstum per 2017 in den prozentual zweistelligen Bereich angehoben. Analysten erwarten im Schnitt einen Gewinnanstieg von 8,85 Dollar in 2016 auf 9,86 Dollar in 2017 und 10,90 Dollar in 2019. Das China-Geschäft gilt als Gewinntreiber. Cummins dürfte in 2018 seinen Marktanteil in China auf über 20 % ausbauen. Ein KGV von 16 per 2018 ist alles andere als zu teuer.

Dana ist Spezialist für Antriebs-, Dichtungs- und Wärmemanagement-Produkte sowohl für leichte als auch schwere Nutzfahrzeuge. Regelmäßig räumen die global agierenden Amerikaner Innovationspreise im Sektor ab. Im zweiten Quartal schaffte Dana einen Umsatzsprung von 19 % auf 1,8 Mrd. Dollar. 6,9 Mrd. Dollar Umsatz dürfte man 2017 erreichen. Analysten erwarten für 2017 einen Gewinn je Aktie von 2,33 Dollar und für 2018 ein weiteres Plus auf 2,55 Dollar. Daraus resultiert ein günstiges KGV von 12 für das nächste Jahr. Im

Vergleich zu den optisch hoch bewerteten US-Indizes ist das ein sehr niedriger Bewertungsansatz.

In Deutschland gibt es zwei reinrassig börsennotierte Zulieferer der Nutzfahrzeugindustrie. Die deutsche SAF Holland ist europäischer Marktführer bei Achs- und Federungssystemen sowie Sattel- und Anhängerkupplungen. Für 2017 hat man im Herbst die Umsatzprognose auf 1,125 und 1,135 Mrd. Euro angehoben. Für das kommende Geschäftsjahr prognostiziert Warburg Research einen Gewinnanstieg von 23 % auf 1,23 Euro je Aktie. In Analystenkreisen gilt SAF Holland nach der geplatzten Übernahme von Haldex durch Knorr Bremse auch als Übernahmekandidat.

Für Furore sorgte im zweiten Halbjahr 2017 Jost Werke. Der Nutzfahrzeugzulieferer mit Weltmarktführerschaft in den Bereichen Stützwinden ist erst im Juli zu 27 Euro an die Börse gegangen. 64 % des Umsatzes von geschätzt 670 Mio.
Euro per 2017 decken etwa 55 % des globalen Marktanteils in den entsprechenden Produkten ab. Die Eintrittsbarrieren gelten als hoch. Jost konzentriert sich auf die Prozesse in der Wertschöpfungskette, die wenig Kapital erfordern und lagert die kapitalintensiven Prozesse aus. Dies führt zu einer vergleichsweise flexiblen Kostenstruktur mit starker Margen-Resistenz und hohen Cashflows. Zum dritten Quartal wurde die Prognose angehoben.

Palfinger ist Weltmarktführer aus Österreich. Man steht für die innovativsten und wirtschaftlichsten Hebe-Lösungen, die auf Nutzfahrzeugen und im maritimen Bereich zum Einsatz kommen. 2016 setzte man damit 1,4 Mrd. Euro um. Das Stammprodukt ist der Lkw-Knickarmkran. In diesem Segment ist das Unternehmen mit knapp 150 Modellen und einem Marktanteil von mehr als 30 % Weltmarktführer. Auch bei Containerwechselsystemen ist man weltweit größter Hersteller. Lkw-Aufbauten und Pickup-Ladebordwände runden die Produktpalette ab. Knapp 60 % des Umsatzes werden in Europa eingefahren, 19 % in Asien und 21 % kommen aus Amerika. Stra-

tegisches Ziel ist es, den Umsatzanteil in Asien und Amerika auf jeweils ein Drittel hochzufahren. Umsatz und Ebitda stiegen im ersten Halbjahr um 13,2 %. Volle Auftragsbücher lassen auch für 2018 zweistellige Umsatz- und Ergebnissteigerungen erwarten. Ein KGV von 14 für 2018 stellt eine wenig ambitionierte Bewertung dar.

Ein Dienstleister des Sektors ist dagegen die amerikanische Ryder Systems. Das Unternehmen ist ein Anbieter von integrierten Logistik- und Transportlösungen. Ryder arbeitet hinter den Kulissen und steuert Lkw-Flotten nebst Wartung sowie gesamte Lieferketten von Unternehmen. Je stärker das Flottenwachstum auf den Straßen, umso mehr profitiert Ryder. Für 2018 erwarten Analysten einen Gewinnsprung um 18 %. Dann läge das KGV bei rund 16. Dieser Bewertungsansatz ist klar ausbaufähig.

Letztlich soll noch ein Blick auf die Deutsche Post geworfen werden. DHL ist der Treiber. Der Online-Anteil am Gesamtmarkt ist von 0,4 % im Jahr 2001 auf 9,2 % im Jahr 2016 gestiegen, für 2017 wird ein Anteil von 9,9 % und bis 2020 von über 20 % erwartet. Der deutsche Marktführer im Paketgeschäft wird somit nachhaltig wachsen und deshalb geht ein KGV von 15 per 2018 auch in Ordnung. Im Ausblick bestätigten die Bonner zuletzt ihr Jahresziel, einen operativen Gewinn von 3,75 Mrd. Euro im Gesamtjahr erreichen zu wollen. Die Deutsche Post avanciert damit zum Trendwert im DAX.

Fazit: Der Nutzfahrzeug-Markt inklusive seiner Zulieferer und Dienstleister ist der größte Profiteur einer nachhaltig wachsenden Wirtschaft mit einem immer höheren Online-Anteil. Investments in diesem Sektor sind klar zu empfehlen.

Den Gegenwert für Dein Geld bekommst Du erst, wenn Du es ausgibst. (Thomas Jefferson)

10

Die Digitalisierung wird langsam greifbar

Walter Tissen

Sich mit dem Themenfeld Digitalisierung oder auch „Künstliche Intelligenz" zu beschäftigen, ist, als ob man einen Stein in einen See wirft. Dieser erzeugt nicht nur einen Kreis sondern eine Kaskade von Kreisen bzw. Folgewirkungen. Wer beispielsweise bei „Artificial Intelligence" nur simpel an besonders ausgefeilte technische Geräte oder Sprachassistenten denkt, erfasst nicht die volle Dosis an Potenzialen und Risiken und an Auswirkungen, die das Thema beinhaltet, wenngleich man in diesem Kontext über die Begrifflichkeit „Intelligenz" unterschiedlicher Meinung sein darf. Jedenfalls geht es nicht nur um technische Geräte, die das Leben potenziell einfacher machen. Es geht auch nicht nur um eine möglicherweise erhebliche Beschleunigung des technologischen Wissensstands und Fortschritts. Es geht nicht nur um neue Geschäftsmodelle oder Geschäftsmöglichkeiten. Nein, auch auf der Makro-Bühne ergeben sich Ansatzpunkte, auch wenn der „Artificial Intelligence"-Trend derzeit eher noch im Embryonalstadium ist, während Digitalisierung und Industrie 4.0 schon fast etwas abgegriffen erscheinen (was deren Potenzial allerdings deutlich unterzeichnet). Ein wichtiges Schlaglicht ist auch der Arbeitsmarkt. Tritt maschinelle Arbeitskraft noch stärker in Konkurrenz zur menschlichen Arbeitskraft, hat das natürlich auch Auswirkungen auf den Preis für menschliche Arbeit, also auf die Löhne und damit indirekt auch auf die Inflation und daran angelehnt auch auf die Zinsentwicklung. Eine stärker automatisierte und digital angereicherte Produktion kann das bisherige Modell der globalen Arbeitsteilung infrage stellen und gegebenenfalls perspektivisch zu einer Rückverlagerung von Produktionskapazitäten aus dem Ausland ins Inland führen - oder noch genauer - dorthin, wo auch die Nachfrage angesiedelt ist, was Transportkosten und auch die Umweltbelastung senken kann. Lässt sich die Nachfrage besser einschätzen, erlaubt das einen sparsameren Einsatz von Ressourcen und mithin kleinere Lagerbestände. Weniger Lagerbestand wiederum bedeutet, dass man nicht nach dem anfänglichen Absatz den Überbestand mit Rabattpreisen in den Handel drücken muss, was andererseits c.p. wiederum die Preismacht tendenziell erhöht und den deflatorischen Druck einer auf Überproduktion ausgelegten Erzeugung reduzieren könnte. Weniger Lagerbestand hat natürlich auch Auswirkungen auf die Kapitalbindung in einem Unternehmen und damit letztlich auch auf die Rendite auf das eingesetzte Kapital. Letzteres wiederum ist eine Einflussgröße für die sinnvolle Bewertung beispielsweise am Aktienmarkt. Der nationale und internationale Arbeitsmarkt ist eine wichtige Einflussgröße für die Stimmung der Bevölkerung und mithin ein Faktor für die Politik bzw. die (geo)politische Stabilität. Also: Man kann sich dem Themenrahmen von verschiedenen Seiten nähern, aber vorab lässt sich sagen: Das Potenzial ist enorm groß und für den Aktienmarkt sehr attraktiv. Schauen wir etwas genauer hin:

In unserer vermeintlich hochtechnologisierten Welt ist der Mensch gewissermaßen ein Flaschenhals. Denn für *bestimmte isolierte* Aufgabenstellungen scheint unser Gehirn nicht ausgelegt zu sein. Dies ist bewusst so formuliert - die göttliche Schöpfung des Menschen in seiner Gesamtheit wird von Maschinen mindestens wohl noch sehr lange nicht zu toppen sein. Das menschliche Gehirn ist ein Wunderwerk mit seiner Kombination von Information, Assoziation, Intuition, Kreativität und auch Emotion. Aber es ist offensichtlich nicht dazu konstruiert, rein rational Berge von Daten nach Mustern zu durchforsten und völlig gefühlfrei Einschätzungen und letztlich Entscheidungen daraus abzuleiten. In den meisten Situationen unseres Lebens benötigen wir diese Fähigkeit auch gar nicht. Intuition kann in vielen Fällen mangelndes Detailwissen ausgleichen. Würde unser Gehirn tatsächlich immer alle uns zur Verfügung stehenden Informationen erfassen und berücksichtigen, würde unsere Denkleistung vermutlich beinahe bis zum Stillstand verlangsamt werden und unserem Körper würde wesentlich mehr Energie abverlangt, auch für die unzähligen kleinen Entscheidungen, die unser Gehirn automatisiert abspult[1]. Also: Gott hat auch mit dem menschlichen Gehirn ein faszinierendes Wunderwerk vollbracht, was in keinster Weise in Zweifel gezogen werden soll. Und dennoch:

Kenner des „Behavioral Finance"-Ansatzes wissen beispielsweise für den Finanzbereich zu gut um die Fülle an Verarbeitungsschwierigkeiten unseres Denkens. Der Kaufkurs bei einem Investment kann zu einem Ankerpunkt für uns werden, auch wenn dieser für die weitere Perspektive der Kursentwicklung rational betrachtet irrelevant ist. Anleger sind häufig geneigt, jüngere Informationen und/oder auch Informationen, die man leichter beschaffen kann, höher zu gewichten bei der Entscheidungsfindung. Wer von uns verkauft ein Investment schon gerne mit Verlust und gesteht sich (bzw. seinem Ehepartner) damit eine Fehlentscheidung ein, obwohl der bereits eingetretene reale Wertverfall mit einer anderen Investment-Position möglicherweise schneller auszugleichen wäre? Kennen Sie das Gefühl, nach einer Serie erfolgreicher Investments dem Eindruck zu verfallen, man habe den Markt „im Griff"? Warum fühlt es sich so gut an, mit der Masse zu schwimmen, anstatt zu kaufen, wenn sämtliche Kommentatoren den unmittelbar bevorstehenden ökonomischen Weltuntergang prophezeien - und andererseits zu verkaufen, wenn ansonsten thematisch ahnungslose Stammtisch-Kollegen sich zu Aktien-Gurus aufschwingen? Warum nehmen wir Informationen durch die Brille unserer Vorprägung wahr und neigen somit dazu, eher Nachrichten zu berücksichtigen und zu verarbeiten, die unserer Meinung entsprechen, obwohl es für die Objektivierung unserer Entscheidung viel besser wäre, auch mal eine gegenteilige Meinung oder Information zu erfassen? Man könnte dies noch um manchen Punkt erweitern. Halten wir zunächst fest: Der „Homo oeconomicus" scheint in diesem Sinne eine Illusion zu sein. Oder anders gesagt: Unser Denken ist inklusive unserer Vorbildung und Prägung ein fehleranfälliges System bei der Entscheidungsfindung, gerade auch, wenn es um Fragen rund um das „liebe Geld" geht.

Was also wäre, wenn Maschinen oder Systeme die Schwächen in der menschlichen Informationsverarbeitung nicht nur ausgleichen, sondern in Teilbereichen selbst anfangen, aus dem Pool an Informationen Rückschlüsse und Lehren zu ziehen und somit selbstständig zu lernen? Es geht beim Thema „Künstliche Intelligenz" in unserem Sinne wohlgemerkt nicht nur darum, Maschinen miteinander zu vernetzen und über entsprechende Sensortechnik „intelligent" zu machen. „Artificial Intelligence" geht über dieses bereits anspruchsvolle Konzept der Digitalisierung und Industrie 4.0 hinaus. Es geht auch darum, dass Maschinen oder maschinelle Systeme ein Stück weit unabhängig von der menschlichen Denkleistung werden und anfangen, sich selbst mit dem gegebenen informationellen „Futter" zu trainieren bzw. selbstständig zu lernen. Verdient das schon das Prädikat „intelligent"? Darüber kann man unterschiedlicher Meinung sein[2] und diese Diskussion soll hier nicht ausgebreitet werden. Jedenfalls wird für selbstlernende Systeme neben den entsprechenden Algorithmen und Programmen besonders eine wichtige Zutat benötigt - die allerdings derzeit schon in Hülle und Fülle produziert wird und deren Volumen in absehbarer Zeit buchstäblich ins Unermessliche explodieren dürfte: Daten.

Nach einer Schätzung von IDC[3] (Studie finanziert durch Seagate) wird sich das Volumen der globalen Datensphäre von 16,1 ZetaByte in 2016 bis 2025 auf 163 Zetabyte vervielfachen. Dabei entspricht ein Zetabyte einer Billion Gigabyte. Wie die Autoren der Studie ausführen, wird das Datenvolumen per 2025 zu beinahe einem Fünftel entscheidend sein für unser tägliches Leben („critical"), beinahe 10 % des Volumens sogar sehr entscheidend („hypercritical"). Des Weiteren: Bis 2025 dürfte eine durchschnittlich vernetzte Person beinahe 4.800 mal pro Tag mit einem vernetzten Gerät interagieren, also grob alle 18 Sekunden! Der gleichen Quelle zufolge dürfte es sich per 2025 bei mehr als einem Viertel der Daten um Echtzeitinformationen handeln und von diesen wiederum dürften mehr als 95 % auf Daten aus dem Internet der Dinge stammen.

Schon jetzt werden gigantische Berge an Daten generiert. Einige Schlaglichter lieferten Lori Lewis und Chadd Callahan von Cumulus Media gegen Ende August 2017 (veröffentlicht durch Jeff Desjardins in einem Beitrag auf der Website des World Economic Forums[4]): Innerhalb von gerade mal 60 Sekunden werden im globalen Internet (2017) ungefähr 156 Mio. Emails, etwa 16 Mio. Textnachrichten bei WhatsApp und etwa 452.000 Tweets bei Twitter verschickt; es erfolgen etwa 900.000 Logins bei Facebook; etwa 342.000 Apps werden bei Google Play bzw. im AppStore von Apple heruntergeladen, etwa 3,5 Mio. Suchanfragen bei Google erstellt.

Und selbst das dürften im Grunde genommen lächerliche Größen sein, wenn man das Datenvolumen berücksichtigt, das eben nicht von „Menschen", sondern von den Myriaden an Sensoren und technischen Geräten erzeugt wird. In einer Grafik des Waschmittel-, Kosmetik- und Klebstoffriesen Henkel, erschienen im Handelsblatt vom 26.10.2017[5], hieß es, ein modernes Auto sammle pro Fahrstunde Daten im Volumen von etwa 25 Gigabyte. Und für dieses gigantische Volumen wird sogar perspektivisch eine Vervielfachung erwartet.

CNBC berichtete im August 2017 über einige Erkenntnisse bzw. Schätzungen der Aktienstrategin Beijia Ma[6]: Demnach dürfte der Markt für Big Data bis zum Jahr 2020 ein Volumen von 210 Mrd. Dollar erreichen, wobei Künstliche Intelligenz in der nächsten Dekade den größten Rückenwind für die Technologie-Ausgaben darstellen könnte. Atemberaubend ist dabei auch die Aussage, dass ungefähr 90 % der Daten unserer Welt innerhalb der letzten zwei Jahre geschaffen wurden. Diese Entwicklung dürfte sich beschleunigen, zumal die Zahl der über das Internet vernetzten Einheiten sich der Erwartung von Ma nach alle zwei bis drei Jahre verdoppeln dürfte, um dann bis 2035 auf eine Billion Einheiten zu kommen. Ma zufolge sind gerade mal 0,5 bis 1 % der erzeugten Daten bis dato überhaupt analysiert. Wir stehen also gewissermaßen erst mit dem kleinen Zeh im Ozean der Möglichkeiten, die sich perspektivisch durch die Nutzung von Informationen und Daten ergeben.

Schauen wir durch diese Brille und mit der Fragestellung, welche Möglichkeiten sich für „Künstliche Intelligenz" ergeben, beispielsweise auf das iPhone X als das 2017er-Smartphone-Flaggschiff aus dem Hause Apple. Eines der Highlight-Features beim iPhone X ist die Gesichtserkennung. Zunächst ist dies natürlich ein Hilfsmittel zur unkomplizierten Authentifizierung; das Gesicht wird zum Passwort, mit dem sich nicht nur das Gerät entsperren, sondern mit dem sich prinzipiell auch Zahlungen autorisieren lassen könnten. Doch beim neuen iPhone geht es um mehr. Die Gesichtserkennung des Gerätes analysiert mehr als 30.000 Punkte. Möglich ist dabei nicht nur eine einmalige und statische Erkennung: Zum einen sorgt die Machine Learning Technologie dafür, dass das Gerät das Gesicht auch in seinen Veränderungen erkennen kann, denn bekanntlich werden wir alle nicht jünger. Die Erkennung ist also adaptiv. Ferner ist die sogenannte True Depth-Kamera in der Lage, mehr als 50 verschiedene Muskelbewegungen zu erkennen und diese auf ein sogenanntes Animoji umzurechnen. Das mag zunächst wie eine überflüssige Spielerei wirken. Wer braucht es schon, dass die eigenen Gesichtsregungen im Konterfei eines Pandas abgebildet werden? Doch dies greift zu kurz. Schließlich deutet diese Art der Mimik-Erkennung an, dass man über die Gesichtserkennung auch Gefühlsregungen ableiten kann. Wird es möglich, dass eine Maschine die Gefühle des Nutzers erkennt, öffnet dies ein Bouquet an Möglichkeiten. Vielleicht wird es ja perspektivisch nicht nur eine personalisierte Werbung geben, sondern sogar auch eine emotional differenzierte und personalisierte Werbung[7]?

Eine sinnvolle Nutzung des Daten-Ozeans fängt natürlich nicht erst bei „Künstlicher Intelligenz" an, sondern weit früher, wenn man nämlich aus dem Datenpool Erkenntnisse und Entscheidungshilfen herausdestilliert, Maschinen miteinander kommunizieren lässt und Produktionsprozesse digitalisiert. Einige interessante Schlaglichter liefern die Autoren Valerio Dilda, Lapo Mori, Olivier Noterdaeme, und Christoph Schmitz in einem Beitrag, veröffentlicht von McKinsey[8]. Die Autoren berufen sich auf Daten der OECD, wonach sich das Produktivitätswachstum von Industrieunternehmen in der Europäischen Union von durchschnittlich 2,9 % im Zeitfenster von 1996 bis 2005 auf gerade mal 1,6 % im Zeitfenster von 2006 bis 2015 verlangsamt hat. Die Unternehmen stehen also unter Druck, neue Mittel und Wege zu finden, um die Produktivitätsentwicklung wieder zu beschleunigen. Daten könnten hierbei ein wichtiges Asset werden.

Die Autoren erzählen das Fallbeispiel eines Ölproduzenten: Bei einer Offshore-Produktionsplattform kam es immer wieder zu Problemen mit Kompressoren. Fiel ein solcher aus, dann bedeutete das einen Produktionsstopp mit einem Schaden von 1 bis 2 Mio. Dollar pro Tag. Ingenieure bissen sich über lange Zeit die Zähne bei dem Versuch aus, für die Ausfälle einen griffigen Grund zu finden. Schließlich, unter Berücksichtigung von Daten aus Hunderten von Sensoren mit Informationen bezüglich 1.000 unterschiedlichen Parametern und unter Einsatz der entsprechenden Datenanalyse, fand man heraus, dass eine bestimmte Kombination von Faktoren mit den Ausfällen korrelierte. Mit dem entsprechend entwickelten Algorithmus war es später mit einem mehrwöchigen Vorlauf möglich, den Ausfall eines Kompressors zu prognostizieren. Zwar konnte man den Ausfall nicht ganz vermeiden, aber es war möglich, die Offline-Dauer von 14 Tagen auf 6 mehr als zu halbieren.

Ein weiteres Beispiel ist der Metallhändler Klöckner & Co., auf den der Frankfurter Börsenbrief gegen Ende September 2017 bereits eingegangen war: Klöckner & Co. ist ein herstellerunabhängiger Distributor von Metall und speziell Stahl,  was ergänzt wird durch Stahl-Service-Aktivitäten. Die vergangenen Jahre waren eine steinige Wegstrecke angesichts globaler Überkapazitäten und einer teils eher unzureichenden Nachfrage abseits der Automobilbranche. In minderen Qualitäten ist Stahl ein weitgehend austauschbares Gut mit wenig Differenzierungs- und somit auch Preissetzungspotenzial. Das gilt gerade auch vor dem Hintergrund, dass der Stahlhandel immer noch eine recht fragmentierte Branche mit reichlich Wettbewerb ist. Insofern ist es wichtig, abseits des Produkts Möglichkeiten zu finden, um das Geschäft in der Margenqualität zu verbessern bzw. die Kapitalbindung zu reduzieren, um auf höhere Kapitalrenditen zu kommen.

Klöckner wagte in diesem schwierigen Umfeld die Flucht nach vorn. Dazu gehört einerseits eine Fokussierung auf eher höherwertige Produkte und Anarbeitungs-Dienstleistungen und andererseits - und das ist besonders spannend - die Digitalisierung der Liefer- und Leistungskette. Hierin liegen sehr reizvolle Potenziale, die im Kontext einer „Industrie 4.0" logisch, aber in der Branche beileibe noch nicht voll implementiert sind. Das bisher großteils sehr ineffiziente Management der Liefer- und Leistungskette - teils noch per Telefon oder auch Telefax bzw. Email und ohne durchgängiges Order- und Produktmanagement - sorgt tendenziell für eine recht hochdimensionierte Lagerung von Stahl und mithin auch für recht hohe Prozesskosten. Klöckner hatte sich vorgenommen, die Marktteilnehmer digital zu vernetzen und die Effizienz deutlich zu optimieren. Im dritten Quartal 2017 lag der über digitale Kanäle generierte Umsatzanteil bereits bei 16 % (nach 11 %

im dritten Quartal des Vorjahres). Auf dem Radar war oder ist bei Klöckner auch die intelligente Nutzung der erzeugten Daten (z.b. für eine griffigere Einschätzung des Stahlbedarfs); man ist seinerzeit eine Kooperation mit Arago, einem Spezialisten für Künstliche Intelligenz, eingegangen. Ein weiteres Mosaik-Steinchen in der Digitalisierungsstrategie ist eine Einbindung in die ERP-Systeme auf Kundenseite, um auf diese Weise bei Bestellprozessen eine Fahrt per Autopilot zu ermöglichen. Hier hatte man eine Kooperation mit Sage Software vereinbart. Das Potenzial ist spannend, nicht nur für die Margen- und Gewinnentwicklung von Klöckner, sondern auch in Bezug auf die Bilanz. Denn je besser man die Bedürfnisse am Markt einschätzen kann, umso niedriger dürfte tendenziell die Kapitalbindung im Vorratsvermögen (Lagerbestand) anzusetzen sein und umso höhere Renditen auf das eingesetzte Kapital erscheinen möglich.

Louis Columbus veröffentlichte in einem Artikel bei Forbes[9] umfangreiche Informationen von McKinsey. Darunter war auch eine Betrachtung von Amazon und Netflix. Amazon beispielsweise erwarb Kiva, einen Robotics-Spezialisten mit beachtlichem Potenzial für 775 Mio. Dollar. Während man bei menschlichen Arbeitskräften eine sogenannte „Click to ship"-Cycle-Dauer von 60 bis 75 Minuten unterstellen kann, ist es mit Kiva-Technologie möglich, die benötigte Zeitspanne auf gerade mal 15 Minuten zu verkürzen. Nicht nur das: Gleichzeitig kann die Lagerkapazität um 50 % gesteigert werden. Bei den operativen Kosten wird der mögliche Benefit auf 20 % geschätzt. Ein weiteres Beispiel in dieser Betrachtung (Quelle wie oben) ist Netflix. Dabei wird die Erkenntnis des Video-Streaming-Unternehmens angeführt, dass die Kunden typischerweise die Film-Suche nach 90 Sekunden aufgeben. Je treffsicherer aber die Suchergebnisse bzw. Vorschläge sind, desto höher ist die Kundenbindung zu erwarten. Dem Artikel zufolge veranschlagte Netflix, dass man durch eine Verbesserung der Suchergebnisse Kündigungen vermieden habe, die in Summe pro Jahr eine Milliarde Dollar Umsatz bedeutet hätten.

Wenn es darum geht, menschliche Arbeit durch Maschinen und ausgefeiltere Produktionsmethoden zu ersetzen, kommen wir zu wichtigen potenziellen Makro-Effekten: Zu der Globalisierungswelt, wie sie hinreichend bekannt sein dürfte, gehört(e), dass einzelne Produktionsschritte bzw. -Einheiten im Rahmen der globalen Arbeitsteilung an Lohnkosten-günstigere Standorte ausgelagert wurden. Die Androhung solcher Verlagerungen dürfte ein wichtiges implizites Druckmittel bei Lohnverhandlungen gewesen sein. Insofern konnten nicht nur die „Produktionsverlagerer" (also wohl die Nutzer des zusätzlichen Arbeitskräftepotenzials in Asien und/oder Osteuropa) Kostenvorteile geltend machen, sondern letztlich dürfte es auch positive Abstrahleffekte auf den hiesigen Produktionsstandort gegeben haben (nämlich eine gebremste Lohnentwicklung) - mit dem entsprechenden Potenzial, mit aggressiveren (also tendenziell niedrigen) Preisen am Markt aufzutreten und somit wettbewerbsfähiger zu sein.

In Verbindung mit der globalen Konkurrenz und dem Überangebot an Kapital (inklusive Kapitalflutungen der Notenbanken) dürfte dies zu niedrigen Inflations- und mithin auch Zinsniveaus beigetragen haben. Auch frühere Produzentenländer (besonders natürlich China) sind selbst Absatzmärkte. Je höher der Wohlstand in früheren Low-Cost-Produktionsländern und je höher der jeweilige Lohnkostenrahmen, desto geringer ist tendenziell der Reiz der „billigen Werkbank" für Unternehmen in den etablierten Märkten. Denn abseits möglicher Einsparungen bei Lohnkosten sind natürlich auch andere Faktoren zu berücksichtigen wie Transportkosten und Transportzeiten sowie auch die Kalkulierbarkeit in puncto Rechtsrahmen, in Bezug auf den Schutz geistigen Eigentums, die Verlässlichkeit der Infrastruktur, die Währungsentwicklung und auch bezüglich Umweltaspekten. War es früher die internationale Konkurrenz auf dem Arbeitsmarkt, die für Lohndruck sorgte, so könnte sich perspektivisch ein ähnlicher Effekt ergeben durch die Konkurrenz zwischen maschineller und menschlicher Arbeit - und dies sogar in etwas verschärfter Form, nämlich nicht schwerpunktmäßig im unteren Einkommensbereich, sondern mit immer intelligenterer Technik durchaus auch für mittlere Berufe inklusive Wissensjobs. Oder anders ausgedrückt: Viele Arbeitsplätze, die heute noch sicher erscheinen, weil der Mensch dort so eine wichtige Rolle spielt, könnten demnächst überflüssig werden.

Dies gilt sogar auch für die Finanzbranche. Hugh Son berichtete im Oktober 2017 bei Bloomberg[10] davon, dass Morgan Stanley´s Research-Abteilung mit Künstlicher Intelligenz experimentiere, die perspektivisch eine stärkere Rolle bei der Abdeckung von Gewinnveröffentlichungen spielen könnte. Verwunderlich sind diese Ambitionen nicht, denn dem Artikel zufolge produziert der Finanzriese pro Jahr 50.000 Reports, teilweise seien dies lediglich Zusammenfassungen oder auch Bekanntmachungen. Im Artikel wird Simon Bound (Chef des Global Research) angeführt, der den Standpunkt vertritt, dass solche Aufgaben besser zu Maschinen passen. Ebenfalls bei Bloomberg[11] wird in einem Artikel, in dem es um die Bankenbranche geht, von der Einschätzung von Jared Moon (McKinsey) berichtet, dass in der Handelsabwicklung etwa 20 bis 30 % der Kapazität von Beschäftigten durch kognitive Technologien freigesetzt werden könnten.

Ein weiteres Beispiel liefert der Energieriese Innogy[12]. Pro Woche hat das Unternehmen im Vertrieb im Segment Privat- und Gewerbekunden einen Berg von etwa 20.000 Kundenanfragen zu bewältigen. Pro Jahr sind es mehr als eine Million. Die Vorsortierung erfolgt durch ein System mit selbst lernender Künstlicher Intelligenz, hinter dessen Kern das mittelständische Kölner Unternehmen ITyX steht. Das meint konkret beispielsweise die digitale Erfassung von Emails und SMS-Nachrichten sowie das Einscannen von Briefen inklusive der entsprechenden optischen Zeichenerkennung. Das System bei Innogy ist so „intelligent", dass es automatisch die richtigen Arbeitsaufträge anlegt und diese an die entsprechenden Mitarbeiter mit der dazu passenden Qualifikationsstufe weiterleitet. Auf diese Weise lässt sich die Nachricht zuordnen, ohne dass ein menschliches Augenpaar diese zuvor analysiert und darüber entschieden hat, wie mit der Nachricht zu verfahren ist.

Aus Betrachtungen wie dieser sollte man nicht folgern, dass Arbeitsplätze abgebaut werden, ohne dass neue entstehen. Aber die Herausforderung ist natürlich, die Menschen in neue Aufgabengebiete „hinein zu schulen" und temporäre Arbeitslosigkeit (und noch mehr natürlich die Langzeitarbeitslosigkeit) so niedrig wie möglich zu halten. Darin liegt natürlich ein soziales Spannungspotenzial, zumal es viele Menschen geben dürfte, die bei einem solchen Prozess dauerhaft „aus der Kurve fliegen". Der Arbeitsmarkt ist übrigens nicht nur auf der nationalen Bühne relevant, sondern auch in Bezug auf die internationale Arbeitsteilung. Beispiel Adidas: In der schnelllebigen Mode- und Sportwelt ist die Reaktionsgeschwindigkeit auf Wünsche aus dem Markt ein wichtiges Puzzlestück für den Erfolg. Das Manager

Magazin[13] berichtete über eine Aussage der Adidas-Firmensprecherin Mandy Nieber, wonach etwa 18 Monate ins Land ziehen, bis ein Schuh vom Entwurf ins Verkaufsregal kommt. Kein Wunder: Im vergangenen Jahr lag die Adidas-Schuhproduktion (inklusive der Marken adidas, Reebok, adidas Golf und Ashworth) bei ungefähr 360 Mio. Paar. Etwa 97 % davon wurden in Asien gefertigt, auf Amerika entfielen gerade mal 2 %, auf Europa sogar nur 1 %. Dabei lassen sich hohe Personalkosten in den etablierten Märkten inzwischen mit intelligenter Produktionstechnik inklusive Robotertechnik und 3D-Druck adressieren, wenn vermutlich auch noch nicht wirklich ausgleichen. Es geht aber nicht nur um Kosten, sondern auch um Geschwindigkeit und um die Möglichkeit, die Produkte zu individualisieren. Adidas präsentierte beispielsweise mit der Initiative „Futurecraft" eine via 3D-Druck produzierte Laufschuhzwischensohle, mit der man individuell die Dämpfungsbedürfnisse des Läufers berücksichtigen kann. Gegenüber Schuhen „von der Stange" ermöglicht ein solcher Ansatz eine höhere Kundenbindung, wenn der Fuß bzw. das Laufverhalten einmal vermessen ist. Zu vermuten ist, dass sich für individualisierte „Einzelanfertigungen" auch ein höheres Preisschild an die Produkte kleben lässt. Die erste „Speedfactory" ist in Ansbach angesiedelt, für Ende 2017 war seinerzeit die Eröffnung einer weiteren Speedfactory in Atlanta anvisiert. Gemessen an der bisherigen Schuhproduktion mag das Produktionsvolumen vielleicht noch eher gering sein, aber es ist ein Fingerzeig, der bei perspektivisch vermutlich sinkenden Produktionskosten (beispielsweise in Bezug auf den 3D-Druck) bzw. positiven Skaleneffekten auch über die Sportartikelwelt hinaus reichen dürfte.

Ebenfalls ein Kandidat für höhere Automatisierungsgrade ist Nike. In der jüngeren Zeit machten die Amerikaner keinen allzu guten Eindruck bei

der unternehmerischen Performance, sollten aber in ihrem unternehmerischen Kampfgeist keinesfalls unterschätzt werden. Die Financial Times[14] berichtete im Oktober 2017 über Schätzungen von Citibank-Analysten zu möglichen Einsparungen bei einem höheren Automatisierungsgrad bei Nike mit der Produktionstechnik bzw. dem Produktionsprozess des Kooperationspartners Flex für das Nike-Modell „2017 Air Max": Bei den Lohnkosten wäre eine Verkleinerung um 50 % möglich, bei den Materialkosten um 20 %. Mit diesem Rückenwind könnte die Bruttomarge um 12,5 Prozentpunkte auf 55,5 % steigen. Weiter führt man aus: Wenn Flex 30 % von Nikes nordamerikanischen Schuhwarenverkäufen produzieren würde, könnte das Sportartikelunternehmen 400 Mio. Dollar in Bezug auf Lohn- und Materialkosten einsparen und das Ergebnis je Aktie um 5 % steigern. Macht das Modell Schule? Dazu kommt:

Was passiert eigentlich mit den Preisen, wenn die Unternehmen über intelligente Digital-Technik die jeweilige Nachfrage besser einschätzen können? Natürlich ist dies nur einer von verschiedenen Einflussfaktoren auf die Inflationsperspektive, aber es ist ein Schlaglicht, das man durchaus berücksichtigen darf. Denn: Bei einer Produktion „auf Masse" besteht prinzipiell das Risiko, dass man abseits der anfänglichen Produktions-Tranchen Überbestände hat, die man dann zu niedrigeren Preisen in den Markt drücken oder im schlimmsten Fall abschreiben muss. Je genauer sich die Nachfrage für ein Produkt einschätzen lässt (z.B. über entsprechende Algorithmen oder gar eine Vernetzung mit den Lagern der Kunden), umso passgenauer lassen sich die Produktionsmengen fahren und umso kleiner ist die Gefahr von Zwangs-Discounts. Der deflatorische Effekt einer überdimensionierten Produktionsmenge könnte also kleiner werden. Für die Unternehmen liegt darin nicht nur das Potenzial eines wesentlich effizienteren Ressourceneinsatzes (inkl. positiven Umweltaspekten), sondern auch in Bezug auf höhere durchschnittliche Verkaufspreise pro Stück gerechnet und mithin höhere Margen, wenn auch ggfs. aus einem reduzierten Umsatzvolumen.

Natürlich gibt es nicht nur Chancen, sondern auch Risiken: Man denke etwa an das Thema Datenschutz und Datensicherheit oder auch das Risiko, dass „zu" intelligente Maschinen sich irgendwann gegen Menschen richten könnten. Bevor man vorschnell über den letzteren Apekt schmunzelt: Unter den Warnern ist auch der Visionär Elon Musk (Tesla, Space X). Wie beispielsweise der britische Guardian[15] berichtete, soll Musk verlautbart haben, dass Künstliche Intelligenz die größte existenzielle Bedrohung für die Menschheit sein könnte. Im gleichen Artikel wird auch eine Aussage von Wladimir Putin in Bezug auf Künstliche Intelligenz zitiert: „Whoever becomes the leader in this sphere will become the ruler of the world".

Abseits davon ergeben sich für die Wirtschaft und für anpassungswillige Unternehmen aber natürlich spannende Möglichkeiten. PwC taxierte das zusätzliche Potenzial für die globale Wirtschaft speziell durch Künstliche Intelligenz in einer Studie[16] auf bis zu 15,7 Billionen Dollar im Jahr 2030 (Schätzwert bezieht sich auf Preise von 2016). 6,6 Billionen dieses Kuchens dürften auf Produktivitätsverbesserungen zurückzuführen sein. Das größte Zusatzpotenzial machte PwC übrigens für China aus.

Wenn der Effekt für die Wirtschaft tatsächlich so groß sein sollte, dürfte es natürlich eine Reihe von Unternehmen geben, die von dieser Entwicklung überdurchschnittlich profitieren. Senior Equity Analyst Uwe Neumann führt in einem Artikel bei der Credit Suisse[17] Datenmaterial von Statista an, wonach der Umsatz im Bereich Künstliche Intelligenz im Zeitfenster von 2016 bis 2025 mit durchschnittlichen Jahres-Wachstumsraten von geschätzt rund 57 % auf 36,8 Mrd. Dollar nach oben sprinten könnte. Der Marktforscher Tractica[18] konnte sich im Mai 2017 für das Jahr 2025 sogar ein Umsatzvolumen durch den direkten oder indirekten AI-Software-Einsatz von 59,8 Mrd. Dollar vorstellen (nach 1,4 Mrd. Dollar im Jahr 2016). Reinhardt Krause führt in einem Beitrag auf der Website www.investors.com[19] eine Schätzung von IDC an, wonach der „AI"-Umsatz von 8 Mrd. Dollar (2016) auf mehr als

47 Mrd. Dollar im Jahr 2020 ansteigen könnte. Es gibt also offensichtlich verschiedene Annahmen und möglicherweise auch unterschiedliche Abgrenzungen. Aber bei derlei unterstellten Wachstumsraten ist es kein Wunder, dass man sich um so manches Unternehmen aus der Branche die Finger zu lecken scheint. Im gleichen Artikel von Reinhardt Krause führt dieser Daten von CB Insights an, wonach seit 2012 über 200 private AI-Unternehmen übernommen worden sind. Dabei entfallen 30 Übernahmen allein auf das erste Quartal 2017. Das große Interesse von Investorenseite macht es tendenziell schwieriger, in das spannende Themenfeld Artificial Intelligence direkt über die Börse zu investieren. Sehr gut vorstellbar erscheint, dass vielversprechende Start-ups weite unternehmerische Wegstrecken auch ohne Kapitalaufnahme über eine öffentliche Börsennotierung absolvieren können. Denn man dürfte sehr gute Karten haben, über Venture Capital Gesellschaften bzw. Fonds auskömmlich mit Kapital versorgt oder auch gleich zu strategischen/astronomischen Preisen von einem der üblichen Tech-Riesen geschluckt zu werden. Diese wiederum haben mit ihren Forschungs- und Entwicklungskapazitäten und vielfach natürlich auch mit dem enormen Pool an Daten ohnehin exzellente Karten, in diesem Bereich vorne mitzuspielen, selbst wenn das Thema Künstliche Intelligenz derzeit hier und da vielleicht noch nicht auf klar quantifizierbare und/oder nennenswerte Umsatzanteile kommt. Ziehen wir einen Strich:

> Die Digitalisierung inklusive der speziellen Spielart Künstliche Intelligenz hat das Potenzial, zu einem wichtigen Game-Changer zu werden. Auf Unternehmensseite sind noch beträchtliche Potenziale in Bezug auf eine höhere Effizienz in der Produktion, im Ressourcen-, Personal- und Kapitaleinsatz zu vermuten. Je treffsicherer man bei der Einschätzung der Nachfrage agiert, umso geringer ist c.p. auch das unternehmerische Risiko von Fehlentscheidungen. Mit anderen Worten: Tendenziell weniger unternehmerisches Risiko bei höherer Effizienz und Margenstärke beinhalten in Verbindung mit der globalen Überkapitalisierung der Finanzmärkte das Potenzial, dass es für längere Zeit zu überdurchschnittlichen Bewertungs-Multiples kommt. War das Thema Digitalisierung anfänglich vielleicht noch etwas abstrakt, so dürfte es in den kommenden Jahren mehr und mehr Substanz erhalten und konkret werden. Für die Kapitalmärkte bietet das Thema einen sehr reizvollen Rahmen.

Quellenhinweise:

1. Vgl. dazu auch "Thinking fast and slow", Daniel Kahnemann, Allen Lane (imprint of Penguin Books), 2011

2. Vgl. dazu auch „Artificial Intelligence Is More Artificial Than Intelligent", Assaf Baciu, veröffentlicht bei Wired , Artikel vom 12.07.2016
https://www.wired.com/2016/12/artificial-intelligence-artificial-intelligent/

3. IDC White Paper „Data Age 2025: The Evolution of Data to Life-Critical / Don´t focus on Big Data; Focus on the Data That´s Big", IDC, David Reinsel, John Gantz, John Rydning, April 2017

4. https://www.weforum.org/agenda/2017/08/what-happens-in-an-internet-minute-in-2017

5. „Was Autos fit für die Zukunft macht", Grafik von Henkel, erschienen im Handelsblatt, Ausgabe vom 26.10.2017

6. https://www.cnbc.com/2017/08/29/here-are-7-big-data-artificial-intelligence-stock-ideas-from-bank-of-america.html

7. siehe auch: „Hardware, die der Software dient" von Sebastian Schmid, Börsen-Zeitung am 06.10.2017

8. "Manufacturing: Analytics unleashes productivity and profitability", Valerio Dilda, Lapo Mori, Olivier Noterdaeme und Christoph Schmitz im August 2017:

https://www.mckinsey.com/business-functions/operations/our-insights/manufacturing-analytics-unleashes-productivity-and-profitability

9. "McKinsey´s State of Machine Learning And AI, 2017" von Louis Columbus, in einem Artikel veröffentlicht auf der Website von Forbes, 9. Juli 2017

https://www.forbes.com/sites/louiscolumbus/2017/07/09/mckinseys-state-of-machine-learning-and-ai-2017/#434d059f75b6

10. „Hate Earnings Season? Morgan Stanley Robots Give Analysts a Hand", Hugh Son, Bloomberg am 11. Oktober 2017

https://www.bloomberg.com/news/articles/2017-10-11/hate-earnings-season-morgan-stanley-robots-give-analysts-a-hand

11. „Machines Poised to Take Over 30 % of Work at Banks, McKinsey Says", Sarah Ponczek, Bloomberg, 20. Juli 2017

https://www.bloomberg.com/news/articles/2017-07-20/machines-poised-to-take-over-30-of-work-at-banks-mckinsey-says

12. „Künstliche Intelligenz trifft Kundenkommunikation", Website von Innogy am 02.11.2017

https://iam.innogy.com/ueber-innogy/webstories/big-data-kuenstliche-intelligenz-in-der-kundenkommunikation

13. „Roboter und 3D-Druck: So stellt sich Adidas die Fabrik der Zukunft vor", 21. August 2017, Website des Manager Magazin

http://www.manager-magazin.de/unternehmen/handel/adidas-speedfactories-so-stellt-sich-adidas-die-fabrik-der-zukunft-vor-a-1163682.html

14. "The Big Read Artificial Intelligence and Robotics Nike´s focus on robotics threatens Asia´s low-cost workforce Developing countries at risk of losing cheap manufacturing if leasureware companies accelerate automation", Jennifer Bissell-Linsk, Financial Times, Online, 22. Oktober 2017

https://www.ft.com/content/585866fc-a841-11e7-ab55-27219df83c97

15. "Elon Musk sais AI could lead to third world war", Alex Hern, The Guardian, online, 4. September 2017

https://www.theguardian.com/technology/2017/sep/04/elon-musk-ai-third-world-war-vladimir-putin

16. „Sizing the prize What´s the real value of AI for your business and how can you capitalise?", PwC, 2017

https://www.pwc.com/gx/en/issues/analytics/assets/pwc-ai-analysis-sizing-the-prize-report.pdf

17. „Warum und wie in Künstliche Intelligenz investieren", Uwe Neumann, Credit Suisse,23. Juni 2017

https://www.credit-suisse.com/ch/de/privatkunden/anlegen/besser-anlegen/news/articles/private-banking/2017/06/de/warum-und-wie-in-kuenstliche-intelligenz-investieren.html

18. „Artificial Intelligence Software Revenue to Reach $59.8 Billion Worldwide by 2025", Website von Tractica, 2. Mai 2017

https://www.tractica.com/newsroom/press-releases/artificial-intelligence-software-revenue-to-reach-59-8-billion-worldwide-by-2025/

19. „Where Are The Early Investing Hot Spots In Artificial Intelligence?", Reinhardt Krause, 24. Juni 2017

https://www.investors.com/research/industry-snapshot/artificial-intelligence-investing-it-doesnt-take-a-rocket-scientist/

11

Die stille Revolution in der Medienbranche

Stefan Schmidbauer

Online vs. offline. Die Technologisierung unseres Alltags hat unser Leben komplett auf den Kopf gestellt. Smartphones und Tablets verändern die Art, wie wir Informationen aufnehmen und verarbeiten. Die Welt dreht sich immer schneller. Wir konsumieren mehr Nachrichten und wir konsumieren sie auf anderen Wegen, in anderen Dosierungen und in neuen Darreichungsformen. All das ist spannend und erheblich tiefgreifender, als man auf den ersten Blick vermuten könnte.

Dieser radikale Wandel stellt Unternehmen vor große Herausforderungen. Traditionelle Wege der Kundenansprache werden obsolet, es gilt, neue Pfade zu beschreiten, um die Zielgruppen zu erreichen und sie zum Konsum zu animieren. Besonders hart trifft es die Werbetreibenden. Der Kampf um die Marketing-Budgets der großen Konzerne ist intensiver denn je und zugleich wird es immer schwieriger, den konkreten Nutzen von Kampagnen zu belegen, weil die Streuung der Werbemaßnahmen immer breiter wird. Twitter, Snapchat, Blogs, Forenmarketing und Facebook ermöglichen neue Arten des Mikro-Marketings und eine ganze Branche sieht sich plötzlich im Zugzwang, ihre Existenzberechtigung nachzuweisen.

Ein gutes Beispiel ist der Platzhirsch WPP. Die weltweit größte Werbeholding bekommt den Gegenwind sehr deutlich zu spüren. Ende August musste man die Umsatzprognose für das laufende Geschäftsjahr nach unten korrigieren, die Aktie ist daraufhin eingebrochen. Die Branche steckt im Umbruch und die Konsolidierung ist in vollem Gange. Dahinter steckt aber kein kurzfristiges Lüftchen, das vorüberziehen wird, sondern ein tiefgreifender Prozess der Erneuerung. Will man die Ursachen verstehen, muss man sich mit den Unternehmen und Technologien auseinandersetzen, die hinter den Plattformen stecken, über die immer mehr Inhalte konsumiert werden.

Streaming bringt Flexibilität und Wahlfreiheit

Wer den „Tatort" sehen möchte, kann das am Sonntag um 20.15 Uhr tun, indem er seinen Fernseher einschaltet und die Taste drückt, auf der ARD eingespeichert ist. Dieses Gesetz hatte jahrzehntelang seine Gültigkeit. Aber selbst in die staubigen Hallen des öffentlich-rechtlichen Fernsehens ist der Fortschritt eingezogen. Es wird gestreamt.

Streaming ist die Technologie der Gegenwart. Und es spricht wenig dagegen, dass es auch die Technologie der Zukunft sein wird. Unternehmen wie Netflix sind am Puls der Zeit, sie haben verstanden, dass sich die Bedürfnisse der Kunden verändert haben. Freiheit und Flexibilität sind gefragt. Während man sich früher den Tag so einrichten musste, dass man zu Hause war, wenn die Lieblingsserie oder der Film, den man unbedingt sehen wollte, im Fernsehen lief, ist es inzwischen genau andersherum. Die Serie oder der Film der Wahl läuft dann, wenn es zeitlich passt.

Dank Smartphone und Tablet wird die Freiheit maximal - der Abruf kann unabhängig vom Aufenthaltsort erfolgen. Netflix ist einer der Pioniere auf dem Gebiet und die Erfolgsgeschichte des Unternehmens kennt ebenso wie der Aktienkurs kein Halten. Kann das in den kommenden Jahren so weitergehen oder ist der Absturz nur eine Frage der Zeit?

Bewertungen sind immer dann relativ an der Börse, wenn die Fantasie stimmt. Machen Sie nicht den Fehler, bei einem Investment wie Netflix in alten Kategorien wie KGV oder Gewinnentwicklung zu denken. Netflix bewegt sich in einem dynamischen Umfeld, das geprägt ist von einem hohen Investitionsbedarf. Hier wird eine neue digitale Medienwelt geschaffen und das hat seinen Preis.

Die Gewinne, die das Unternehmen aktuell schreibt, sind lächerlich, wenn man alte Hasen im Geschäft als Maßstab heranzieht. Und das ist der entscheidende Punkt: Die alten Hasen leben von den Investitionen der Vergangenheit, von dem Geld, das sie vor Jahrzehnten in den Aufbau einer Infrastruktur gesteckt haben. Netflix verfährt nach genau diesem Muster. Die Investitionen der Gegenwart sind die Gewinne der Zukunft.

Das Prinzip ist bekannt und vertraut, Amazon verfährt nach dem gleichen Muster. Der Plan geht wunderbar auf - auch für den Aktienkurs -, solange die Anleger an die Story glauben und sie seitens der Unternehmen genug Futter bekommen, das ihre Fantasie anregt. Netflix hat in der Vergangenheit meisterlich gefüttert. Weit mehr als 100 Millionen Menschen in 190 Ländern nutzen das Abo-Angebot des Unternehmens inzwischen. Angefangen hat alles als Online-Videothek und mit dem Versand von DVD und Blue-ray. Die Idee des Managements, auf Streaming zu setzen, katapultierte das Unternehmen dann in neue Sphären.

Eigenproduktionen sichern die Wettbewerbsfähigkeit. Netflix hat früh erkannt, dass es nicht ausreichen wird, der Kundschaft lediglich Inhalte Dritter anzubieten. Wer diesen Weg geht, ist austauschbar und unterwirft sich dem reinen Preiswettkampf. Viele dieser Anbieter werden es nicht schaffen, sich dauerhaft im Markt zu halten. Nur wer Alleinstellungsmerkmale bietet, kann sich von der Konkurrenz abgrenzen und die Abo-Gebühren auch in höheren Sphären ansiedeln. Auch hier ist Netflix eine Klasse für sich. Immer mal wieder gab es in verschiedenen Ländern Preisanpassungen bei den Abo-Modellen, ohne dass die Kundenzahl davon merklich negativ beeinträchtigt worden wäre.

Netflix wird am Markt inzwischen nicht mehr als einer unter vielen, sondern als Premium-Anbieter wahrgenommen. Die Nutzer wissen um die hohe Qualität der in Eigenregie produzierten Serien, für die das Unternehmen sehr viel Geld in die Hand nimmt (allein im laufenden Jahr sind 6 Milliarden Dollar in Eigenproduktionen geflossen) und danken es mit Loyalität und Treue. Ob ein Abonnement dann 9 oder 11 Euro im Monat kostet, wird zur Nebensache.

Es steht außer Frage, dass eine Konsolidierungswelle unter den Streaming-Anbietern kommen wird. Außer Frage steht aber auch, dass Netflix diese Welle überleben wird. Aus Anlegersicht ist diese Perspektive sehr dankbar. Sie schafft Sicherheit. Gleichzeitig steckt im Kurs immer auch ein wenig Übernahmefantasie, denn es ist kein Geheimnis, dass sich immer wieder Interessenten mit einem Kauf von Netflix beschäftigen. Die Aktie hat einen Platz in Ihrem Depot verdient!

Kompakt gewinnt und jeder Buchstabe zählt - Das Modell Twitter

140 Zeichen. Das ist das Rezept, mit dem Twitter die Herzen seiner Nutzer erobert hat. Der Zwang zur Relevanz und die Notwendigkeit, Überflüssiges wegzulassen, machen den Charme dieser Plattform aus. Sie entspricht dem Zeitgeist. Auch hier steht die Idee des Streamings Pate. Man sucht sich seine Informationsquellen selbst und greift darauf zurück, wenn Zeit und Ort es zulassen. Keine Tagesschau zu einem fixen Zeitpunkt, sondern ein Nachrichtenmedium im dauernden Fluss. Stets aktuell und stets den persönlichen Vorlieben entsprechend. Twitter ist zurzeit nicht die spannendste aller Aktien, aber das Unternehmen ist ein Paradebeispiel für den Gezeitenwechsel in der Medienlandschaft.

Die Nutzer suchen verstärkt den direkten Weg zur Quelle, wollen Umwege und Verfälschung beziehungsweise Interpretation durch Dritte vermeiden. Dahinter steckt das Verlangen nach Authentizität, nach einem Original-Ton. Donald Trump hat diesen Kanal für sich entdeckt und nutzt ihn konsequent als Plattform zur Selbstdarstellung und für die Vermarktung seiner Politik und seiner Weltanschauung. Ungeschliffen, unzensiert und nicht durch seinen Beraterstab verwässert.

Die Plattform wurde schon oft genug zu Grabe getragen. Zu wenig Relevanz, schwaches Nutzerwachstum, mangelnde Kapitalisierung des Potenzials lauten die zentralen Vorwürfe. Twitter wird unterschätzt, weil der Fokus der Analysten sich zu sehr auf einzelne Kennzahlen richtet. Das Management hat es geschafft, wieder Ruhe in das Unternehmen zu bringen, ohne dabei das Gefühl zu vermitteln, dass man eingeschlafen wäre.

Der Kursverlauf der Aktie ist geprägt von einer enormen Volatilität. Besonders in Zeiten, wenn die Gerüchteküche wieder einmal brodelt, geht es hoch her. Dieses Brodeln kehrt in schöner Regelmäßigkeit wieder und sorgt dafür, dass es nie langweilig wird. Übernahmefantasie allein ist aber nicht, was die Aktie spannend macht. In dem Geschäftsmodell steckt genügend Potenzial, um auch aus eigener Kraft wieder für Überraschungen zu sorgen. Twitter muss keine Säule in Ihrem Depot darstellen, aber für eine kleine Position sollten Sie Platz schaffen.

Snapchat: Der Liebling der werbenden Zunft

Um den Bogen zum Anfang dieses Textes zu spannen, bietet sich Snap an. 173 Millionen Menschen nutzen Snapchat täglich. Im Schnitt wird die App von den Nutzern 18 Mal am Tag geöffnet und für insgesamt 30 Minuten genutzt. Den Werbetreibenden gefällt, dass sich hier die Zielgruppe tummelt, die für sie besonders interessant ist: Jugendliche und junge Erwachsene, die die Plattform dazu nutzen, Freunde und Bekannte an ihrem Leben teilhaben zu lassen. Es ist die perfekte Plattform für die Platzierung von Produkten via Bild oder Video, schnelle virale Verbreitung garantiert. Snapchat hat als Plattform viel von den Budgets angeknabbert, die bislang in traditionelle Kanäle geflossen sind.

Die Aktie hat nur zu Beginn ihrer Börsenkarriere für Begeisterung bei den Anlegern gesorgt. Auf den Höhenflug folgte ein sehr schneller und tief gehender Absturz, von dem sich das Papier lange Zeit nicht erholen konnte. Erst nachdem die Abverkaufswellen im Zuge der auslaufenden Lock-Up-Fristen abgeebbt sind, konnte sich der Kurs stabilisieren und wieder Fahrt aufnehmen auf das Niveau, das im Zuge des IPO aufgerufen worden war.

Das Unternehmen ist weiterhin defizitär, aber die Hoffnung der Anleger speist sich daraus, dass sich in Sachen Nutzerzuwachs zuletzt wieder Dynamik eingestellt hat. Wer die Aktie mit dem Hintergedanken kauft, dass der Break-even in Reichweite ist, der wird Geduld mitbringen müssen. Das Erreichen der Gewinnschwelle wird wohl noch ein paar Jahre auf sich warten lassen.

Für die Aktionäre heißt es also weiterhin, auf die Geschicke des Managements zu vertrauen und darauf zu setzen, dass sich die Werbetreibenden nicht schon bald eine neue Plattform suchen, von der sie sich noch mehr Effekte versprechen, als dies bei Snapchat der Fall ist.

Ein Kicker für das Papier ist der unverändert hohe Anteil an Shortsellern, die sich bei Snap tummeln. Schafft es das Unternehmen, in den kommenden Quartalen die eine oder andere positive Nachricht an den Start zu bringen, kann es ganz unvermittelt zum nächsten Höhenflug kommen.

Die Sanftmütigen werden die Erde besitzen, aber nicht die Schürfrechte. (Jean Paul Getty)

12

Energie- und Rohstofftrends

Arndt Kümpel

Im Rückspiegel der Weltgeschichte erscheinen große Momente oftmals ganz anders als zum Zeitpunkt des Geschehens. Der jeweilige Kontext verleitet zu einer selbst geschaffenen Scheinsicherheit, aufgebaut durch komplexe Berechnungen. Vergessen wird dabei, dass Gesellschaften offene Koppelsysteme mit der Natur und mit sich selbst darstellen und demzufolge reflexiv sind.

Beispielhaft dafür ist die von der Volkswagenstiftung finanzierte Studie zu den Grenzen des Wachstums, die der US-Ökonom Dennis Meadows 1972 für den Club of Rome anfertigte und Letzterer dafür im Folgejahr den Friedenspreis des Deutschen Buchhandels erhielt. Das Analysemodell basierte auf der Dynamik komplexer Systeme einer homogenen Welt. Es berücksichtigte die Wechselwirkungen zwischen Bevölkerungsdichte, Nahrungsmittelressourcen, Energie, Material und Kapital, Umweltzerstörung, Landnutzung und weiteren Faktoren. Dabei wurde eine Reihe von Szenarien entwickelt, basierend auf der Entwicklung verschiedener hypothetischer „stabilisierender" politischer Maßnahmen. Die Ergebnisse waren immer ähnlich: Ein katastrophaler Abfall in der Weltbevölkerung und des Lebensstandards innerhalb von 50 bis 100 Jahren, wenn die 1972 aktuellen Trends anhielten.

Wie schnell die in der Studie skizzierten Szenarien veralten können, wurde noch im selben Jahr deutlich, als Ägypten und Syrien die Verwundbarkeit Israels am Jom-Kippur-Tag, dem heiligsten Tag der Juden, ausnutzten und angriffen. Das im Zuge des Jom-Kippur-Krieges verhängte Ölembargo der arabischen Ölförderstaaten gegen die westlichen Unterstützer Israels führte allein am 17.10.1073 zu einem Sprung des Ölpreises von 3 auf 5 US-Dollar. In der Bundesrepublik Deutschland wurden an vier Sonntagen im November und Dezember 1973 private Autofahrten untersagt. Die steigenden Kosten für die Ölimporte führten bald zu einem Anstieg von Kurzarbeit und Arbeitslosigkeit. In den Folgejahren erholte sich der Ölpreis kaum und stieg schließlich auf fast 50 US-Dollar bis zum Sturz des iranischen Schahs 1979.

Das gleiche Schicksal wie Meadows Szenario-Analyse ereilte die wegweisende Prognose des Geologen M. King Hubbart zum „Peak Oil", dem Fördermaximum für Öl. Er hatte den USA 1956 für die späten 60er-Jahre des 20. Jahrhunderts das nationale Fördermaximum vorhergesagt. Als sich im Zuge des Jom-Kippur-Krieges der Ölpreis vervielfachte, sagte Hubbart 1974 das globale „Peak Oil" für 1995 voraus, was 1975 die Akademie der Wissenschaften der USA auch bestätigte.

Interessant ist dabei, dass Hubbart den Rückgang des Ölverbrauchs aufgrund der explodierenden Preise stark unterschätzt hatte, was in der Folge „Peak Oil" verzögerte. Dies lag nicht unwesentlich an der zu geringen Beachtung der Übertragungskraft des Transmissionsmechanismus politischer Konflikte auf die Wirtschaftsentwicklung. Zum anderen waren seine Annahmen zu unkonventionellen Energiequellen nicht enthalten, was insbesondere für „Peak Oil" der USA die Kalkulation grundlegend veränderte.

Diese Beispiele zeigen, dass sich komplexe Szenario-Analysen insbesondere für globale Entwicklungen auf dünnem Eis bewegen. Eine Erinnerung daran, dass es nach Einstein „absoluten Zufall" gibt, erleichtert es dabei, der Versuchung zu widerstehen, komplexe Berechnungen für zu stabil und damit verlässlich zu halten. Es zeigt sich auch, wie sehr politische Maßnahmen und Ereignisse den Ölpreis und damit die ökonomischen Kalkulationen beeinflussen können und dabei nicht wie im Modell von Meadows stabilisierend, sondern vielmehr destabilisierend wirken.

Ökonomisch stehen jedoch seit der Studie zu den Grenzen des Wachstums 1972 die Nachhaltigkeit der Energieerzeugung sowie energetische Autonomie und Widerstandsfähigkeit von ökonomischen Systemen im Mittelpunkt. Parallel dazu sind der Zeitpunkt und die Höhe des Öl-Fördermaximums auch durch die Berücksichtigung von bislang nichtkonventionellen Vorkommen wie Schieferöl, Ölsand und Tiefseelagerstätten erheblich unsicherer geworden. Technologiesprünge bei der Energieeffizienz und der Nutzung alternativer Energiequellen mahnen deshalb, die derzeitigen Langfristprognosen nicht für ultimatives Wissen zu halten.

Gleichwohl ist ein Blick auf die aktuellen Trends beim globalen Energiemix hilfreich, mögliche Entwicklungspfade abzuschätzen.

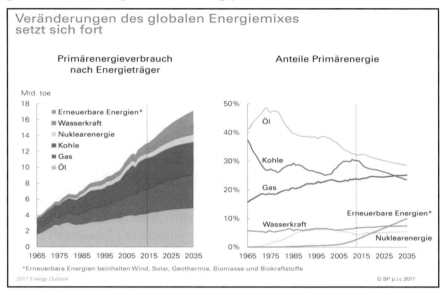

Es wird deutlich, dass die erneuerbaren Energien auch in den nächsten 20 Jahren ohne weiteren Technologiesprung die konventionellen Energiequellen nicht verdrängen werden. Der „sauberste" konventionelle Energieträger, Gas, wird nicht zuletzt aus diesem Grund weiter wachsen, aber weder Atomenergie, Wasserkraft noch Solar- und Windenergie werden Öl, Gas und Kohle ersetzen.

Diesbezüglich legte im medialen Windschatten der im November durchgeführten Weltklima-Konferenz die Internationale Energieagentur (IEA) ihren Jahresbericht 2017 vor, der ebenfalls in diese Richtung weist und den Handlungs- und Innovationsdruck in diesem Bereich erahnen lässt.

Auf der Habenseite stehen zunächst die rasche Verbreitung sauberer Energietechnologien und deren sinkende Kosten. Zudem expandierten 2016 die Photovoltaik-Kapazitäten stärker als alle anderen Formen der Stromerzeugung und seit 2010 sind die Kosten neuer Photovoltaik-Anlagen um 70 % gesunken - gegenüber einem Kostenrückgang für Windkraftanlagen um 25 und Batterien um 40 %. Die wachsende Bedeutung der Elektrizität im Energiemix liegt insbesondere bei der Perspektive der Elektromobilität. Positiv wird auch die Umorientierung hin zu einer stärker dienstleistungsorientierten Wirtschaft und einem saubereren Energiemix in China vermerkt, dem weltgrößten Energieverbraucher.

Auf der Sollseite steht nun aber ein erwarteter Rückgang der Förderung bis 2040 um 65 % auf den existierenden Ölfeldern. Und auch unkonventionell gefördertes Öl wird diesen Rückgang nicht aufhalten können. Bis 2040 müssen 35 % des Bedarfs durch zusätzlich Ölfelder gedeckt werden, die noch gar nicht gefunden sind. Die ungebrochene Stärke von Schiefergas und Schieferöl in den Vereinigten Staaten festigt indessen deren Position als weltgrößter Öl- und Gasproduzent trotz niedrigerer Preise.

Der Rückgang der Ölförderung war auch 2016 bereits ganz konkret, denn laut IEA fielen die neu entdeckten konventionellen Ölreserven auf 2,4 Mrd. Barrel, während der Durchschnitt der letzten 15 Jahre bei 9 Mrd. Barrel lag. Und auch der Umfang genehmigter Erschließungsprojekte fiel auf 4,7 Mrd. Barrel, ein Rückgang von 30 % gegenüber dem Vorjahr und der tiefste Stand seit den 40er-Jahren des 20. Jahrhunderts. Die Ursache sieht die IEA in den dramatisch zurückgegangenen Investitionen aufgrund der gesunkenen Ölpreise seit 2014. Gleichzeitig warnte sie, dass neben dem Ölpreis auch das politische Risiko in wichtigen Förderländern wie Venezuela Investitionen verhindern könnte.

Neben der ökonomischen sollte die physikalische Dimension der Energieförderung nicht unerwähnt bleiben, da sie auch strategisch und damit wirtschaftspolitisch relevant ist - die Nettoenergiebilanz bzw. der Energy Return on Energy Invested (EROI). Der EROI ist wichtig, um den energetischen Hebel einer Energiequelle bewerten und vergleichen zu können. So kann mit einer EROI-Berechnung grundsätzlich abgeschätzt werden, ob eine Energiequelle einen Nettobeitrag zur (zukünftigen) Energieversorgung leistet. Je höher dieser Wert, desto effizienter ist die Energiequelle. Er beantwortet also die Frage: „Wie oft bekommt man die hineingesteckte Energie wieder heraus?" Werte über 1 bedeuten eine positive Gesamtenergiebilanz, sagen aber noch wenig über die ökonomische Dimension aus.

Das Problem bei der EROI-Bestimmung ist, welche Faktoren einzuberechnen sind. Da der EROI nur das Verhältnis von aufgewendeter zu gewonnener Energie betrachtet, bleiben die ökologischen Folgen der Ölförderung beispielsweise durch Abfackelung der Begleitgase unbetrachtet. Eine genaue Berechnung des EROI ist aufgrund der komplexen Prozesse schwierig, zumal es auch verschiedene Kostenabgrenzungen gibt. Gleichwohl ist eine relative Betrachtung hilfreich: Bei der Ölförderung war der EROI-Wert Anfang des 20. Jahrhunderts etwa 100, ist seitdem kontinuierlich gefallen und wird heute etwa auf 10 bis 15 geschätzt.

Gemäß Metastudien aus dem Jahr 2012 liegt der EROI für Schieferöl in den USA bei 4:1 bis 7:1 und jener für Solaranlagen bei 2:1 bis 4:1. Für Wasserkraft wird er im Durchschnitt auf 84:1 geschätzt, während Kohle auf 46:1 kommt. Konventionelles Öl liegt durchschnittlich bei 20:1.

Betrachtet man nun die bereits erwähnten geringen Ersatzinvestitionen für versiegende Ölquellen vor dem Hintergrund extrem niedriger Zinsen auch für Risikokapital, so stellt sich in einer Szenario-Analyse die Frage, wie bei einer Rückkehr zu historischen Durchschnittswerten bei Kreditzinsen diese für die Sicherung der mittelfristigen Energieversorgung notwendigen Gelder aufgebracht werden sollen. Aus dieser Perspektive ist ein anhaltend niedriger Ölpreis ein Treiber für den mittelfristig steigenden Ölpreis und damit ein Risiko für die mittelfristige Versorgungssicherheit.

Die energetische Versorgungssicherheit der einzelnen Länder muss dabei nicht nur von unterschiedlichen Startvoraussetzungen erreicht werden. Auch die Machtmittel dafür sind sehr ungleich verteilt und nicht selten stehen die Staaten im langen Schatten ihrer Geschichte.

Die asymmetrischen Startbedingungen werden nun zusätzlich von teilweise divergierenden nationalen Strategien überlagert, das Versorgungsrisiko der jeweiligen Staaten zu mildern. Divergierend sind diese Sicherheitsinteressen vor allem dann, wenn sie keine kooperative Lösung zwischen Staaten für die jeweilige Energiequelle, sondern eine Konkurrenzsituation widerspiegeln. Dies gilt für Kohle, Gas und Öl ebenso wie Wasserkraft, in der Summe also für Energie.

Das wichtigste Beispiel dafür ist aus wachstumsorientierter Sicht das Konkurrenzverhältnis Chinas und Indiens. Dieses geht weit über das Wettrennen um Ressourcen und Transport-Infrastruktur hinaus, schließt dieses aber ein und beeinflusst es wesentlich.

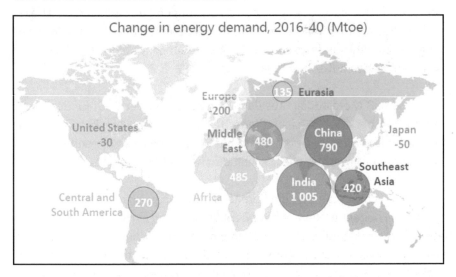

Um den zunehmenden Bedarf zu decken, muss etwa China nach Berechnungen der IEA seine Elektrizitätsinfrastruktur bis 2040 in einem Umfang vergrößern, der dem heutigen Stromsystem der USA entspricht, während Indien sein Stromsystem um den Umfang der heutigen Kapazitäten der EU erweitern muss.

Chinas Entscheidungen haben denn auch gewaltigen Einfluss auf die globalen Trends. Von China geht ein Viertel des voraussichtlichen Anstiegs des weltweiten Erdgasverbrauchs aus. Mit den 280 Mrd. m³ Erdgas, die China den Projektionen der IEA zufolge 2040 importiert, wird es nur von der EU überboten. Damit ist China einer der Hauptkonkurrenten im Weltgashandel und hat nach der gescheiterten Zentralasienpolitik der EU aus dem Jahr

2007, die diese zum „verspäteten Akteur" in der Region machte, inzwischen auch dort einen deutlichen Tempovorteil.

Etwa um 2030 könnte China zudem die USA als weltgrößten Ölverbraucher überholen. Und ab 2025 wächst der Ölverbrauch in Indien stärker als in China. Wer wird hier der marginale Käufer und mit welcher Preiselastizität der Nachfrage?

Die Brisanz dieser Entwicklung wird noch durch eine aktuelle Studie der Petroleum Universität in Peking und der Universität Bedfordshire im Auftrag der chinesischen Regierung verstärkt. Danach hat China sein nationales Ölfördermaximum, also „Peak Oil", für konventionelles Öl bereits 2014 überschritten. Für unkonventionelle Öllagerstätten erwarten die Autoren das Fördermaximum im Jahr 2021. In der Summe ergibt sich, dass China 2018 oder kurz darauf sein nationales „Peak Oil" überschreiten wird. Das Fördermaximum für Kohle erwartet die Studie für das Jahr 2020, während „Peak Gas" für 2040 erwartet wird. Insgesamt bedeutet das ein viel früheres Fördermaximum zentraler Energieträger innerhalb Chinas als bisher angenommen.

Die Studie schließt mit der Schlussfolgerung, dass die genannten Fördermaxima in Kombination mit den fallenden Nettoenergieerträgen (EROI's) die nachhaltige Entwicklung der chinesischen Gesellschaft gefährden, wenn China nicht Zugang zu anderen Energiequellen mit hohem Nettoenergieertrag (Wasserkraft, Gas) erhält. Kurz: Die Erkenntnisse der Studie verkürzen den energiestrategischen Planungshorizont Chinas und erhöhen den Druck auf das Land, die entstehenden Versorgungsdefizite durch nochmals verstärkte Importe zu sichern.

In diesem Licht gewinnt die OBOR-Strategie (One Belt, One Road = neue Seidenstraße), aber auch der massive Ausbau von Wasserkraftwerken in Tibet gegen den erklärten Willen Indiens in Kombination mit dem hohen energetischen Nettoertrag (EROI) von Wasserkraft eine neue Bedeutung. Das Hauptszenario der Studie ist sehr zeitnah und lässt nur wenig Schätzfehler zu, zumal die Datenbasis durch den Regierungsauftrag als hinreichend angenommen werden kann. Es unterstreicht somit auch die große Bedeutung stabiler Gasimporte für die Energieversorgung Chinas im Allgemeinen wie der nachhaltigen Regionalentwicklung Westchinas im Besonderen. Denn es ist gerade das Ziel Chinas, mit der Erinnerung an frühere Wirtschaftserfolge die Effektivität chinesischer Softpower bei der Errichtung einer optimalen energetischen Wachstumsplattform zu erhöhen. Hierfür spielen Pakistan, Afghanistan und der Iran eine bedeutende Rolle.

Das Konkurrenzverhältnis zu Indien ergibt sich nun zum einen aus dem starken Energiebedarf Indiens insbesondere im Vergleich zu China bis 2040, zum anderen aus der geographischen Konkurrenz, die an den bereits bestehenden oder kurzfristig geplanten Transportwegen deutlich wird. In diesen spiegeln sich zum Teil jahrtausendealte Traditionen und kulturelle Resonanzen.

Als Beispiel soll hier die Region Belutschistan als Südverlängerung des historischen indo-griechischen Königreichs Baktrien angeführt werden, in der die Strategie der neuen Seidenstraße Chinas mit derjenigen Indiens konkurriert. Da sich in dieser nicht nur Handels-, sondern auch Sicherheitsinteressen kristallisieren, entstehen diese Infrastrukturen nicht im ökonomischen oder energetischen Optimum, sondern im (sicherheits-)politischen - und bergen signifikantes Konfliktpotenzial.

Die wirtschaftlichen und sicherheitsstrategischen Ambitionen Chinas und Indiens treffen dabei in einer kulturgeschichtlich homogenen, aber klimatisch trockenen Bergregion westlich des Indus auf dem Staatsgebiet Pakistans, Irans und Afghanistans zusammen, was in etwa dem früheren Khanat Kalat entspricht. Die rohstoffreiche Region ist durch mehrdimensionale Armut geprägt und strebt deutlich nach Unabhängigkeit. Jedoch wird dies durch ihre geostrategische Bedeutung für den Iran durch die Lage am Golf von Oman mit seiner Offenheit in den indischen Ozean und durch ihre militärische Bedeutung der Häfen Gwadar und Ormara für Pakistan überwölbt. Über Belutschistan sollen nun zwei Erdgasleitungen führen: Die TAPI-Pipeline soll von den Gasfeldern Turkmeniens über Afghanistan und Pakistan nach Indien laufen und 2019 in Betrieb genommen werden. Die IP-Pipeline soll iranisches Erdgas aus dem Süd-Pars-Gasfeld über das Gebiet Belutschistans nach Gwadar und weiter nach Pakistan leiten.

Pakistan ist nun aber Teil des chinesischen Projekts „Südkorridor", mit dem China über das frühere Baktrien und Belutschistan iranisches Erdgas nach Westchina leiten will. Damit spart China 10.000 km Seeweg in die Golfregion über die piratenreiche Straße von Malakka und umgeht auch die Interventionsmöglichkeiten des strategischen Gegners Indien. Im November 2016 wurden die ersten Container im pakistanischen Hafen von Gwadar verladen, China will rund 46 Mrd. US-Dollar investieren, davon 34 Mrd. US-Dollar im Energiesektor. Das Betreiben des Hafens übertrug Pakistan einer chinesischen Staatsfirma und die Bewachung des Hafens übernimmt die pakistanische und die chinesische Armee. Nachtigall, ick hör' Dir trapsen!

Indien baut nun ebenfalls einen Wirtschaftskorridor durch Belutschistan, allerdings von Mumbai auf dem Seeweg in den iranischen Teil Belutschistans in die Stadt Tschahbahar unter Umgehung des politischen Gegners Pakistan und von dort aus nach Afghanistan mit weiterer Verbindung zu den Öl- und Gaslagerstätten in Turkmenistan, Usbekistan und Kasachstan. Gleichzeitig ist es das Ziel Indiens, Afghanistan dem Einfluss Pakistans zu entziehen. 2018 sollen nun in dem von Indien ausgebauten iranischen Hafen Tschahbahar die ersten Schiffe festmachen.

Das indische Komplement zur neuen Seidenstrasse Chinas ist der INSTC (International North South Corridor), der Indien mit Russland verbinden soll. So will Indien seinen strategischen Spielraum und die Versorgungssicherheit erhöhen.

Im Ergebnis entsteht eine geographische Ballung sensibler Wirtschafts- und Sicherheitsinteressen der beiden Wachstumspole der Weltwirtschaft. Andere Regionen wie das südchinesische Meer kommen aus ähnlich gelagerten Gründen hinzu, wobei sich die Bedeutung nicht nur auf die Energieversorgung beschränkt, sondern auch Nahrungsmittel und Wasserressourcen umfasst. Was bedeutet dies nun für den Anleger?

Auch wenn diese Entwicklungen von einer taktischen Allokation abstrahieren, so ist es doch plausibel anzunehmen, dass die für das weitere Wachstum Chinas und Indiens notwendigen Rohstoffe und Energien trotz steigender Energieeffizienz nicht rechtzeitig in der notwendigen Größenordnung verfügbar sein werden. Die chinesischen Energiereserven werden deutlich schneller sinken und einen zusätzlichen Import erfordern. Dies wird auf die gleichzeitig steigende Nachfrage Indiens (und Südostasiens) treffen. Da diese Investitionen tendenziell weniger preiselastisch sind und zumindest bei Energierohstoffen sinkende Nettoenergieerträge (EROI's) anzunehmen sind, ist eine strategische Positionierung im Rohstoffsektor angebracht.

Taktisch ist das Ausmaß des Effekts einer Verlangsamung des chinesischen Wachstums durch die aktuelle Verschuldung offen. Ein Blick auf den Rohstoff-Preiszyklus zeigt allerdings eine historisch deutliche Unterbewertung von Rohstoffen gegenüber Aktien. Das Ratio des Goldman Sachs Commodity-Index und des S&P 500-Index steht mit einem aktuellen Wert von deutlich unter 1 auf dem tiefsten Stand seit Beginn der Berechnung 1971, also seit der Aufhebung der Goldbindung des US-Dollar.

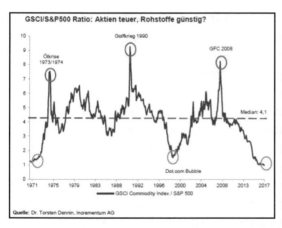

Es liegt mithin nahe, von einem mittelfristigen relativen Anstieg der Rohstoffe gegenüber Aktien auszugehen. Es ist also vor diesem Hintergrund zu erwarten, dass Rohstoffe das risikoadjustierte Return-Profil durch Verringerung des Gesamtrisikos verbessern. Gleichzeitig sind mittelfristig aufgrund der extremen Unterbewertung auch Kapitalgewinne zu erwarten.

Auf die Rolle von Rohstoffen als Diversifizierung von Finanzforderungen kann hier zwar nicht näher eingegangen werden. Die Währung, in der Rohstoffe gehandelt werden, ist jedoch ein zentraler Bestandteil der Wertentwicklung und Teil einer Investmentstrategie - aber eben auch der Öffnungsstrategie Chinas, wie die Einführung eines auf Yuan lautenden Future-Kontraktes auf Öl und physisches Gold in Shanghai und Dubai in Erinnerung ruft.

13

Ölwende?

Hans A. Bernecker

Im Oktober 1973 änderte sich die Ölwelt innerhalb weniger Stunden. Auf den damaligen militärischen Konflikt im Nahen Osten reagierte die OPEC mit einem Lieferstopp für Öl bzw. alternativen Preisanhebungen um bis zu 400 %, womit die Welt fast stillstand.

In der Folge wurden die Preisaufschläge stückweise reduziert, die Ölförderung unterschiedlich von Land zu Land neu adjustiert, aber klar war, dass der künftige Ölpreis ab der Jahreswende 1973/1974 deutlich höher liegen wird.

Alle Menschen waren davon betroffen - und dies ohne Ausnahme. Die Regierungen der Länder reagierten ebenfalls unterschiedlich und teilweise gekonnt, aber in vielen Fällen auch ausgesprochen laienhaft. Dazu gehörte merkwürdigerweise die damalige Bundesregierung als erste SPD-Regierung seit dem Krieg.

Die Industrie der Welt stand vor der Herausforderung, einen höheren Ölpreis in alle Produkte irgendwie einzupreisen, um sie selbst überhaupt herstellen zu können oder sie wettbewerbsfähig zu halten. Der spezifische Verbrauch von Öl pro Kilo Produkt, z.B. Kunststoffe aller Art, musste um etwa 60 % reduziert werden, um die Güter im Markt zu halten.

Die genannte Zahl ist ein sehr grober Schnitt und zeigt, was eine Herausforderung ist. Der Autobau stand vor einer noch größeren Herausforderung, soweit dazu Zahlen vorliegen. Der Durchschnittsverbrauch aller Motoren musste um 75 % reduziert werden, um bei annähernd gleicher Leistung den Pkw wettbewerbsfähig zu halten. Das galt sowohl für Diesel als auch für Benziner.

In mehr als fünf Jahren wurde der größere Teil dieser Herausforderung tatsächlich erreicht. Seit nunmehr über 30 Jahren (überschlägig), herrscht im Wesentlichen ein Gleichgewicht zwischen Angebot und Nachfrage nach Öl in der Menge, nachdem auch der Ölverbrauch der Kraftwerke längst Vergangenheit ist.

In den letzten drei Jahren versuchte der Ölmarkt einen Gleichgewichtspreis zu finden. Das sieht für Brent wie folgt aus:

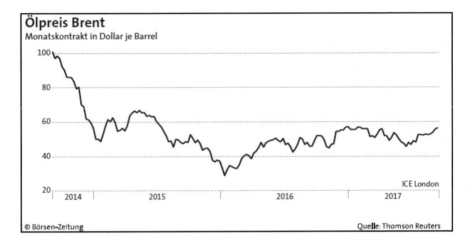

Vorausgegangen war ein Ölpreis von rund 100 Dollar je Barrel, was sich als Obergrenze herausstellte und aus rein technischer Sicht eine Art Doppel-Top bildete. Daran war erkennbar, dass Ölpreise (Brent und WTI) von über 80 Dollar je Barrel langfristig nicht haltbar sind. Ein solches Ölpreis-Niveau führt offenbar in der Industrie zu Alternativlösungen und einer verminderten Nachfrage. Es gibt wenige Ansätze, um anzunehmen, dass auch in Zukunft ein deutlich höheres Preisniveau am Markt durchsetzbar ist.

Geopolitische oder militärische Konflikte können zwar zu kurzfristigen und stärkeren Ausschlägen führen, doch nur auf die Nachhaltigkeit der Nachfrage kommt es an. Sie ist im Gegensatz zu den vergangenen Jahrzehnten wichtiger als das Ölangebot. In dieser Kernfrage steckt der Ansatz einer Wende. Sie ist zunächst mit einem Fragezeichen zu versehen, aber demnächst wohl auch mit einem Ausrufezeichen.

Im Ölrausch der vergangenen rund 40 Jahre wurde der Nahe Osten zum Eldorado des Geldausgebens. Mit geradezu unheimlicher Geschwindigkeit wurde der Erlös aus dem Ölverkauf schnellstmöglich von den Staaten und der entsprechenden Industrie mit vollen Händen ausgeschüttet. Am besten sichtbar wird dies an den Skylines einiger Ölstaaten. Indes:

Die Staatshaushalte dieser Länder gerieten inzwischen in eine massive Schräglage.

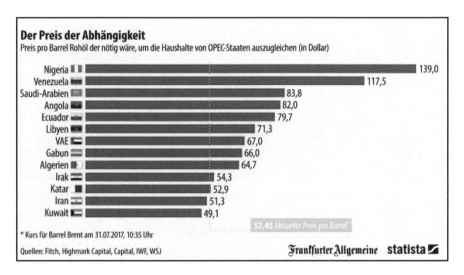

Um die Staatshaushalte einigermaßen in der Waage zu halten, benötigt jedes OPEC-Land einen durchschnittlichen Ölpreis, wie er aus der Grafik ersichtlich ist. Die Rückführung der Haushaltsdefizite, also eine Sanierung der Staaten, ist mithin die entscheidende Herausforderung, die in den kommenden Jahren gelingen muss. Gelingt sie jedoch nicht, worüber man streiten kann, wird es eng.

Gemittelt an den Defiziten dieser Länder gehen die OPEC-Experten davon aus, dass eine Bandbreite zwischen 40 bis 60 Dollar je Barrel ein voraussichtlicher Mittelpreis ist. Genau dies zeichnet sich seit Anfang 2015 im Prinzip ab. Wird dies reichen, um den Reichtum der OPEC-Länder zu garantieren? Alles gut, gäbe es nicht ein neues, vielleicht sogar historisches Wendesignal.

Seit Mitte des Jahres 2016 ist die neue Entdeckung am Automarkt in gleich zweifacher Form, Elektro-Auto und Autonomes Fahren, ähnlich schnell wie 1973/1974 zu einer neuen Herausforderung geworden. Insbesondere angestoßen durch die Entscheidung der Chinesen, dass Elektro-Auto zum Kernpunkt ihrer neuen Autopolitik zu machen, woraus innerhalb weniger Wochen eine völlig neue Sicht entstand.

Ob diese Ziele realistisch sind, muss sich erst noch erweisen. Entscheidend ist, wie die Zukunft des Elektro-Autos in Stückzahlen einzuordnen ist und in welchem Umfang der bisherige Antrieb von Benzin und Diesel ersetzt wird. Allein das ist interessant für die Rückwirkung auf die internationale Nachfrage nach Öl.

Die ersten Studien hierzu liegen bereits vor. Sollte im sichtbaren Umfang die E-Mobilität die bisherige verändern bzw. ersetzen, so dürfte die Nachfrage der Industrieländer nach Öl um 10 bis 15 % zu reduzieren sein. Auch Schätzungen bis 20 % werden glaubhaft belegt, doch gibt es permanente Unterstellungen, ob und wie Regierungen durch weitere Erlasse das Zahlenschema verändern können.

Wie wird der Ölmarkt auf diese Konstellation reagieren und welches Preisniveau muss die OPEC langfristig anpeilen, um ihre eigenen Interessen zu wahren? Damit gewinnt die sogenannte Förderquote der OPEC-Länder eine völlig neue Sicht.

Am Ölmarkt steigt seit vier Jahren die Anzahl der Riggs kontinuierlich, aber weniger dynamisch.

Mit den Riggs wird theoretisch das Angebot an förderbarem Öl größer. Dagegen stehen die auslaufenden Ölquellen, die als erschöpft bezeichnet werden.

Einer der berühmtesten Fälle ist die kanadische Prudhoe Bay. Die neu entdeckten Ölquellen werden mithin im Wesentlichen als Ersatz für die auslaufenden angesehen. Damit ist ein Ausbau der Ölreserven wenig wahrscheinlich, netto gerechnet. Sollte die Hochrechnung aus der alternativen E-Mobilität griffiger werden, so müssen alle Ölförderländer entscheiden, wie sie die Ölförderung an den Preis anpassen, der den genannten finanziellen Bedingungen entspricht. Schon jetzt ist erkennbar:

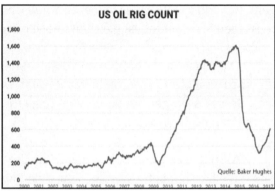

Die staatlichen Investitionen in diesen Ländern haben sich deutlich reduziert. Damit dürfte sich auch die wirtschaftliche Dynamik in diesen Ländern automatisch reduzieren. Denn Haushaltsdefizite enthalten einen hohen Anteil an Sozialausgaben, die nicht zu widerrufen sind oder aber eine Revolution auslösen. Folge:

Ohne ein ausgewogenes Verhältnis zwischen der Ölförderung und dem notwendigen Preis wird es am internationalen Ölmarkt nicht gehen.

Das Ölgeschäft bleibt noch für lange Zeit ein interessantes, aber in seiner Struktur verändertes Geschäft. Die Amerikaner verfolgen eine eigene Energiepolitik mit der erklärten Absicht, energiepolitisch völlig unabhängig zu sein. Hierbei spielt das Fracking eine zentrale Rolle, worauf viele Erwartungen ruhen, aber keiner weiß, wohin die amerikanische Regierung wirklich zielt.

Russland ist außerhalb der OPEC der größte Ölverkäufer und die Öleinnahmen sind die wichtigste Stütze des russischen Staatshaushalts - und zwar in einer Dimension, die über diejenige einiger OPEC-Staaten hinausgeht. Wo und wie Russland in diesen Vergleichsrechnungen zu einem angemessenen Plan kommt, ist gleichfalls noch offen.

Die zunächst theoretischen Vorgaben der Chinesen, in welcher Form die angekündigte Elektro-Mobilität Realität wird, unterliegen sehr einsamen Beschlüssen der autokratischen Regierung in Peking. Hierfür gibt es momentan noch gar keine Prognosen.

Mithin lässt sich voraussagen: Die Elektro-Mobilität ist für den Ölmarkt die beschriebene Wende. Sehr viele Industrien werden sich auf diesen Sachverhalt einstellen können und müssen. Die großen Energiekonzerne der Welt, etwa Exxon Mobil oder Chevron in den USA bzw. BP Aramco oder Royal Dutch in Europa, stehen dann im Mittelpunkt des Interesses für Investoren, soweit sie selbst über ausreichende Quellen verfügen.

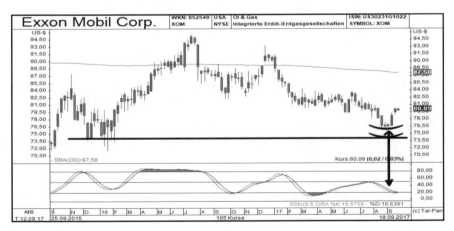

Doch die Börse schaut in der Regel schon voraus. Gut erkennbar ist dies am Chart des größten Energie-Konzerns der Welt, Exxon. War das bereits die nötige Korrektur auf den beschriebenen Sachverhalt? Wir wären nicht erstaunt, wenn die in solchen Dingen schnellen Amerikaner sich bereits frühzeitig auf diese Ölwende eingestellt haben, noch weiter einstellen oder sogar auf die Alternative setzen, z.B. den Batteriebau.

14

Das goldene Lächeln der Mona Lisa

Arndt Kümpel

Leonardo da Vinci hätte sich zu Lebzeiten ganz sicher die Augen gerieben: Sein Gemälde des Heilers der Welt („Salvator Mundi") erzielte knapp 500 Jahre nach seinem Tod 1519 im November 2017 einen Auktionspreis von 400 Million US-Dollar plus Auktionsgebühren, in der Summe rund 450 Mio. Dollar. Dies erstaunt umso mehr, da das Gemälde 1958 noch als Kopie galt und damals für 45 britische Pfund verkauft worden war.

Und es war ebenfalls Leonardo da Vinci, der uns daran erinnerte: „Um einen vollständigen Verstand zu entwickeln, musst du studieren. Studiere die Wissenschaft der Kunst; die Kunst der Wissenschaft. Lerne zu sehen! Erkenne, dass alles mit allem verbunden ist."

Was kann man nun heute als Anleger daraus schlussfolgern? Es ist zunächst eine Erinnerung daran, dass die Börse und Kunst mehr miteinander gemeinsam haben also zunächst gedacht - und zwar nicht nur die fraktale Struktur der Finanzmärkte und die fraktale Struktur in Leonardos Gemälde der Mona Lisa - den goldenen Schnitt.

Denn Leonardo da Vinci fing mit seinem tiefen Verständnis von Natur und Kunst in seinen Gemälden nicht nur unnachahmlich die Realität mit intensiver Liebe zum Detail ein. Genauso realitätsnah und detailliert sind seine Aufzeichnungen in Bezug auf seine Finanzen. So erhielt er für sein um 1508 in Mailand entstandenes Gemälde „La Scapigliata" (Kopf eines Mädchens) in 10 Monaten direkt vom damaligen Herrscher Mailands, dem französischen König Ludwig XII., 240 Scudi und 200 Florin.

Der italienische Goldscudo wog zu dieser Zeit 3,42 Gramm und der Florin enthielt 3,54 Gramm Feingold. Bei einem aktuellen Goldpreis von rund 1.100 Euro ergibt sich ein Verdienst von 5.407,30 Euro monatlich netto (da keine Steuern anfielen), womit Leonardos Jahresbruttoverdienst heute deutlich über 100.000 Euro betragen hätte.

Diese Analogie verdeutlicht, wie es Gold über Jahrhunderte schaffte, seinen Wert zu speichern, eine zentrale Kernfunktion von „gutem" Geld! Mit seiner über 5.000 Jahre alten Geschichte als gutes Geld stellt Gold - neben Silber - eine einmalige Ressource für den Vermögenserhalt in turbulenten historischen Phasen dar. Seine Hauptfunktion liegt dabei eben in der Eigenschaft, mittels seiner Knappheit und Nichtvermehrbarkeit die Begehrlichkeiten jener zu begrenzen, deren Wünsche größer sind als ihre Geldmittel. Und gerade das ist eine wesentliche Quelle der weltweiten Akzeptanz von Gold. Für die Vertreter des Fiatgeldes, also des ohne inneren Wert geschaffenen Geldes der Notenbanken, stellt das gelbe Edelmetall mit dieser Eigenschaft dagegen ein eher archaisches Überbleibsel im fraktionalen Geldsystem der Neuzeit dar.

Es ist bemerkenswert, dass sich die derzeitige Situation in einem monetären Umfeld entwickelt hat, in dem die Zinsen nach Analysen der Bank von England ebenfalls auf den tiefsten Stand seit 5.000 Jahren gefallen sind und Geld noch nie so billig war wie heute. Insoweit haben wir es auch mit einem historischen Moment der Wirtschaftsgeschichte zu tun, der zum Innehalten und zur Gesamtschau einlädt.

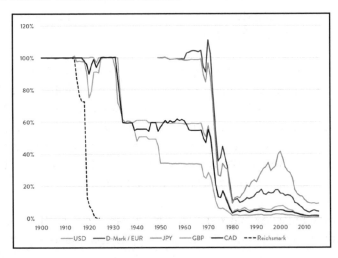

Die Entwicklung der großen Weltwährungen gegen Gold der letzten 100 Jahre zeigt eindrücklich, in welch historisch kurzer Zeit Währungen die ihnen zugeschriebene Funktion als Wertaufbewahrungsmittel verlieren - meistens durch Inflation oder durch eine Währungsreform, nicht selten im Anschluss an Kriege. Der historische Maßstab für diese Erosion ist Gold. Und gerade diese Funktion erklärt auch dessen Eigenschaft als vertrauensschaffenden Anker und unterstreicht die Funktion von Gold als „Ultimate Asset", wie es der langjährige US-Notenbankchef Alan Greenspan einst formulierte.

Es entbehrt allerdings nicht einer gewissen Ironie der Geschichte, dass gerade die US-Notenbank unter der Ägide von Greenspan von 1987 bis 2006 mit ihrer Geldpolitik die weit über die realwirtschaftlichen Grenzen hinausgehende Zunahme der Geldmenge und der Verschuldung ermöglichte, was unter seinen Nachfolgern Bernanke und Yellen bis heute fortgeführt wurde. Und dies faktisch weltweit, da die großen Notenbanken in England, der EU und in Japan dem Kurs der FED folgten.

Ein Schlüsselereignis für die Funktion des Goldes war seine direkte funktionale Aufwertung als Vermögensschutz 1971. Zentraler Schritt hierbei war die im August 1971 vollzogene Abkoppelung des US-Dollar von seinem bisherigen Anker, dem Gold. Dies machte eine exponentielle Geldmengenausweitung unabhängig von Gold erst möglich und ist damit eine strukturelle Vorbedingung für die explosionsartige Liquiditätsschöpfung der Notenbanken. Seit der Finanzkrise 2008 hat diese Entwicklung dabei noch an Dynamik gewonnen.

Die im Zuge der Stabilisierung des Bankensystems ergriffenen geldpolitischen Maßnahmen und die sie flankierenden Gesetze führten dazu, dass die Märkte „institutionellen" Rückenwind erhielten, auch FED- und EZB-Put genannt. Dieser hat nicht nur einen bedeutenden Einfluss auf die Risikowahrnehmung an den Märkten, sondern auch auf die Nachfrage nach „sicheren Häfen" wie Gold. Nachdem das gelbe Edelmetall bis zum Beginn der Finanzkrise 2008 durch zu niedrige Zinsen und die damit einhergehende Geldschöpfung bis zu seinem damaligen Allzeithoch aus dem Jahr 1980 bei rund 870 US-Dollar stieg, verdoppelte sich der Goldpreis ab Dezember 2008 im Zuge der anlaufenden Quantitative Easing-Programme und der faktischen Senkung der kurzfristigen US-Zinsen auf Null erneut auf rund 1.900 US-Dollar Anfang 2011. Seither konsolidiert der Goldpreis mit einer ausgeprägten Bodenbildung, die Ende 2015 vom charttechnischen Muster fallender Kurshochs und -tiefs zu in der Folge jeweils höheren Kurshochs und -tiefs gewechselt ist.

Gold als Schutz vor Inflation und Deflation

Nimmt man in einer Szenarioanalyse eine Übertragung der in die Finanzmärkte geflossenen Krisengelder in reale Güter ebenso an wie die Nichtnachhaltigkeit der derzeitigen Verschuldung, so wird ein weiterer Aspekt von Gold sichtbar: Wie eine Studie der London Business School für den Zeitraum von 1900 bis 2011 ergab, war Gold wie erwartet ein guter Inflationsschutz, was viele Venezolaner, Russen, Türken, Südafrikaner, Simbabwer, Usbeken, Nigerianer oder Argentinier derzeit bestätigen werden. Für das aktuelle Umfeld niedriger Inflationsraten in Europa ist aber noch wichtiger, dass Gold nicht nur sensibel auf Inflation reagiert, sondern auch auf zunehmende Deflation. Denn so unsicher sich zum Beispiel die bald abtretende FED-Chefin Janet Yellen bei ihrer Inflationsprognose derzeit ist, so leicht kann diese vor dem Hintergrund der extremen Verschuldung in Richtung Preisrückgang kippen.

In einem solchen deflationären Szenario glänzt Gold umso stärker, da es, anders als die ebenfalls profitierenden Anleihen, kein Gegenparteien- und damit Ausfallrisiko hat. Daran erinnerte mit Nachdruck Carl Fürstenberg, einer der führenden Wirtschaftsberater des letzten deutschen Kaisers, der mahnte: „Inflation oder Deflation sind nur zwei Fremdwörter für Pleite."

Aus dieser Perspektive ist Gold auch eine Absicherung gegen Politikfehler. Die Erkenntnis, dass man eine Schuldenkrise nicht mit noch mehr Schulden lösen kann, wurde bei der Krisenintervention weltweit ignoriert. Ein möglicher Abbau nicht nachhaltiger Verschuldung durch „Pleite" im Sinne Fürstenbergs entspricht einem Preisrückgang von Schulden auf ihren nachhaltigen Wert, der durch FED- und EZB-Puts jedoch am Kapitalmarkt nicht erreicht wird. Denn die Sicherung des Vertrauens in das Bankensystem war politisch wichtiger. Ende offen!

Da die als Wertpapiere gehandelten Schulden das Vermögen der Käufer darstellen, ist diese Konstellation auch sensibel bezüglich unerwarteter Vertrauensverluste der Marktteilnehmer. Da Vertrauensverlust markttechnisch vermehrte Verkäufe zur Folge hat, stellt dies auch einen Engpassfaktor für die notwendige Liquidität dar. Aus dieser Sicht ist Gold jedoch neben einer Absicherung gegen Politikfehler bei der seit neun Jahren laufenden Krisenintervention auch eine Quelle stabiler Liquidität, da seinem Wert kein nominales Schuldversprechen zugrunde liegt und es damit kein Potenzial für eine „innere Abwertung" durch „Pleite" hat. Gleichwohl ist sein Wert von den allgemeinen Kriterien für die Bestimmung von Vermögenswerten abhängig.

Dies wirft im Lichte seiner Eigenschaften die Frage auf, wie sich Gold auf die Risiko-Ertrags-Struktur eines Standard-Portfolios auswirkt. Eine gute Diversifizierung verringert das für das Erreichen eines erwarteten Ertrags eingegangene Gesamtrisiko des Portfolios. Die nachfolgende Tabelle zeigt die Korrelationen für Assetklassen in einem US-Standardportfolio für den Zeitraum seit der Aufhebung der Goldbindung des US-Dollar 1971 - also von 1972 bis 2016.

	Inflation	Total US Stock	Total US Bond	Long Term Treasuries	US Real Estate	Gold	Commodities
Inflation	1.00	-0.08	-0.08	-0.32	-0.05	0.48	0.36
Total US Stock	-0.08	1.00	0.28	0.04	0.62	-0.21	-0.07
Total US Bond	-0.08	0.28	1.00	0.81	0.21	-0.23	-0.18
Long Term Treasuries	-0.32	0.04	0.81	1.00	0.00	-0.21	-0.24
US Real Estate	-0.05	0.62	0.21	0.00	1.00	-0.10	-0.05
Gold	0.48	-0.21	-0.23	-0.21	-0.10	1.00	0.47
Commodities	0.36	-0.07	-0.18	-0.24	-0.05	0.47	1.00

Die Angaben variieren natürlich noch je nach Wahl des Aktienindex, des Rohstoffindex und des Index für Immobilien, sind aber im Grundsatz repräsentativ. Es zeigt sich dabei, dass Gold nur mit Rohstoffen positiv korreliert ist und demnach insbesondere in einem Portfolio ohne Rohstoff-Exposure einen hohen Beitrag für eine optimale Gewichtung liefern kann. Die Betrachtung der Korrelationsmatrix verdeutlicht somit einen Weg, durch Risikominimierung das Risiko-Ertrags-Profil zu verbessern, was aber noch wenig über den Ertrag einzelner Assetklassen aussagt.

Interessant ist nun aber die aktuelle Ausgangslage an den Märkten: Anleihen sind im Schnitt sehr teuer, das KGV der zehnjährigen US-Staatsanleihe ohne Reinvestition der Zinserträge liegt mit einer Rendite von rund 2,35 % bei einem KGV von über 42 und auch der S&P 500 ist mit einem aktuellen zyklusbereinigten Shiller-KGV („CAPE") von über 32 nicht mehr billig. Berücksichtigt man nun den aktuellen Stand im Zins- und Gewinnzyklus, ist die Wahrscheinlichkeit hoch, dass die jeweiligen Asset-Klassen in den nächsten Jahren geringere Erträge erwirtschaften. Gold hat per se zwar keinen Ertrag. Es ist aber zum einen negativ mit den Assetklassen Aktien und 10-jährigen US-Staatsanleihen korreliert, womit die Verbesserung des Risiko-Ertrags-Profils in einem entsprechenden Portfolio besonders deutlich ausfallen dürfte. Zudem durchläuft Gold seit 2011 eine seit mehr als sechs Jahren andauernde Korrektur und bietet sich auch aus antizyklischer Perspektive als ein Investment an. Die bereits erwähnte Trendumkehr zu höheren Hoch- und Tiefkursen ist ein Indiz dafür. Zum anderen ist dies deshalb von Belang, da das Risiko extremer Verluste nach der von Gold durchlaufenen 50-prozentigen Fibonacci-Korrektur und Bodenbildung seit dem Allzeithoch von 2011 deutlich kleiner ist als bei stark gestiegenen Anlageklassen.

Eine Abwandlung von mehr als 3 Standardabweichungen („Tail Risk") ist deshalb mit Gold im Portfolio gut zu diversifizieren. Und gerade deshalb kann mit Gold das systemische Risiko insbesondere bei Schuldpapieren gut diversifiziert werden. Der zyklusabhängige erwartete Ertrag von Gold ist bei antizyklischem Timing zudem deutlich positiv, womit trendkonformes Timing die dem Gold fehlenden Zins- und Dividendenerträge von Aktien und Anleihen durchaus überkompensieren könnte!

Als zusätzlich interessant könnte sich eine Beimischung von Gold- und Silberminenaktien zum Aktienanteil des Portfolios erweisen, da dieser Sektor eine der niedrigsten Bewertungen seit Einführung der entsprechenden Indizes aufweist.

Noch vor wenigen Jahren herrschte im Sektor der Gold- und Silberminenaktien ein wahres „Klondike"-Fieber. Die Unternehmen investierten angesichts des bis 2011 auf über 1.900 Dollar gestiegenen Goldpreises auf Kredit enorme Beträge und gerieten mit dem ab 2013 deutlicher fallenden Preis in die Mühle der steigenden Wertberichtigungen auf Lagerstätten, zunehmenden Kosten und einer erodierenden Kapitalbasis. Die notwendigen, aber anteilsverwässernden Kapitalerhöhungen sorgten in der Folge für Unmut bei den Aktionären. Kurzfristig kompensierte das sogenannte High-Grading, also der vorrangige Abbau höherer Erzgehalte zur Maximierung der Goldfördermenge, die Belastung durch die fallenden Goldpreise. Tendenziell führte dies jedoch zu niedrigeren verbleibenden Erzgehalten und sinkender Fördereffektivität, denn das Ersetzen der abgebauten Reserven erweist sich als zunehmend schwierig. Im Ergebnis mehren sich die Stimmen im Edelmetallminensektor, die für das Jahr 2016 das „Peak Gold" prognostizieren, also das langfristige Fördermaximum. Die Minenunternehmen waren gleichwohl nicht untätig und haben neben der Bilanzstärkung auch viel auf der Kostenseite getan, wobei die fallenden Ölpreise ihr Übriges beitrugen.

Nimmt man die im GDX VanEck Vectors Gold Miners ETF enthaltenen 34 größten Goldminenwerte, so zeigt sich eine erstaunliche Widerstandsfähigkeit der Erträge durch Kostendisziplin. Die Cash-Kosten, die im Allgemeinen die kurzfristige Preisgrenze für die operative Tätigkeit darstellen, beinhalten die direkten Produktionskosten, also der Minenverwaltung, des Schmelzens, der Raffinerie sowie Royalties und Steuern. Diese Kosten betrugen für die im GDX VanEck Vectors enthaltenen 34 größten Goldminenaktien im dritten Quartal 2017 591 US-Dollar pro Unze Gold und lagen damit 8,8 % niedriger als ein Jahr zuvor.

Die für die Nachhaltigkeit der Firmen wesentlich wichtigere Kennzahl der All-in Sustaining Costs (AISC) beinhaltet dagegen zusätzlich auch alle Kosten, die für die Aufrechterhaltung und das Ersetzen der abgebauten Reserven anfallen. Diese stellten sich im gleichen Zeitraum auf 868 US-Dollar pro Unze, was bei einem Goldpreis von rund 1.300 US-Dollar einen Durchschnittsgewinn je Feinunze von 432 US-Dollar ergibt, das wiederum einer Marge von 33 % entspricht! Der Effekt höherer Goldpreise ist schnell skizziert: Ein Anstieg des Goldpreises führt bei den Goldminen zu einer Gewinnsteigerung um den Faktor drei. Steigt der Goldpreis beispielsweise um 10 %, legt der operative Gewinn der Goldförderer um 30 % zu! Schaut man aber nicht auf den Index, sondern auf individuelle Firmen, wird schnell die Weisheit des Spruchs deutlich: „Im Schnitt war der Bach 50 Zentimeter tief. Trotzdem ist die Kuh ersoffen." Auch hier ist gute Analyse die Basis der Outperformance.

Ein ebenfalls notwendiger Blick auf die Nachfrageseite für physisches Gold offenbart, dass sich seit der Finanzkrise ein konstanter Goldabfluss von Europa und Amerika nach Asien manifestiert hat. China, Indien, Russland und die Türkei saugen beständig große Mengen physischen Goldes aus London und New York vor allem über die Raffinerien in der Schweiz ab. Dieser Prozess folgt dem historischen Muster, bei dem das Gold vom Schuldner zum Gläubiger wandert. In der östlichen Kultur ist Gold das beste Geld und eine überzeugende Mitgift. Interessant ist insbesondere, dass die Nachfrage Asiens nach physischem Gold seit Jahren größer ist als die weltweite Fördermenge (ohne China und Russland). Die Differenz muss demnach aus Lagerbeständen außerhalb Asiens kommen und deren Beschaffung könnte deshalb in Zukunft durchaus länger dauern. Denn Gold wie auch Silber wurden in London über längere Zeiträume bereits in der sogenannten Backwardation gehandelt. Dabei liegt der Spotpreis für Gold und Silber über dem Terminkontrakt-Preis und der Käufer ist für die sofortige Lieferung des Kontraktgoldes bereit, eine implizite Lieferprämie zu bezahlen, was dem Zeitwert des Geldes widerspricht und tendenziell enge Märkte signalisiert.

Der Preis für physisches Gold könnte somit zukünftig über Prämienaufschläge vom Papier-Goldpreis abweichen. Verstärkt wird diese Tendenz noch durch ein explosionsartiges Wachstum bei den Finanzderivaten, die es erst möglich machen, Gold zu verkaufen, das man physisch nicht besitzt. So wurden beispielsweise am 12. April 2013, als Gold deutlich korrigierte, innerhalb von Stunden an der US-Terminbörse COMEX gut 40 % der jährlichen

Goldminenproduktion verkauft, obwohl diese nicht ansatzweise vorhanden war. Es ist somit eine offene Frage, ob der Papier-Goldpreis an der COMEX wirklich den Preis für reales Gold adäquat widerspiegelt. Diese Konstellation zeigt gleichzeitig das signifikante Gegenparteienrisiko von Papier-Gold.

Wer allerdings nicht nur von einer Preisänderung bei Gold profitieren will, sondern auch seine Versicherungseigenschaften nutzen möchte, sollte sicherstellen, dass diese im konkreten Einzelfall auch wirklich gegeben sind. Dies ist grundsätzlich nur dann der Fall, wenn es personalisiert physisch verfügbar ist und nicht nur ein Ausgleichsanspruch bei Differenzgeschäften in Form von Optionsscheinen oder Zertifikaten verbrieft wird. Ein börsengehandelter Fonds für Gold, der diese Kriterien erfüllt, ist zum Beispiel der ETF (Exchange Traded Fund) der Zürcher Kantonalbank für Gold (ISIN CH0047533523). Er ist zu 100 % mit physischem Gold unterlegt.

Als Fazit bleibt: Die historisch kurze Periode seit der Aufhebung der Goldbindung des US-Dollar am 15. August 1971 durch Präsident Richard Nixon hat Gold einen Preisanstieg von damals 35 auf aktuell rund 1.300 US-Dollar beschert. Dieser rund 37-fache Wertzuwachs sowie das Ausmaß, mit dem physisches Gold aus dem Westen vor allem nach Asien wandert, sprechen dafür, Gold als festen Bestandteil der eigenen Vermögenssicherung zu nutzen. Zudem sollte der Anleger seiner Eigenschaft als ultimative und globale Quelle für Liquidität die notwendige Beachtung schenken. Dazu kommen das Potenzial von physischem Gold zur Diversifizierung des Gegenparteienrisikos sowie die niedrige bis negative Korrelation zu den derzeit dominanten Assetklassen.

Man kann es aber auch mit den Worten des griechischen Strategen Perikles sagen: „Es kommt nicht darauf an, die Zukunft vorherzusagen, sondern auf sie vorbereitet zu sein."

Leonardo da Vinci würde dem wohl mit dem goldenen Lächeln der Mona Lisa zustimmen.

Der dümmste Grund eine Aktie zu kaufen, ist, weil sie steigt. (Waren Buffett)

15

Bitcoin

Hans A. Bernecker

Bitcoin ist die neue Zauberwährung, die diesen Begriff durchaus verdient. Das Bitcoin-System erlebt in letzter Zeit eine rasante Entwicklung, obwohl niemand sagen kann, was diese Krypto-Währung wirklich wert ist, welche Rolle sie im Zahlungsverkehr tatsächlich spielt und ob sie eine Alternative oder gar einen Gegner der bisherigen Vorstellungen von Währungen darstellt. Allein die Rally des Preises ist atemberaubend.

Mit der Lancierung von Bitcoin im Jahr 2009 ist auch die Blockchain-Technologie ins Bewusstsein einer breiten Öffentlichkeit gerückt. Das Konzept einer Krypto-Währung, die sich gänzlich unabhängig von staatlichen Interventionen und losgelöst vom Diktat der Zentral- oder Geschäftsbanken durchsetzt, wäre allerdings ohne die ihr zugrunde liegende Blockchain-Technologie undenkbar.

Grundlage dieser Technologie für den praktischen Einsatz ist das exponentielle Wachstum der Rechenleistung von Computern.

Zentrale Daten mit gemeinsamen Zugriffsrechten sind bereits seit Jahrzehnten bekannt. Ein exemplarisches Beispiel hierfür ist Wikipedia. Auf diesem Prinzip basiert die Bitcoin-Infrastruktur. Dabei werden alle Finanztransaktionen von den Teilnehmern gemeinsam und sicher sowie unveränderbar über ein verteiltes Kontobuch verwaltet. Insofern ist es richtig, davon auszugehen, dass jede Transaktion nachvollziehbar ist. Dies wird von sogenannten Minern bestätigt. Als Anreiz erhält der Miner, der das Krypto-Rätsel löst und damit einen neuen Block in der Kette beglaubigt, einen bestimmten Betrag an neuen Bitcoins. Es ist das Äquivalent der Geldschöpfung, wie es von Zentral- und Geschäftsbanken praktiziert wird.

Das Bitcoin-Geldmengenwachstum ist durch die Software vorprogrammiert und absolut begrenzt. Daher wird Bitcoin auf absehbare Zeit kaum an wirtschaftlicher Bedeutung gewinnen.

Die aufregende Entwicklung der letzten Wochen bis zum Redaktionsschluss ist nachvollziehbar. Inzwischen erreichten Bitcoins sogar Preise über 5.500 Dollar. Wie kann man damit umgehen?

Natürlich beschäftigt diese neue digitale Währung auch die Banker. J.P. Morgan-Chef Dimon lehnt sie als Betrugsobjekt ab. Der ehemalige Bundesbankchef Weber sieht sie äußerst kritisch, vermag jedoch keine konkreten Argumente anzugeben. Goldman Sachs als größte Investmentbank der Welt denkt wiederum daran, sich in den Bitcoin-Handel einzuschalten, liefert aber bis jetzt keine Details.

Die chinesische Regierung hatte den Bitcoin-Handel verboten, denkt jedoch neuerdings über eine Aufweichung dieses Verbots nach. Die Liste der Meinungen lässt sich fortsetzen.

Die IntercontinentalExchange zog daher ihren Antrag bei der US-Börsenaufsicht SEC, den Bitcoin-Investment-Trust von Grayscale Investments notieren zu dürfen, wieder zurück. Gleiches taten einige andere Investment-Fonds, die Bitcoins in einer Art Fonds zusammenfassen wollten. Das alles ist nachvollziehbar, aber:

Die Bitcoins haben inzwischen einen Anteil von 52 % an der Marktkapitalisierung sämtlicher Krypto-Währungen, die mittlerweile auf 155 Mrd. Dollar geschätzt wird. Diese Größenordnung ist nicht zu ignorieren.

Die Entwicklung der weltweiten Devisenreserven seit der Jahrhundertwende ist beeindruckend. Darin drückt sich das Wachstum der Weltwirtschaft besonders gut aus, es ist der Spiegel des Reichtums der Nationen insgesamt, egal, wie auch immer er aufgeteilt sein mag. Aber:

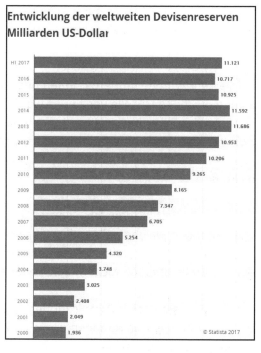

Die Regulierungsdichte aller Finanztransaktionen hat ebenso stark zugenommen, sodass ein Sektor in Transaktionsnöte gerät, über den niemand gerne spricht, der aber leider eine Realität ist: Es geht um das Geld, das in der Welt generiert wird, aber aus gutem Grund die Öffentlichkeit scheut. Nicht nur aus steuerlichen Gründen, sondern ebenso aus politischen in den Transaktionen zwischen Staaten.

Krypto-Währungen haben den Vorteil, dass Transaktionen auf dieser Ebene nicht kontrollierbar sind. Insbesondere die Länder mit nicht rechtlich verbindlichen Normen der Kontrolle von Geld-Transaktionen stehen im Mittelpunkt und darin dürfte auch das Haupt-Interesse liegen, worin die Zukunft der Krypto-Währungen zu vermuten ist.

Dafür gibt es drei hauptsächliche Sektoren, die bis auf Weiteres nicht zu kontrollieren sein werden. Es sind:

1.) Die Korruption in südlichen Ländern ist ein fester Bestandteil der dortigen Wirtschaft. Der Anteil dieser Bereiche an der Wirtschaftsleistung dieser Länder wird zwischen 16 und 45 % veranschlagt. Diese Schätzungen werden jährlich erstellt und gelten als hinreichend sicher. Eine Reduzierung ließ sich in den vergangenen Jahren nicht feststellen. Auch Staatsverträge verschiedener Art ändern daran nichts. Die Italienische Zentralbank nennt 100 Mrd. Euro pro Jahr als Schwarzgeld, das schlicht verschwindet.

2.) Große Aufträge zwischen großen Unternehmen im internationalen Verkehr werden von Provisionen begleitet, die selten offengelegt oder an entsprechender Stelle versteuert werden können. Darin liegt einmal die Tatsache der Bereicherung/Korruption und zum anderen die Steuerhinterziehung. Kein Großauftrag in Milliardenhöhe ist ohne Zahlungen dieser Art zu erreichen. Die Berichterstattung darüber ist verständlicherweise zurückhaltend.

3.) Im internationalen Sportverkehr bewegen sich inzwischen die Größenordnungen ebenfalls in der Nähe von Milliarden Euro als Summe pro Jahr. Wie die inzwischen aufgedeckten Fälle erkennen lassen, ist auch hier eine Kontrolle offenbar nicht möglich oder erwünscht.

Auch öffentliche Organisationen wurden davon gleichfalls berührt. Das Volumen der Transkationen erreichte 2017 erstmals die addierte Summe von einer Milliarde Dollar.

Bitcoins sind die Drehscheibe für diese Geldtransaktionen aller Art und mit welchem Hintergrund auch immer. Von der gewerblichen Wirtschaft sind belegbare Transaktionen über Krypto-Währungen vorerst nicht anerkannt und in der bisherigen Dokumentation auch nicht hinreichend sicher. Doch dies ändert nichts daran, dass das Volumen dieser Währungen offenbar rasant zunehmen wird und von Verboten seitens der Regierungen ebenso wenig in den Griff zu bekommen ist wie von der Einschaltung von Banken im Handelsverkehr. Kurzum:

Die Krypto-Währungen entwickeln sich zur Drehscheibe einer beachtlichen Größe von Geld- und Kapitalbewegungen, die sich der Kontrolle zu entziehen versuchen. Lässt sich das Volumen schätzen?

Von der genannten Größe um 155 Mrd. Dollar ist es eine Frage relativ kurzer Zeit, bis sich das Volumen in die Größenordnung von 1 Bio. Dollar ausweiten dürfte. Das wäre, gemessen an den Währungsreserven der Welt, noch kein Malheur, aber zweifellos zu beachten. Gemessen am Welthandelsvolumen ist es wiederum eine Minigröße, aber etwa der Anteil an dubiosen Transaktionen, der Anfang des Jahrhunderts noch als normaler Bestandteil der Schattenwirtschaft bezeichnet wurde.

Macht es Sinn, im Bitcoin-Trubel mitzuspielen? Als Investment mit nachweisbarem Qualitäts-Charakter lässt sich dies nicht vertreten - als Spielpapier in einem Gesamttrend des gesamten Umfangs jedoch durchaus.

Aus Sicht der unmittelbaren Marktteilnehmer und Kommentatoren stellt sich das Thema Bitcoin aus praktischer Sicht so dar, wie im „Frankfurter Börsenbrief" dargestellt. Die Einschätzung unserer Redakteure zum Thema Krypto-Währungen wollen wir Ihnen nicht vorenthalten:

Druckt jeder bald sein eigenes Geld? Die Zahl der Krypto-Währungen wächst unaufhaltsam. Wie Pilze schießen die Konkurrenten der etablierten „Bitcoins" aus dem Boden. Derzeit bevölkern rund 800 Krypto-Währungen den Cyber-Space.

Ein „Initial Coin Offering" (ICO) jagt das nächste. Im Juni holte sich Bancor 153 Mio. Dollar von Investoren. Anfang Juli hat das in der Schweiz ansässige Blockchain-Start-up Tezos 212 Mio. Dollar eingesammelt, zuvor die asiatische Block One 185 Mio. Dollar, angelegt als ein Tausch Dollar gegen selbst kreierte Währung.

Da hätten selbst die Alchemisten des Mittelalters Bauklötze gestaunt. Da meist die Organisationsform „Stiftung" gewählt wird, können die Geldgeber anonym bleiben. Mit dieser Art von „Crowdfunding 2.0" werden unter anderem Aussichten auf Nutzungslizenzen zu Geld gemacht. Finanziert werden Blockchain-Start-ups im Bereich Software, Apps oder Cloud-Computing, wie die „Finanz und Wirtschaft" unlängst auflistete.

Die grössten ICO in 2017

Unternehmen	Anwendung	Volumen (in Mio. $)
Tezos	Smart Contracts	212[1]
Block.One	Unternehmenssoftware	185
Bancor	Handelsplattform	153
Status	Browser	109,5
Aragon	Aktienübertragung	27,7
Basic Attention Token	Digitale Werbung	35
Cofound.it	Start-up-Netzwerk	15
Tokencard	Digitales Portemonnaie	12,7
Gnosis	Apps	10,7
iEx.ec	Cloud Computing	10,7
TaaS	Investmentfonds	8
Patientory	Unternehmenssoftware	7,3
Matchpool	Social Media	5,7
Blockchain Capital	Wagniskapitalgeber	10

1) laufend

Quelle: Icostats.com

Wilder Westen und kein Ende! Die vier größten ICO haben in diesem Sommer innerhalb weniger Wochen 500 Mio. Dollar eingesammelt. Wegen diverser Betrugsfälle hat das Vertrauen, der wichtigste Baustein jeder Währung, aber gelitten. Begleitende Banken und Anwälte akzeptieren für ihre Dienste meist keine Krypto-Währungen, sodass ein Teil in Dollar umgewandelt werden muss. Problem: Wenn zu viele verschiedene Krypto-Währungen auf einmal Dollar suchen, sind Turbulenzen vorprogrammiert (das tägliche Handelsvolumen dürfte sich im mittleren Millionen-Dollar-Bereich bewegen), weil die Aufnahmefähigkeit überstrapaziert wird. Wie groß ist die Gefahr einer Atomisierung dieses Marktes?

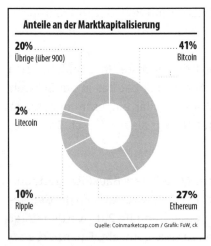

Anteile an der Marktkapitalisierung
20% Übrige (über 900)
41% Bitcoin
2% Litecoin
10% Ripple
27% Ethereum

Quelle: Coinmarketcap.com / Grafik: FuW, ck

Bitcoin wird die Marktführerschaft so schnell nicht abzunehmen sein. Das liegt vor allem an seiner Beliebtheit im Reich der Mitte.

China steht für weit mehr als 90 % aller Transaktionen mit dem Pionier. Bei 16,42 Mio. Bitcoins ergab sich zur Jahresmitte umgerechnet ein Gesamtwert von knapp 43 Mrd. US-Dollar. Jedes Jahr kommen durch das „Mining" (die Vergütung für die Zurverfügungstellung von Rechner-Kapazitäten für die Blockchain) neue Bitcoins hinzu. 2040 soll das Mining aber mit 21 Mio. Bitcoins abgeschlossen sein.

Garantieren kann freilich niemand, dass in naher oder ferner Zukunft diese Regel nicht geändert wird. Argumente, warum ein solcher Schritt alternativlos und alte Regeln obsolet sind, ließen sich schnell aus dem Hut zaubern. Trotz dieses Risikos schenken viele am Wirtschaftsleben Beteiligte - bis jetzt - der jungen Währung Bitcoin größeres Vertrauen als den Papiergeld-Währungen - zumindest, was den Punkt „beliebige Vermehrung" anbetrifft. Nicht wirklich verwunderlich:

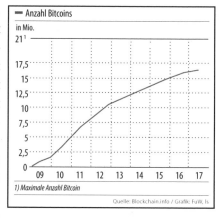

Wo sich Zentralbanken nicht scheuen, zur „Wirtschaftsstimulierung" ohne jede Begrenzung („whatever it takes") Geld zu drucken und über Anleihenkäufe in den Markt zu schütten sowie Staaten kein Problem darin sehen, die eigene Verschuldung weit über die Stabilitätskriterien hinaus auszuweiten, darf die Frage nach dem Wert des Geldes durchaus gestellt werden. Wirtschaftstheoretisch hängt der Preis eines Gutes auch davon ab, wie rar es ist und wie klein oder groß das Angebot daherkommt. Da die Bitcoin-Geldmenge durch Selbstregulierung nicht besonders schnell wachsen kann (es sei denn durch kriminelle Manipulation), erfüllt sie die Kriterien eines Stabilitätsankers besser als ein Euro, Dollar oder Yen. Das schafft Vertrauen.

Der zweite Vorteil ist, dass zwischen den Parteien, die sich über eine Bezahlung in Bitcoin einigen, keine Daten ausgetauscht werden, jedes Geschäft anonym verläuft. Das macht es nicht nur für Kriminelle attraktiv, sondern auch für all diejenigen, die nicht als „gläserner Kunde" durch die eigenen Kartenabrechnungen und durch ein staatlich aufgeweichtes Bankgeheimnis im Kaufverhalten analysiert und mit Werbung bombardiert werden möchten bzw. ihr Geld vor dem Zugriff des Staates schützen wollen. Zudem verlaufen Transaktionen zumindest theoretisch in Echtzeit, während

Überweisungen sich in der Regel über mindestens einen Bankarbeitstag hinziehen.

1 Marktkapitalisierung der Kryptowährungen
— Marktkapitalisierung
Mrd. $
Quelle: Highcharts.com / Grafik: FuW, ck

Für private Anleger sind Krypto-Währungen ein Spiel mit dem Feuer. Im 1. Halbjahr schoss der Bitcoin-Kurs von 952 auf 2.508 Dollar, in jüngerer Zeit waren es zwischenzeitlich sogar schon mehr als 4.000 Dollar! Eine satte Rendite, die jedem Börsianer die beliebten Sätze, die mit dem Wort „hätte" beginnen, in Kopf und Magengrube drückt. Ebenfalls sehr steil der Trend bei Ether/Ethereum. Bloomberg und n-tv berichteten über einen Anleger, der mit Ether sein Vermögen von 55 Mio. auf 283 Mio. Dollar in ungefähr einem Monat vervielfacht hat.

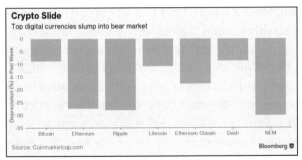

In den ersten grob fünf Monaten war der Kurs von Ether von 8 auf 400 Dollar gestiegen! (Zu Ihrer Orientierung: Ether ist die Krypto-Währung, Ethereum ist eigentlich die dahinterstehende Blockchain-Technologie. Das wird in der Berichterstattung meist nicht sauber differenziert. Auch wir werden - wenn wir über die Währung sprechen - im Folgenden die Begriffe synonym verwenden). Worüber kaum berichtet wird, ist, dass sich in den zwei Wochen danach der Wert halbierte. Inzwischen ist der Kontostand des genannten Traders um 150 Mio. Dollar gesunken, denn mit automatisiertem Stop-Loss lässt sich auf diesen Konten nicht operieren.

Für Statistiker: Ether hatte sich in diesem Jahr zwischenzeitlich grob vervierundzwanzigfacht - bei einer täglichen Standardabweichung von 7,6

%!!! Ähnlich ging es in diesem Jahr dem großen Bruder von Ether: Die Bitcoin-Notierung hatte am 13.6. an einem Tag 12,9 % eingebüßt. Hört sich angesichts der vorangegangenen Gewinne erst einmal verkraftbar an, aber bis zum 15. Juni summierten sich die Verluste bis zum Tief auf 29 %. Anfang des Jahres war Bitcoin schon einmal vom 4. Januar bis 11. Januar um 33 % in die Knie gegangen, am 11./12. Mai um 12 % und am 24./25. Mai um 25 %. Zusammengefasst: Drei veritable Crashs in nur einem halben Jahr! Sätze, die mit „hätte" beginnen, dürfen entsprechend mit einem Fragezeichen ergänzt werden: Wer hätte die Nerven für solche Einbrüche in Serie?

Der ständige Wechsel zwischen Hype und Kollaps ist ein Spiegel der operativen Chancen und Risiken der Kunstwährungen. Die Herausforderungen sind vielfältig. Die Ankündigung der chinesischen Regierung, die Bitcoin-Handelsplattformen genauer unter die Lupe zu nehmen, sandte Anfang des Jahres Schockwellen durch die Krypto-Jüngerschaft. Im Februar hatte Peking einen Abhebungs-Stop an drei großen Bitcoin-Börsen verhängt, um Kapitalabflüsse und Geldwäsche zu bekämpfen. Der Bitcoin-Kurs kollabierte - und erholte sich wieder scharf, als das Verbot im Mai aufgehoben wurde. Es werden nicht die letzten Turbulenzen gewesen sein, denn: Die Bedenken der Administration sind nachvollziehbar und berechtigt. Aus Sicht des Staates muss einem solchen intransparenten Treiben Einhalt geboten, es reglementiert werden.

Sollten die Krypto-Währungen ihren Aufschwung fortsetzen, erscheint es nicht unwahrscheinlich, dass auch andere Länder entsprechende Untersuchungen ankündigen - mit entsprechender Wirkung auf den Kurs. Das muss dann nicht immer 30 % Kursverlust bedeuten, schließlich gewöhnt sich jede Asset-Klasse über kurz oder lang an Hiobsbotschaften, wie am Beispiel des Terrorismus ablesbar. Aber der Auftrieb könnte nachhaltig gebremst werden. Das Gleiche gilt bezüglich Bedenken über die Tragfähigkeit des Geschäftsmodells.

Wie viel Wachstum kann die Branche überhaupt verkraften? Das Bitcoin-Mining-Unternehmen „Bitmain" stellte unlängst in aller Öffentlichkeit Fragen, wie denn die steigende Transaktionszahl bewältigt werden solle und schlug eine Aufspaltung („Forking") des Netzwerkes (also in zwei Bitcoin-

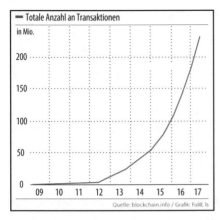

Systeme mit auch zwei Bitcoin-Assets) und eine größere Blockgröße vor. Also wie verfahren, wenn auch das aus Hunderten von Rechnern bestehende Netzwerk an die Kapazitätsgrenzen stößt?

Das Drohszenario wurde zwischenzeitlich abgewehrt, weil sich die Bitcoin-Community aus Programmierern und Minern auf einen neuen Programmcode („SegWit2x") einigte. Anfang August kam es aber doch zur Spaltung in Bitcoin und Bitcoin-Cash. Das Thema ist durchaus virulent: Anfang Juni war bereits die größte (!) Bitcoin-Börse in den USA, Coinbase, wegen einer zu großen Zahl von Transaktionen ausgefallen. Vor technischen Herausforderungen stehen aber nicht nur die großen Börsen:

Das Versprechen von Sicherheit in der Blockchain-Technologie ist für den einzelnen Nutzer weitgehend wertlos. Die Währungen sind vor Manipulationen, die sie auch völlig entwerten können, nicht gefeit!!! Gerade der heimische PC wird von IT-lern als sehr schlechter Ort für die Aufbewahrung der Münzen genannt. Sie können durch Trojaner leicht gestohlen werden. Experten empfehlen die „Hardware Wallet", also ein Portemonnaie in Form eines USB-Sticks, der nur an den PC angeschlossen wird, wenn die Währung tatsächlich gehandelt werden soll. Als wertlos könnte sich auf lange Sicht auch das Versprechen der Anonymität herausstellen. In den USA wurde bereits ein Gesetzes-Entwurf ins Parlament eingebracht, der Meldepflichten für Bitcoins vorsieht, was der Währung einen entscheidenden Vorteil rauben würde. Wohin geht der Weg?

Erst wenn die wilden Pubertätsjahre vorbei sind, haben Bitcoin & Co. eine Chance, sich zu etablieren. Die starken Schwankungen im Wert schrecken potenzielle Nutzer noch ab. M.M. Warburg stellt in ihrer Investoren-Information „Konjunktur und Wirtschaft" in Ausgabe 28 dazu berechtigte Fragen aus dem Bereich Behavioral Finance: „Wer bezahlt schon mit Bitcoins, wenn er sich morgen einen besseren Preis erhofft? Oder wer akzeptiert Bitcoins, wenn er damit rechnet, dass der Wert am nächsten Tag geringer ausfallen wird?" Bei normalen Währungen spielt das keine Rolle, aber bei ekstatisch tanzenden Notierungen ist dies sicherlich bedenkenswert. Und bei Krypto-Währungen kann keine Notenbank die Musik ausschalten, stabilisierend eingreifen, um den Tanz zu beenden. Auf der anderen Seite darf argumentiert werden, dass in Zeiten des Goldstandards, also der Deckung von Währungen durch das Edelmetall, mit entsprechender Einlösungspflicht Stabilität ebenfalls durch ein inhärent geschlossenes System erreicht wurde. Allerdings sind wir da wieder beim Thema, wie sicher denn Krypto-Währungen tatsächlich sind. Dennoch lautet unsere Prognose:

Krypto-Währungen und die Blockchain-Technologie werden ihren Weg unaufhaltsam gehen. Die russische Zentralbank will eine eigene Digitalwährung entwickeln und dabei auf die Ethereum-Technologie zurückgreifen. In der „Enterprise Ethereum-Alliance" haben sich Microsoft, Intel, Credit Suisse, UBS, J.P. Morgan und Toyota zusammengeschlossen, um an einer auf Ethereum basierenden Blockchain-Technologie im Bereich Unternehmensschutz zu forschen. In Japan werden Bitcoins inzwischen als Zahlungsmittel anerkannt. Australien ist ebenfalls auf dem Weg, sie zu etablieren. In Deutschland akzeptiert Lieferando Bitcoins, ansonsten in deutschen Großstädten aber erst 100 Händler über das gesamte Bundesgebiet verteilt. Wie schon bei der Elektro-Mobilität zu beobachten, bremst eine mangelhafte Infrastruktur die Verbreitung, wird sie aber nicht aufhalten.

Denn trotz aller Risiken sind Krypto-Währungen nur die logische Fortsetzung des Weges vom „Brief zur Mail". Von Brockhaus zu Wikipedia, vom Kneipenbesuch zu Facebook, vom Kalender zum Smartphone, von Kodak zu Instagram, vom eigenen Auto zum Carsharing, von der industriellen Massenfertigung zum 3D-Druck etc. pp. Wie alle diese internationalen Trends wird sich auch die Digitalwährung irgendwann durchsetzen, bei allen Kinderkrankheiten und Fehlentwicklungen, die so sicher sind wie das Amen in der Kirche. Ein Zukunftstrend, der Fiaskos aber nicht ausschließt:

Wer bei diesem Modethema mitmischen will, muss ebenso clever wie auf der Hut sein. Unglaubliche Chancen kennzeichnen diesen Markt ebenso wie extrem hohe Risiken. Es hat immer wieder Angriffe mit Millionenschäden gegeben. Das ist und bleibt unser zentrales Argument, warum wir uns bisher nicht an der Bitcoin-Spekulation beteiligen. Jedem, der hier mitspielt, muss eins glasklar bewusst sein: Es kann nie ausgeschlossen werden, dass auf einmal doch mehr Bitcoins generiert werden als eigentlich vom System zugelassen, dass manipuliert wird, die Rahmenbedingungen sich ändern. Das kostet Vertrauen in die Werthaltigkeit der einzelnen Krypto-Währung, aber im Worst Case auch der ganzen Asset-Klasse. In der Vergangenheit hat es schon viele Hypes um neue Assets gegeben, angefangen bei der Tulpen-Hausse im Jahr 1637 bis zu den Immobilien in den USA 2007. So ist auch ein ähnliches Ende mit völligem Kollaps bei den einzelnen Krypto-Währungen jederzeit möglich. Nicht nur „möglich" - wir sind sicher, dass eine oder mehrere der großen Cyber-Währungen irgendwann mit einer großen Implosion und gigantischen Wertvernichtung einen Schatten auf das an sich spannende Thema werfen werden. Das soll aber nicht heißen, dass man nun generell die Finger davon lassen muss.

In jedem Hype - auch in Tulpen-Hausse und Subprime-Boom - ließ sich zwischenzeitlich gutes Geld verdienen, auch wenn nicht das größte Rad gedreht wurde. Gerade die Volatilität der Währungen macht ein Navigieren mit klassischen Risikomanagement-Systemen anspruchsvoll. Wenn es auch eine Nummer kleiner sein darf, kann auf die Blockchain-Unternehmen geschaut werden. Aber: Nicht alle Krypto-Währungen basieren auf der Blockchain-Technologie, bei der dezentral auf vielen Rechnern jede Transaktion gespeichert wird. Insofern ist die Entwicklung noch ein offenes System, bei dem an vielen Enden Geld zu verdienen sein wird, was wir auch mit konkreten Empfehlungen begleiten wollen. Blockchain ist quasi die „Schaufel" im Krypto-Goldrausch, um den alten Vergleich von Mark Twain noch einmal zu strapazieren. Was aber muss ein Anleger tun, der sich von den vielen Kurseinbrüchen und Risiken nicht abschrecken lässt, um am großen Rad mitzudrehen?

Spekulationen auf die Börsen Coinbase in den USA, Bitfinex in Hongkong und Bitstamp in Großbritannien sind nicht so schwierig. Anmeldung, Konto eröffnen, Einzahlung, Handel mit anderen Teilnehmern. Das Problem kommt, wie beschrieben, erst danach, wenn sich die Frage stellt, wo die

Währung aufbewahrt werden sollte. Ansonsten gilt, was auch in anderen Asset-Klassen zum Einmaleins der Kapitalanlage zählt:

Diversifikation könnte - wie in anderen Asset-Klassen - der zweite Schlüssel zum Einstieg sein. Ein sinnvolles Risikomanagement ist nur dann darstellbar, wenn eine Vielzahl von Krypto-Währungen in einem Basket vereint wird. Denn wenn bei einer Währung Manipulationen ruchbar werden oder die Systeme ausfallen oder eine administrative Überprüfung droht, können die anderen Währungen den Einbruch ggf. auffangen.

Tabelle: Die zehn größten Kryptowährungen

Kryptowährung	Kurs	Ausstehende Einheiten	Gesamtwert
Bitcoin	2.604,00	16.417.955	42.752
Ethereum	269,85	93.018.777	25.101
Ripple	0,25	34.920.190.690	8.730
Litecoin	50,48	51.864.220	2.618
Ethereum Classic	17,51	93.281.740	1.633
Dash	208,66	7.410.217	1.546
Nem	0,17	8.999.999.999	1.485
Monero	48,17	14.738.914	710
BitShares	0,23	2.547.499.142	573
Zcash	282,05	1.552.468	438

Stand 5.7.2017 Quelle: M.M. Warburg

Obwohl natürlich in der Vergangenheit die Bewegungen relativ gleichgerichtet, die Korrelation hoch war. Die amerikanische Börsenaufsicht SEC hat den Antrag auf einen Indexfonds für Bitcoin und Ethereum im Frühjahr abgelehnt, dann aber eine erneute Überprüfung angekündigt. Crypto Fund aus Zug in der Schweiz kündigte an, bis Ende des Jahres einen ETF auf Krypto-Währungen zu emittieren.

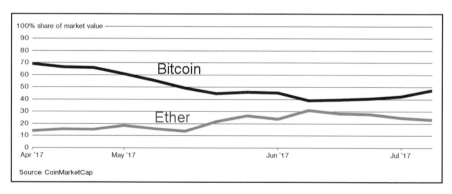

Das erscheint uns der einzig sinnvolle Weg, an diesem Hype teilzunehmen. Dieser ETF ist zunächst nur für institutionelle Anleger vorgesehen, später aber auch für private Investoren. Daneben hat Vontobel einen ETF-

Tracker auf den Bitcoin-Kurs herausgebracht (ISIN: DE000VN5MJG9), wer sich eine Kontoeröffnung an den entsprechenden Börsen ersparen will. Auch einige CFD-Plattformen bieten einen entsprechenden Handel an. Wer über entsprechende technologische Hardware verfügt, kann in diesem Markt auch Arbitrage-Gewinne realisieren, da die Kurse von Börse zu Börse um bis zu 20 % schwanken.

16

Freihandel

Hans A. Bernecker

Donald Trump erschreckte die Welt schon vor seiner Wahl mit dem Schlagwort: „America first". Daran knüpften sich verschiedene Versionen seiner Außen-, Innen und Wirtschaftspolitik, aber die Aussage schlug wie eine Bombe ein: Protektionismus oder eingeschränkte Handelsbeziehungen.

Schon nach einem Jahr wurde inzwischen klar, was er meinte oder eben nicht meinte und nur sagte, was wiederum die anderen dachten bzw. befürchteten und für beides gilt: Bis jetzt gilt gar nichts.

Mit den Worten Freihandel und Protektionismus umzugehen, ist in der Tat ein sehr schwieriges Spiel. Denn richtig ist, dass nach vielen Jahren, insbesondere nach der Öffnung Chinas und Russlands, die weltwirtschaftlichen Handelsbewegungen zum Schlüssel für alle wurden und zu einer wesentlichen Ausweitung des Wohlstands in der Welt geführt haben. Auf Zahlen kommt es gar nicht an, sondern auf die tatsächliche und psychologische Wirkung insbesondere für all jene Länder, die sich mit der Öffnung der Märkte einer völlig neuen Lebens-Perspektive gegenübersahen.

China ist als bevölkerungsreichstes Land der Welt das beste und signifikanteste Beispiel dafür, was geöffnete Märkte für ein so großes Land und Volk bedeuten: Innerhalb von rund 30 Jahren hat sich der geschätzte und statistisch nicht ganz korrekt berechenbare Wohlstand der Chinesen etwa verfünf- bis versechsfacht. Dazu gehören Einkommen, Ersparnisse, Aufwertung von Vermögenswerten aller Art - insbesondere Immobilien als Grundlage für die Entwicklung der Familie und der Jugend und der Finanzierung hinreichender Ausbildung. Dieser Wohlstandsfaktor ist die tragende Säule dessen, was möglicherweise durch die Einschränkung des Freihandels auf dem Spiel steht.

Für alle Europäer wurden die Trumpschen Formulierungen zu einer Art Schreckgespenst. Sie befürchteten sowohl den Einfluss auf ihren Ex- wie Import und umgekehrt gab es ähnliche, aber weniger gravierende Befürchtungen in den USA selbst. Alle diesen Befürchtungen sind bis zur Stunde gegenstandslos. Warum?

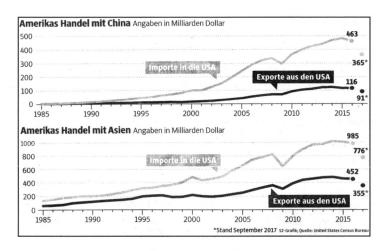

Die Entwicklung der Handelsbeziehungen zwischen China und den USA ist die größte Variante im Kräftefeld, gefolgt von Deutschland oder ganz Europa als Handelspartner der Chinesen und umgekehrt als längster Handelspartner der Amerikaner seit dem letzten Weltkrieg.

Mit der Öffnung Chinas war die Produktion in China, insbesondere für Billigwaren, so günstig, dass jeder clevere amerikanische Unternehmer unverzüglich versuchte, seine bisher entweder in Europa oder im eigenen Land etablierte Produktion dorthin zu verlagern. Von Jeans über Sneaker, T-Shirts und Plastikspielzeug bis zum absoluten Hit der Gegenwart, dem Smartphone. Auf diese Weise verbilligten sich die Produktionskosten pro Stück um zwischen 35 und 85 %. Entsprechend billiger wurden sie an den Weltmärkten offeriert, woraus ein Mengenboom entstand, der vorher nicht vorstellbar war und eine Preislage für diese Produkte ergab, die um etwa 50 % billiger erschien. Die Chinesen wurden damit der größte Anbieter an solchen Produkten am Weltmarkt und verdienten daran so prächtig, dass sie zum einen eine hohe Beschäftigung im Inland garantierten und zum anderen die bis dahin größten Währungsreserven der Welt anhäufen konnten: In der Spitze 4 Billionen Dollar.

Die Amerikaner konnten in der gleichen Zeit nicht annähernd so viele eigene Produkte an China liefern, wie sie dem technischen Stand durchaus entsprochen hätten. Damit begann das erste Problem: Klassische Industrieprodukte sind für den chinesischen Import erlaubt und nur im beschränkten Maße reguliert. Doch sensible Produkte der Medizintechnik, der Pharmazeutik, der Kommunikationstechnologie sind es nicht. Darüber gibt es wenig Informationen in der Öffentlichkeit, aber hinreichende Informationen in den Kreisen, die davon betroffen sind. Die gegenwärtig geltenden und etwas theoretischen Schätzungen belaufen sich auf eine Größenordnung von mindestens 100 bis 120 Mrd. Dollar pro Jahr. Unterstellt man also einen freien Handel und hält ihn für wünschenswert, so ist er in der obigen Grafik einzubeziehen. Dann würde sich das Defizit im chinesisch-amerikanischen Handel zweifellos erkennbar reduzieren.

Die Forderung von Donald Trump zur Änderung der Handelsbedingungen ist also keine unrealistische Forderung, sondern der richtige Ansatz für eine Begradigung der Handelsströme. Allein darum geht es.

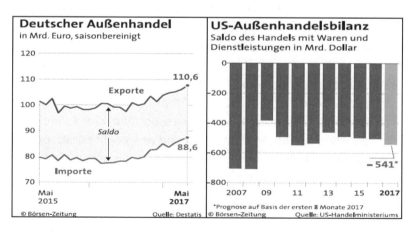

Die europäische Wirtschaft hat die amerikanischen Handelsbeziehungen über 70 Jahre aufgebaut und enthält völlig andere Gewichte, die sich am besten im deutsch-amerikanischen Handel darstellen lassen.

Beschränken wir uns auf das deutsch-amerikanische Verhältnis, welches im Großen und Ganzen dem aller Europäer entspricht.

Das Schwergewicht der deutschen Lieferungen liegt durchweg in den Sektoren der Investitionsgüter aller Art von A wie Auto bis W wie Werkzeug und allen sonstigen Zwischenprodukten, denen eines gemeinsam ist: Es sind durchweg Waren, die im amerikanischen Markt deshalb so fest etabliert sind, weil sie faktisch nicht zu ersetzen sind. Selbst die Japaner haben es trotz intensiver Bemühungen bislang nicht erreicht, für diese Spezifika der Ausrüstungen ein nachhaltiger Partner für Lieferungen zu werden. Die Folge ist eine sehr enge Beziehung zwischen deutschen und amerikanischen Firmen hinsichtlich der Zusammenarbeit und Entwicklung dieser Produkte und der Einbindung in die Struktur der amerikanischen Firmen selbst.

Diese Lieferbeziehungen lassen sich weder durch Zölle noch durch andere Hindernisse wesentlich verändern, wenn damit nicht gleichzeitig größere Risiken für beide Partner entstehen sollen. Daran mag der eine oder andere Politiker Interesse haben, aber mit Sicherheit nicht die Wirtschaft und Industrie.

Worum geht es im Freihandel also insgesamt? Jedes Land versucht auf seine Weise, bestimmte Produkte zu schützen oder die eigene Wettbewerbsfähigkeit zu erhalten/zu steigern. Das kann für Italien ebenso der Wein sein wie für Frankreich der Käse, um zwei etwas simple Beispiele zu bemühen, die aber dennoch das Problem widerspiegeln. Länder, die nicht über ein ausreichend hochqualifiziertes Produktportfolio verfügen, bemühen sich permanent darum, die Wettbewerbsposition ihrer Produkte möglichst zu konservieren. Dies wird öffentlich und weniger öffentlich praktiziert und vielfach verdeckt durch indirekte Belastungen importierter Güter, um die eigene Industrie zu schützen.

Vorbild für alle ist Japan. Die Japaner schafften es ab Ende der 60er-Jahre vorbildlich, den Import hochwertiger ausländischer Produkte so teuer wie möglich zu machen, um den Import zu behindern. Das gilt bis heute sowohl für hochwertige Textilien, für medizinische Produkte und Luxuswaren als auch für durchaus gängige Produkte wie Pkws. Zeitweise kostete ein

Mercedes der Mittelklasse in Tokio das Dreifache dessen, was in Europa aufgerufen wurde.

Japan ist bis zur Stunde nicht bereit, seine verdeckte Exportsubventionierung aufzugeben. Es würde zu weit führen, dies im Einzelnen zu erklären. Die verdeckten Export-Subventionen sind jedoch diejenigen, die entweder die jeweiligen Produkte im Export verbilligen oder aber die Märkte für diese Produkte empfindlich stören.

Was die Japaner können, können die Chinesen ebenfalls. Die Deutschen erlebten dies am deutlichsten in ihrer selbstentwickelten Solartechnik, in der sie zeitweise die größten Hersteller waren - und innerhalb kürzester Zeit durch gezielte Exportsubvention zugunsten der chinesischen Produzenten an die Wand gedrückt wurden. In drei Jahren reduzierte sich die deutsche Solarproduktion um mehr als 70 %. Ergo:

Die Unterstützung der eigenen Industrie bei ihrem Weltmarktauftritt ist Aufgabe jeder Regierung in jedem Land. Daran kann und wird sich vorerst nichts ändern. Die Bestimmungen der WTO sind für alle gültig und werden in jeder Konferenz lauthals verkündet. Daran halten sich jedoch die wenigsten, weil sie nicht anders können. Eine Regierung, die einen wirklich freien Handel mit allen Nachbarn und Ländern vertritt, ist die absolute Ausnahme.

Dazu gehört Deutschland. 1953/54 hat sich die Bundesregierung entschieden, den deutschen Markt ebenso für alle Produkte zu öffnen wie umgekehrt alle Länder als Exportregion zu akzeptieren. Auch dann, wenn hohe Belastungen zu überwinden waren, wobei sich die deutschen Unternehmen als besonders hartnäckige Kategorie erwiesen, dies auch zu schaffen. Das war der Weg zum Export-Weltmeister.

Im deutschen Außenhandel gibt es nur ganz wenige Ausnahmen mit sehr geringen Anteilen, wo gewisse Einschränkungen noch immer gültig sind. Sie beziehen sich auf winzige Spezialitäten insbesondere in der Medizin aus gutem Grund (Qualität). Es würde also in der Tat möglich sein, einen Freihandel so zu gestalten und zu erlauben, wie Deutschland dies weitgehend vormacht. Nicht einmal die Schweiz erreicht diese Liberalisierung.

Lässt sich der internationale Handel überhaupt wesentlich beeinträchtigen, nachdem er über 30 Jahre eine bedeutende Ausweitung erfahren hat? Dafür gibt es ein sehr klares Nein. Etablierte Handelsströme begründen Geschäftsverbindungen und Abhängigkeiten untereinander, die nur sehr begrenzt zu kappen oder auch nur einzuschränken wären. Extremfälle wie der genannte Solarfall waren Versuche, die anschließend teilweise wieder repariert werden konnten. Solche Versuche wird es zwar immer wieder geben, aber von Dauer sind sie nicht. Mithin:

Einseitige Erklärungen eines Staates, seine Warenströme zu verändern, haben nur eine begrenzte Wirkung für begrenzte Zeit. Die globale Wirtschaft ist inzwischen zu umfangreich geworden und die Vernetzung von Produktion und Markt zu eng geknüpft, um nicht solche politisch bedingten Absichten zu unterlaufen oder zu umgehen. Das ist die beste Botschaft für alle, die die Trumpschen Äußerungen zum Anlass nahmen, zu unterstellen, dass es der stärksten Wirtschaftsmacht der Welt gelingen könnte, den etwas ambivalenten Zielen ihres Präsidenten größere Bedeutung beizumessen. Legen wir dieses Thema mithin ad acta.

17

Ein Jahr Donald Trump

Hans A. Bernecker

Donald Trump wurde am 8. November 2016 als 45. Präsident der USA gewählt. Schon die Auszählung der Stimmen und das daraus erzielte Ergebnis gemäß dem amerikanischen Wahlsystem konnten verwirren. Gemessen an den Wahlstimmen war Hillary Clinton die eindeutige Siegerin, gemessen an den Wahlmännerstimmen gewann Donald Trump und war so überrascht, dass er durchaus irritiert in die Kameras schaute, als das Ergebnis offiziell am Wahlabend bestätigt wurde.

Damit wurde mit Trump einer der umstrittensten Männer Präsident der größten Industrienation der Welt und der militärischen Weltmacht schlechthin. Kein anderer Staatschef weltweit verfügt über derart umfangreiche Rechte und Vollmachten, die teilweise nur sehr schwer zu kontrollieren sind. Aber:

Die Amerikaner honorierten den Wahlsieg mit rund 15 % Marktgewinn in den nächsten sieben bis acht Monaten, dem mehr oder weniger sämtliche Märkte der Welt im fast gleichen Volumen folgten. Das lässt sich nachrechnen:

Der Wert aller amerikanischen Aktien zusammen erhöhte sich um etwa 4 bis 4,5 Billionen Dollar. Übertragen auf die anderen Märkte des Westens (ohne China und Japan) ergeben sich etwa 2 Billionen Dollar (umgerechnet) Mehrwert, ohne dass in dieser Zeit eine wichtige oder wesentliche wirtschaftspolitische Neuausrichtung oder Perspektive vorlag. Es war mithin eine lupenreine Erwartungs-Hausse.

Donald Trump hat mit seinen Ankündigungen vor der Wahl und seinen weiteren Perspektiven nach der Wahl umfangreiche Ziele formuliert, von denen im Laufe des Jahres 2017 kein einziges realisiert wurde. Nur eine relativ geringfügige Deregulierung der Vorschriften für die Banken kann als Ausnahme erwähnt werden. Hält diese Erwartungsprämie länger oder gar dauerhaft oder muss sie auf ihre realen Werte zurückgedreht werden? Das ist die Herausforderung des amerikanischen Marktes im Herbst des Jahres 2017. Denn:

Ein großer Teil dieser Kursgewinne bzw. Investments beruht offenbar auf Aktienkäufen per Kredit. Damit erhöhten sich diese Aktienkredite auf eine bislang nicht gekannte Größe, die allein im historischen Vergleich schon fast beängstigend erscheint. Offensichtlich spekulieren die Amerikaner oder gar die halbe Welt mithin auf Erwartungen, die der Erfüllung bedürfen. Und was, wenn sie nicht erfüllt werden?

Schalten wir acht Jahre zurück: Barack Obama startete 2009 nach seinem damaligen Wahlsieg mit einem umfangreichen Kaufprogramm für Bonds im Zielvolumen von 5 Billionen Dollar. Damit wollte er zum einen dem Zusammenbruch des Marktes im Zuge der Finanzkrise begegnen, aber auch sein eigenes politisches Programm der Gesundheitsvorsorge finanzieren. Kalkuliert wurde es ursprünglich mit etwa 800 Milliarden Dollar Aufwand pro Jahr für etwa 45 Millionen Amerikaner, die am Ende nur etwa zur Hälfte bereit waren, der Idee unter dem Begriff Obamacare zu folgen. Der Aufwand dafür bewegt sich jährlich in den Größenordnungen von 350/370 Mrd. Euro. Mit dieser Geld- und Kreditpolitik sollte gleichzeitig die amerikanische Wirtschaft insgesamt positiv bewegt werden, ohne dass es konkrete Pläne dafür gab. Das hat im Wesentlichen geklappt und ist auch nachvollziehbar.

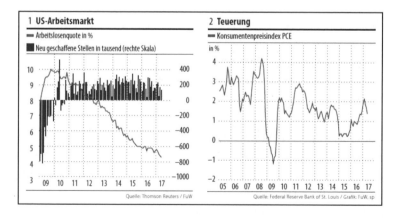

Der amerikanische Arbeitsmarkt hat sich in den letzten Jahren stabil und positiv entwickelt. Faktisch arbeiten die Amerikaner mit Vollbeschäftigung, wenn auch die statistischen Abgrenzungen etwas unklar erscheinen, was auf die differenzierte Erfassung zurückzuführen ist. Jedenfalls:

Die im Zuge der Finanzkrise entstandene deutliche Rückführung der Löhne wurde mit dem genannten Programm aufgefangen und entwickelt sich mäßig, aber regelmäßig, womit klarzustellen ist:

Acht Jahre Obama ergaben eine seriöse und nachvollziehbare Wirtschaftspolitik ohne große Akzente, die Position der Amerikaner im Weltrahmen wurde stabilisiert, aber die USA traten als sogenannte Konjunkturlokomotive nicht mehr in Erscheinung.

Donald Trump hat diese Ergebnisse geerbt und kann darauf aufbauen. Welches Programm und welche neue Idee nötig ist, um die größte Industrienation der Welt zu einem höheren Wachstumstempo zu führen, war mithin die Herausforderung, die Donald Trump annahm und nun erst noch bewältigen muss.

Die USA mussten in den vergangenen 30 Jahren hinnehmen, dass mit der Globalisierung, also der Öffnung insbesondere der beiden großen Staaten China und Russland, ein umfangreicher Waren- und Dienstleistungsverkehr entstand, der zuvor kaum in seinen Dimensionen erkannt wurde, aber zur Überraschung aller tatsächlich eingetreten ist.

China wurde ab Anfang der 90er-Jahre der größte Produzent von Billigwaren aller Art und überschwemmte damit die Welt. Es war die klügste und erfolgreichste Wirtschaftspolitik der Chinesen. Sie waren bereit, ihr sehr niedriges Lohnniveau dafür zu nutzen, dass China mit einer Beschäftigtenzahl von etwa 800 bis 900 Millionen Menschen (von 1,2 Milliarden Einwohnern) willens und in der Lage war, so gut wie alles zum halben Preis oder weniger herzustellen, um damit die westliche Welt zu beglücken.

Die Produktion einer Jeans kostete in China ca. 10 % des Aufwandes in den USA oder einem anderen westlichen Land. In kaum fassbaren Größenordnungen wurden Stückzahlen hergestellt, die zu einer teilweisen Überschwemmung der Märkte führten. Für die Chinesen wurde es ein glänzendes Geschäft, aber insbesondere für die Amerikaner ein ebenso glänzendes, ohne an die Folgen zu denken.

Rund 75 % der amerikanischen Textil- und Lederproduktion nebst Spielwaren und sonstigen Verbrauchsgegenständen wanderten nach China aus, teilweise über ausgelagerte Produktionen oder durch an chinesische Firmen vergebene Aufträge. Die Folgen waren absehbar:

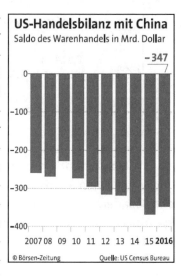

China wurde in dieser Zeit der größte Exporteur nach den USA oder größter Importeur aus der Sicht der Amerikaner. Der Saldo bewegt sich in den Größenordnungen von rund 350 Mrd. Dollar pro Jahr als Überschuss und im Gesamtvolumen des chinesisch-amerikanischen Warenaustausches in doppelter Höhe. Somit ist China der wichtigste Wirtschaftspartner der Amerikaner, aber auch der größte Profiteur, wobei die angesammelten Überschüsse der Chinesen aus ihrem gesamten Export vor vier Jahren den höchsten Betrag erreichten und zeitweise knapp 4 Billionen Dollar Überschuss als Währungsreserven gezählt wurden. Zurzeit sind es etwa 3 Billionen Dollar.

Können die Amerikaner dies hinnehmen? Damit sind wir wieder bei Donald Trump. Wirtschaftspolitisch ist es eine Schieflage. Auszugleichen ist ein solches Defizit nur dadurch, dass man weniger den Import verbietet oder einschränkt, sondern die eigenen Warenlieferungen ausbaut. Darin liegt der Konflikt auf der Hand.

Zusammen mit China sind die NAFTA-Partner Kanada und Mexiko die absolut größten Länder als Handelspartner der Amerikaner. Die laufenden Verhandlungen über die Neugestaltung des 20-jährigen NAFTA-Abkommens werden, soweit bekannt, positiv begleitet und führen zum gleichen Ziel: Angemessene Relationen. Mit größerem Abstand folgen sodann Japan und Deutschland.

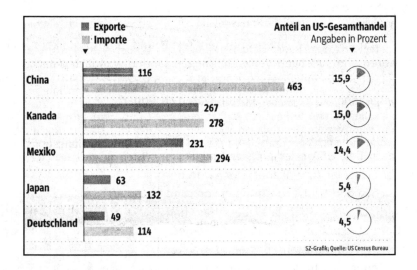

China praktiziert keinen Freihandel, wie jeder weiß. Die Einschränkungen gleichen asiatischen Methoden, wie sie auch vor gut 40 Jahren von den Japanern praktiziert wurden, um die amerikanischen Güter entweder kontrolliert oder ganz vom eigenen Markt fernzuhalten. Das gilt zurzeit auch für China. Da die Amerikaner weder Textilien noch simplen Stahl liefern können/wollen, geht es um Hochtechnologie in allen Varianten bis zur äußerst sensiblen Kommunikation und damit zum Kernproblem von Peking. Besteht eine Existenz-Gefahr für ein autoritäres System, wenn man einen völlig freien Kommunikationsmarkt mit dazugehöriger Technik für immerhin rund 1 Milliarde Menschen zulässt? Würde diese Schleuse geöffnet, so ließe sich der amerikanische Export nach vorliegenden Schätzungen um rund 200

Mrd. Dollar pro Jahr erweitern. Wie lässt sich dies diplomatisch und ohne politischen Krach erreichen und umsetzen? Ergo: Das Ziel von Donald Trump ist die Reduzierung dieser negativen Bilanz im Warenverkehr. Ob er dies erreichen kann, wird die Zukunft zeigen, sie ist definitiv nicht vorauszusagen.

Auf die richtige Wortwahl kommt es an. Der Vorwurf der Handelsbeschränkungen oder der Behinderung des Freihandels ist falsch. Richtig ist, im Zuge des Freihandels und aller WTO-Regulierungen sicherzustellen, dass jedes Land seine Grenzen komplett öffnet, um seine Güter auch komplett in andere Märkte transportieren zu können.

Die Amerikaner leben seit 1950 permanent mit einem Handelsbilanzdefizit. Es ist ihnen also nicht unbekannt, dass sie mehr Waren importieren als eigene Waren exportieren. Das gilt insbesondere auch für den deutschamerikanischen Handel. Dazu gehört aber auch, dass die umfangreichen gegenseitigen Geschäftsbeziehungen inklusive Dienstleistungen einen relativ ausgeglichenen Markt ergeben, in dem Handelsbilanzdefizite auch sinnvoll finanziert werden können. Mithin:

Die Wortwahl des neuen Präidenten in dieser Sache war falsch oder zumindest nicht präzise. In der Sache bleibt es richtig: Die Schieflage in einigen Handelssektoren bedarf der sinnvollen Begradigung.

Die Finanzposition der USA ist nicht komfortabel, aber solide. Die Staatsschulden erreichen zurzeit rund 100 % des BIP. Die Amerikaner haben nicht mehr das beste Rating, aber Treasury Bonds sind weiterhin die wichtigste Grundlage als Währungsreserve für alle Länder, die in ihrem Handel Überschüsse erzeugen und diese anlegen müssen. Rund 50 % der amerikanischen Staatsschulden (Treasury Bonds) befinden sich deshalb im Ausland. Gelegentlich wird dies als gefährlich bezeichnet, weil die Amerikaner auf diese Weise rechtlich als Schuldner anzusehen sind und die anderen als Gläubiger. Umgekehrt ist es richtiger:

Weil es keine andere verlässliche Währung gibt, sind der Dollar und die Treasury Bonds die einzige Anlagemöglichkeit, die als sicher gilt. Mit größerem Abstand gefolgt vom Euro, der etwa 40 % der Dollar-Positionen in den Währungsreserven erreicht. Eine größere Neuverschuldung wird von der Politik nicht angestrebt. Ein zweites Bond-Programm wird es nicht geben. Aber nun wird es schwierig.

Die beschriebene Fed-Politik hat den Umfang sowohl des Kapitalmarktes als auch der Staatsschulden deutlich erweitert und mit den sehr niedrigen Zinsen versucht, die Wirtschaft zu stimulieren. Seit nunmehr drei Jahren versucht die US-Notenbank, die Marktverhältnisse zu normalisieren, indem der Zins für langfristiges Kapital den historischen Durchschnitt wieder anstrebt und sie sich mit den kurzen Zinsen dem anpassen kann. Das nennt man Zinswende, die es aber vorerst wohl nicht geben kann. Denn:

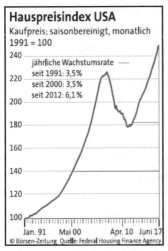

Was Billigzinsen bewirken, ist in den amerikanischen Häuserpreisen am sichtbarsten ablesbar. Die Amerikaner stecken also erneut in einer Immobilienblase, über deren Ende oder Überwindung nur spekuliert werden kann. Wie der Verlauf der letzten Krise mühsam absolviert wurde, rufen wir in Erinnerung. Fannie Mae und Freddy Mac sind die Schlüsselworte dazu. So liegt es auf der Hand, dass eine Drehung an der Zinsschraube ein äußerst problematisches Verfahren ergibt, dessen Folgen kaum genau zu beschreiben sind. Fest steht inzwischen auch: Ein größerer Teil des zitierten Fed-Geldes für Bondkäufe ist über die Banken genau in diesen Immobilienmarkt geflossen.

Der Automarkt zeigt ein weniger dramatisches Bild, aber einen ähnlichen Verlauf. Der amerikanische Autozyklus erreicht in der Regel seine Spitzenwerte bei etwa 17,5 bis 18 Mio. Stück pro Jahr. Eingerechnet ist der gesamte Pkw-Verkauf aller Marken. Auch hier haben die umfangreichen Billigkredite zu einer Ausdehnung dieses Zyklus um etwa zweieinhalb Jahre geführt und der Rückbau begann erst in einem Jahr. Der übliche Tiefstwert für den Pkw-Zyklus liegt in der Gegend zwischen 13 bis 14 Millionen Verkäufen pro Jahr. Begünstigt wurde dies ebenfalls durch die niedrigen Zinsen und eine besondere Erweiterung des durchschnittlichen Pkw-Bestandes pro Familie/Person auf 1.091 Pkw pro 1.000 Einwohner. Anders gerechnet: Jeder Amerikaner verfügt über mindestens 1,5 oder jedes Ehepaar über 3 Pkw.

Resultat daraus: Die Amerikaner lieben den Kredit. Eine Kontrolle dieser Kreditexpansion ist faktisch nicht möglich. Ob Häuser oder Autos oder die Kreditkarten in allen Varianten, der Kredit wird so lange in Anspruch genommen und erweitert, wie die typische Erwartung besteht, seinen Job zu behalten und demnächst mehr Geld zu verdienen. Klingt sehr einfach, entspricht aber dem typischen amerikanischen Optimismus.

Die Amerikaner befinden sich seit Jahren in einem teils direkten, teils indirekten Kreditrausch. Der ganz überwiegende Teil aller privaten Kredite entfällt natürlich auf Hypotheken. Doch die zweitgrößte Kreditgruppe stellen die Studenten, die immerhin 10,6 % des gesamten Kreditvolumens repräsentieren oder rund 1,3 Billionen Dollar. Es ist einer der schwerwiegendsten sozialen Streitpunkte bezüglich der weiteren Gestaltung der amerikanischen Bildungspolitik. Für Europa ein unbekanntes Feld, für die Amerikaner eine bekannte Sachlage, aber angesichts der Volumina zweifellos schon bei der nächsten Präsidentschaftswahl ein zentrales Thema.

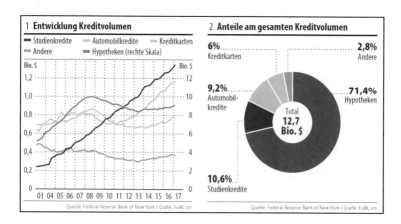

Der Aktienmarkt hat aus anderen Gründen inzwischen Grenzwerte erreicht. Zu den bereits zitierten Margin Debts führt der Weg direkt zur Aktienbewertung und damit zum zweiten kritischen Punkt.

Die kontinuierliche Entwicklung der Unternehmensgewinne und die ebenso kontinuierliche Entwicklung der Aktienkurse waren bis zum Wahltermin am 8. November 2016 einigermaßen im Gleichschritt. Von einer deutlichen Überbewertung war bis dahin keine Rede. Eine Avance um 25 % ist jedoch ein Schritt in die Zukunft, der nun mit den Gewinnen zu belegen ist. Das trifft die Frage der Gewinnschätzungen bis 2018/2019. Dafür gibt es erste Konsensschätzungen der Analysten, die man als ziemlich zuverlässig einordnen kann, wie Vergleiche der letzten Jahre erkennen lassen.

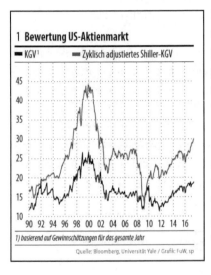

Die Amerikaner steuern zur Jahreswende 2017/2018 erneut in eine sehr komplexe Konfliktlage hinein, die niemand gewollt hat, aber die nun kunstvoll zu steuern sein wird. Dazu gilt als wichtigste Erkenntnis:

Die vieldiskutierte Politik niedriger Zinsen hat offensichtlich zu Fehlleitungen von Kapital geführt. Die Wichtigste betrifft die Frage, wohin das Geld der Fed geflossen ist und wie dies wirken wird, wenn irgendwann die angestrebte Normalisierung nicht zu umgehen ist. Wie die Fed zum einen und Regierungsinstitutionen zum anderen damit umgehen, wird die gesamte Präsidentschaft von Donald Trump letztlich prägen. Jedoch:

Die Amerikaner genügen sich selbst. Ob mit oder ohne Trump, rund 350 Millionen Amerikaner machen schlicht ihr eigenes Ding. Sie schauen jeden Tag mehr oder minder interessiert nach Washington und auf das, was der Präsident gerade zu verkünden hat, aber wirklich orientiert sich kein Amerikaner daran.

Die Kapitalmärkte haben die Eigenart, Erwartungen einzupreisen. Das ist der zuverlässigste Indikator, wie sich die amerikanische Wirtschaft weiter entwickeln wird.

18

La France d'abord!

Hans A. Bernecker

Der französische Staatspräsident Emmanuel Macron nutzte die wunderbare Vorlage seines amerikanischen Kollegen für die Einordnung seines Landes in das internationale Netz der wirtschaftlichen und politischen Kräfteverhältnisse. Die Bedeutung von „La France d'abord" greift im europäischen Verbund jedoch anders, als Donald Trump „America first" für die USA definiert hat.

Eine Neugestaltung der europäischen Union wird von keinem weitsichtigen Politiker bestritten. Lediglich die alte Garde à la Juncker hält noch an den ursprünglichen Zielen fest, die der Reform oder Korrektur bedürfen - keineswegs der Abschaffung, sondern der Anpassung an die geopolitischen und auch wirtschaftspolitischen Gegebenheiten.

Frankreich sieht sich seit eh und je als die politische Großmacht in Europa. Mindestens seit Ludwig XIV. mit sehr klar formulierten Absichten, wie der östliche Nachbar Deutschland aus französischer Sicht politisch einzusetzen ist: Entweder als Partner oder als Gegner bzw. als Instrument. Etliche Generationen früher versuchte schon König Franz I. den Griff nach der deutschen Kaiserkrone. Dies konnte Kaiser Maximilian mithilfe des Geldes von Jakob Fugger und seines Konsortiums für die Wahl seines Enkels als Karl V. verhindern. Für Frankreich ist seit jeher Deutschland als ein Konglomerat vieler Länder und kleiner Staaten eine sinnvolle Ergänzung, um die französische Dominanz in Europa zu sichern: Nur gelegentlich mit tatsächlichen Eroberungen, aber vor allem dominierend in der politischen Wirksamkeit. Springen wir ein paar Jahrhunderte weiter:

Die Konfliktlage zwischen Frankreich und Deutschland verschärfte sich ab der deutschen Reichsgründung am 18. Januar 1871 in Versailles mit der Ausrufung des deutschen Kaisers Wilhelm I. im dortigen Spiegelsaal. Ab diesem Datum waren weitsichtige Männer mit ökonomischen Kenntnissen in der Lage, abzuschätzen, wie sich die neue Rolle der europäischen Großmacht Deutschland künftig darstellt. In der Tat:

Frankreich und Großbritannien waren bis zum Beginn des 20. Jahrhunderts die dominierenden Industrienationen Europas. Großbritannien mit dem Hintergrund seines riesigen Empire und Frankreich mit einer durchaus überzeugenden technischen Leistung, sehr vielen wegweisenden Erfindungen und gleichfalls mit - wenn auch geringerer - Unterstützung seiner weniger bedeutsamen Kolonien. Doch schon 1905 erreichte Deutschland im Vergleich zu den beiden anderen Position 1 in der Industrieproduktion. Nur in der Berechnung des Bruttosozialprodukts lag Frankreich um etwa 3 Mrd. Goldfrancs vorn, wobei die britischen Vergleiche aufgrund der Einbeziehung der Empire-Daten nicht vergleichbar sind.

Diese ungeheure Dynamik des Deutschen Reichs war einer der wichtigsten Gründe für die französische Politik, mit der Entente Cordiale (Frankreich/Großbritannien) eine Art Zweckgemeinschaft zu etablieren. Diese sollte Deutschland bzw. die deutsche Industrie daran hindern, ihre Produkte weltweit zu verkaufen. Den Engländern fiel in diesem Zusammenhang der Begriff „Made in Germany" ein, mit dem sie deutsche Produkte in ihren Märkten negativ abzustempeln beabsichtigten, woraus bekanntlich das Gegenteil wurde.

Die Pariser Friedensverhandlungen nach dem Ersten Weltkrieg und dem Abschluss des Versailler Vertrags, der kein Vertrag, sondern ein Diktat wurde, offenbarten die sehr klar definierten Absichten der Franzosen, wie Deutschland künftig im Europa-Verbund einzuordnen sei. Die beiden wichtigsten Minister dafür waren Präsident Raymond Poincaré (zeitweise Ministerpräsident) und Georges Clemenceau. Ihre sowohl öffentlichen als auch privaten Aufzeichnungen belegen die Absichten im Detail, was hier nicht darzulegen ist. Belassen wir es bei den Absichten:

Für Frankreich ging es - wie auch jetzt - darum, die wirtschaftliche Überlegenheit der Deutschen zu akzeptieren, aber keineswegs deren politische Dominanz hinzunehmen. Springen wir schließlich drei bis vier Jahrzehnte weiter, um auf den Punkt zu kommen: Nach dem Zweiten Weltkrieg waren Jean Monnet und Robert Schumann die ersten französischen Politiker, die vernünftigerweise einsahen, dass nicht eine Gegnerschaft zu Deutschland weiterführt, sondern eine sinnvolle Kombination von Interessen, um aus damaliger Sicht zu überleben. Robert Schumann kreierte dafür die Montanunion, der der deutsche Bundeskanzler Konrad Adenauer bereitwillig zustimmte. Damit war zunächst sichergestellt, dass die Schwerindustrie mit ihrem damals wesentlich höheren Gewicht unter einer Art internationaler Kontrolle stand und somit beherrschbar wurde.

Die Verträge zu einer europäischen Wirtschaftsgemeinschaft waren die logische Folge unter gleichen Gesichtspunkten: Gemeinsamer Aufbau der Wirtschaft nebst Hilfe des Marshall-Plans, um gleichzeitig auch ein Gegengewicht zur politischen Wirksamkeit der Sowjetunion zu schaffen. Daraus wurde das erfolgreichste wirtschaftspolitische Programm der europäischen Geschichte mit der besonderen Konstruktion:

Jedes Land in der EWG war souverän und in seiner Politik selbstständig, dadurch dass möglichst alle wirtschaftspolitischen Interessen gebündelt oder in verschiedenen Verträgen gesondert eingeordnet wurden wie die Kernkraft, Teile der Rüstung und Sonstige, besonders jedoch die Agrarpolitik, die für Frankreich wichtigster Faktor einer ordentlichen Marktgestaltung der Agrarwirtschaft im Europa-Verbund war. Klare Linie dafür:

Mit der EWG, aus der später die EU-Behörde wurde, ist die Dominanz der Pariser Politik in Brüssel und Straßburg überzeugend und nachvollziehbar. Dann geschah, womit niemand wirklich gerechnet hatte: Knall auf Fall fiel am 9. November 1989 die Berliner Mauer. Damit stand Präsident Mitterrand vor der Problematik, dass ein derart vergrößertes Deutschland erneut zu einem wirtschaftlichen Übergewicht zu werden drohte und mithin die Deutschen aus Pariser Sicht hinreichend zu kontrollieren wären. Das Ergebnis ist der Euro bzw. die Euro-Zone. Damit sind wir bei Präsident Macron.

Die Europa-Pläne des Präsidenten klingen ebenso vollmundig wie keineswegs unrealistisch. Formulierungen dieser Art gibt es in der französischen Politik vielfach und durchaus überzeugend. Präsident de Gaulle lieferte dafür stets die besten Beispiele, aber mit hinreichenden Konsequenzen, die stets darauf abzielten, die politische Dominanz Frankreichs im Europa-Verbund eindeutig festzuschreiben.

Die jüngsten Ausführungen Präsident Macrons stellen in den Mittelpunkt, dass sich Frankreich, unabhängig vom Europa-Verbund, nachhaltig reformieren müsse. Dies vor allem, um Anschluss an Deutschland zu finden oder im Verbund mit anderen Nationen eine Art Gegengewicht zu Deutschland aufzubauen. Ist dies eine realistische Sicht?

Die französische Lebensart hat bereits Macrons Vorgänger Hollande deutlich formuliert. Das Lebensgefühl der Franzosen fußt grundsätzlich auf einer anderen Kultur und Lebensform bzw. einem anderen Gesellschaftsmodell, das sich eher mit den südlichen Nachbarn Italien und Spanien vergleichen lässt als mit dem des Nachbarn östlich des Rheins. Eine Änderung dieses Lebensgefühls ist jedoch für ein altes Kulturvolk wie Frankreich weder mit Paragraphen noch in kurzer Zeit zu ändern. Was historisch über rund 220 Jahre seit der Französischen Revolution entstanden ist, lässt sich nicht mit Mehrheiten im Parlament oder Einzelentscheidungen des Präsidenten so einschneidend verändern, dass es kurzfristig wirksam wird. Dazu gehört vor allem:

Frankreich ist zentral organisiert. Es gibt keine föderale Struktur als Bundesstaat wie etwa in Deutschland, sondern eine sehr geradlinige Orientierung vom Élysée-Palast direkt über sämtliche parlamentarischen Institutionen bis zum letzten Bürgermeister jedes kleinen Ortes. Die Organisation in Départements hat dabei ihre Vor- und Nachteile. Tatsächlich lassen sich Entscheidungen in Paris sehr schnell und gradlinig und konsequenterweise über das ganze Land als Direktive verabschieden. Ob diese jedoch befolgt werden, ist offen.

Der französische Staat behält sich seit eh und je vor, die Kontrolle der Wirtschaft direkt wahrzunehmen. Kein größeres Unternehmen kann sich dagegen wehren, entweder eine Quote des Staates an seinem Aktienkapital zu akzeptieren oder einen Sitz im Verwaltungsrat, wenn dies den politischen

Absichten der Regierung entspricht. Der Kauf eines größeren Unternehmens durch einen ausländischen Konzern ist entweder eine einmalige Ausnahme oder fast unmöglich. Emmanuel Macron machte es sogleich vor:

Unmittelbar nach seiner Wahl verkündete er anlässlich seines Besuchs in Berlin großzügig, dass gemeinsame europäische Investitionen unbedingt notwendig seien, um das europäische Investitionsklima insgesamt zu forcieren. Der deutsche Beifall war ihm gewiss. Doch schon sechs Wochen nach diesem Statement untersagte Macron persönlich den Kauf einer Werft durch einen italienischen Konzern der gleichen Branche. Die Werft produziert ausschließlich Schiffe für die Privatwirtschaft, besonders Kreuzfahrtschiffe. Für das Veto wurde weder eine politische noch eine wirtschaftliche Begründung geliefert, sondern nur zwei Worte: Nationales Interesse!

Der Versuch von Siemens, einen Teil des angeschlagenen Alstom-Konzerns zu übernehmen, endete im gleichen Fahrwasser. Es galt als schlicht unmöglich, dass ein deutscher Technikkonzern Zugriff auf französische Technik nehmen darf, da es offensichtlich dem französischen Interesse widersprach.

Seit 1960 gelang es nur zwei deutschen Konzernen, Beteiligungen an größeren französischen Firmen zu erwerben. Zum einen war dies der Mehrheitserwerb an einer Pharmaspezialität namens Roussel Uclaf durch die Farbwerke Hoechst und zum anderen der Mehrheitserwerb einer französischen Versicherung durch die Allianz mit der jeweiligen Auflage: Die Mehrheit des Kapitals durfte erworben werden, aber die Mehrheit der Stimmrechte im Verwaltungsrat blieb französisch. Ergebnis:

Auch künftig wird die Beteiligung an oder der Erwerb von französischen Firmen durch ausländische Konkurrenten die absolute Ausnahme bleiben. Im Zweifel erfolgt sie höchstens über eine Fusion unter Gleichen wie etwa im Fall Alcatel Lucent mit Nokia als rechtliche Gemeinschaftsform unter ebenfalls französischer Kontrolle. Warum?

Historisch vermutlich nicht ausdrücklich gewollt, aber nun einmal Fakt: Frankreich lebt mit einer hohen Staatsquote - im Vergleich zu allen Industrieländern der höchsten, gefolgt von Italien.

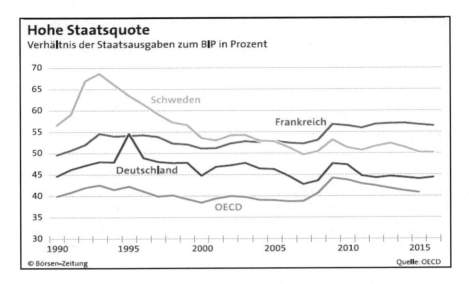

Die hohe Staatsquote Frankreichs bewirkt zum einen eine sehr direkte Kontrolle des Staates wie beschrieben, aber vor allem eine sehr hohe Abhängigkeit des Arbeitsmarktes mit einem noch höheren Anteil sogenannter Staatsdiener an der Gesamtzahl der Beschäftigten. Dazu gehören sowohl die direkten Staatsbetriebe als auch diejenigen, die mit hoher Staatsbeteiligung an der Börse dargestellt werden, es aber nicht sind. Für jeden nachvollziehbar:

Orange (ehemals France Télékom) ist das Pendant zur Deutschen Telekom und der größte Telekommunikations-Konzern Frankreichs, denn 75 % aller Verbindungen entfallen darauf. Alle Angestellten werden als Arbeitnehmer des privaten Marktes erfasst, sind aber de facto mit allen Privilegien ausgestattet, die Beamten bei Gehalt, sozialen Ergänzungen wie Urlaub und Prämien und schließlich bezüglich des Kündigungsschutzes zustehen. Damit ist eine deutliche Veränderung der Arbeitsbedingungen im Sinne der Rationalität so gut wie unmöglich. Beamte sind nicht zu entlassen.

Électricité de France ist der größte Kernenergie-Konzern der Welt und deckt seinerseits die Stromversorgung Frankreichs ebenfalls zu gut 75 bis 80 % ab. EdF befindet sich zu etwa 75 % in Staatsbesitz und seine Angestellten stehen in der gleichen Rechtslage wie bei Orange.

Die Liste dieser Fälle lässt sich beliebig fortschreiben. Die Schätzungen der Anteile an der Gesamtbeschäftigung der Franzosen ist deshalb umstritten, weil sowohl direkte als auch indirekte Beteiligungen nur mit etwas Mühe auseinander zu rechnen sind. Damit ist absehbar:

Die Bemühungen von Präsident Macron, den Arbeitsmarkt grundsätzlich zu reformieren, sind lobenswert und richtig. Sind sie auch durchführbar? Die Rolle der Gewerkschaften in Frankreich ist größer als in Deutschland. Die drei führenden Verbände ergeben zusammen eine Abdeckung von etwa 65 % aller Beschäftigten. Da sie teilweise konkurrieren, sind sie im Gegensatz zu Deutschland selten willens und in der Lage, einen gemeinsamen Konsens zu finden. Das erschwert es zweifellos jedem Präsidenten oder Institution, tragbare und dauerhafte Kompromisse zu finden. Die Folge: Die Produktivität der Wirtschaft ist nur sehr mühsam oder gar nicht zu verbessern ist.

Die Wettbewerbsfähigkeit der französischen Industrie verlor in den letzten 17 Jahren - seit der Einführung des Euro - etwa 5 Prozentpunkte, begleitet von Spanien und Italien in etwa den gleichen Größenordnungen. Im selben Zeitraum nahm die deutsche Wettbewerbsfähigkeit um mehr als 6 % zu. Wohl eine Folge oder ein begleitender Umstand:

Der Anteil der Industrieproduktion reduzierte sich in der gleichen Zeit von etwa 20 auf 13 % (letzte Schätzung), ebenfalls analog zu Italien und Spanien, während sich der deutsche Anteil auf noch immer 23 % stellt. Diese wenigen Zahlen verdeutlichen, wie weit Frankreich und die anderen Mittelmeerstaaten von ihrem früheren Standard verloren haben. Ist dies zu ändern?

Die verschlechterten Wettbewerbsverhältnisse und die sehr hohe Staatsquote im Arbeitsmarkt führen finanztechnisch zwangsweise dazu, dass ein höherer Anteil über den Staatshaushalt finanziert werden muss. Damit ist sichergestellt, dass die französische Wirtschaft nur so funktioniert, wie sie durch eine angemessene Neuverschuldung im Haushalt gedeckt wird. Das Maastricht-Kriterium von 3 % Neuverschuldung reicht dafür nicht aus. Daher ist nachvollziehbar, dass Paris auf einer Neuverschuldung von 4 oder gar 4,5 % bestehen muss, um Konflikte zu vermeiden.

Der Präsident erschreckte die Franzosen unmittelbar nach den Sommerferien mit der Behauptung, sie seien faul und frech bis zynisch, womit der Aufschrei der Nation vorprogrammiert war. Der wohl berühmteste Ausspruch Talleyrands zu diesem Thema lautete:

„Klug und fleißig - gibt's nicht;
klug und faul - bin ich selbst;
dumm und faul - für Repräsentationszwecke
noch ganz gut zu gebrauchen;
dumm und fleißig - davor behüte uns der Himmel!"

Tatsache ist jedoch, was schon das Statistikamt Insee (Institut national de la statistique et des études économiques) längst belegt hat: 57 % der Arbeitslosen in Frankreich bezeichneten sich in Stichproben als „freiwillig" arbeitslos, weil es für sie sicherer und einfacher ist, ohne Arbeit zu sein und dafür dennoch Geld zu bekommen als einen Job anzunehmen. Dazu dienen umfangreiche Modelle staatlicher Unterstützungen, die als Beispiel genannt werden:

Ein arbeitsloses Paar mit zwei Kindern unter 14 Jahren verfügt statistisch über ein monatliches Nettoeinkommen von 1.523 Euro. Dazu kommt dann jedoch noch eine Vielzahl verschiedener Sozialhilfen, die diese Summe um einiges erhöht. Mit dem Verdienst des staatlichen Mindestlohns kommt die entsprechende berufstätige Familie auf ein verfügbares Einkommen von 2.211 Euro ohne weitere Einkünfte.

Jeder arbeitslose Franzose hat Anspruch auf Sozialhilfe, Wohngeld, kostenlose Krankenversicherung sowie kostenlosen öffentlichen Transport, Niedrigtarife für Strom, Wasser und Telefon, vergünstigte Museumsbesuche, verbilligte Rundfunkgebühren, kostenloses Kantinenessen für die Kinder sowie Vergünstigungen zu Weihnachten und zu Beginn des Schuljahres.

Rund 7 Mio. Franzosen oder 11 % der Bevölkerung erhalten eine dieser Hilfen. Damit stieg der Bedarf des Staates für diese Ausgaben in den letzten Jahren seit der Finanzkrise um jährlich 6 % - oder von 17,3 auf 24,8 Mrd. Euro pro Jahr. Ergo:

Der Versuch des Präsidenten, diesen Wildwuchs zu überwinden, ist verständlich und richtig. Doch kein Präsident hat dies in den letzten 40 Jahren in den Griff bekommen.

Der Plan von Emmanuel Macron, eine neue Ordnung für Europa zu entwickeln, entspricht den gleichen Zielen, nämlich ausgeuferten Wildwuchs im Euro-Format auf neue realistische Grundlagen zu stellen. Dafür ist bereits absehbar:

Frankreich kann mit Deutschland wirtschaftlich nicht konkurrieren. Dieser Zug ist abgefahren und die Schere wird eher größer als kleiner. Doch Frankreich kann auf keinen Fall darauf verzichten, Deutschland in diese Pläne so einzubeziehen, dass es im Sinne der Franzosen allen Europäern hilft, aber den Franzosen am meisten. Das beste Vorbild ist der Agrar-Haushalt:

Über 15 Jahre wurde daran gebastelt, die französische Agrar-Industrie als einen der wichtigsten Träger der französischen Wirtschaft so zu finanzieren, dass sie ihre Rolle in Frankreich wahrnehmen kann, aber von allen anderen Europäern ebenso nachhaltig finanziert werden muss. Herausgekommen ist das bekannte Modell, worüber nur denkbar wenig berichtet wird:

Größter Nettoeinzahler in diesen Fonds ist Deutschland mit rund 8 Mrd. Euro pro Jahr, größter Nettoempfänger aus diesem Agrartopf ist Frankreich mit fast exakt dem gleichen Betrag.

Macrons jüngster europäischer Investitionsplan folgt den gleichen Ansätzen: Würde für ein solches Programm ein Umfang von z.B. 100 Mrd. Euro als Summe für alle pro Jahr festgelegt, so käme es darauf an, wie sich die Nettoposition jedes einzelnen Landes darstellt und wer daraus den größten Nutzen ziehen würde. Zum einen, wie es finanziert wird und zum anderen, was finanziert werden würde.

Da eine direkte Einzahlung jedes Landes in einen solchen Fonds politisch problematisch erscheint, ist der eleganteste Weg stets, einen Finanzfonds zu schaffen, der sich am Kapitalmarkt refinanziert, für den alle Euroländer wiederum als Bürgen zur Verfügung stehen. Aber natürlich würden die benötigten Finanzen dorthin fließen, wo sie am dringendsten gebraucht oder am sinnvollsten verwendet werden. Was ist dafür nötig?

Politischer Einfluss und diplomatische Geschicklichkeit! Damit sind wir wieder beim Anfang. Frankreich bemüht sich um die politische Führungsrolle in Europa, permanent und mit Erfolg. Kein Staat von Gewicht wird sich erlauben, gegen diese politische Dominanz öffentlich und nachhaltig Stellung zu nehmen.

Das außerordentliche Geschick der Franzosen in dieser Frage ist bewundernswert. Wofür das berühmteste Vorbild aller Diplomaten, Charles-Maurice de Talleyrand, schon vor über 200 Jahren die Grundlinie vorgab, an der sich alle weiterhin orientieren: „Was nützt es Frankreich?" - frei nach Ciceros berühmtem „Cui Bono" (Wem zum Vorteil?). Damit lässt sich zumindest gedanklich eine Brücke zwischen den Präsidenten Macron und Trump schlagen.

Gibt es aus französischer Sicht eine andere Alternative? Nein! Deutschland war für Frankreich stets ein Gegner oder Feind. Heute ist es weder Gegner noch Feind, sondern ein Partner, dessen Potenzial zu nutzen ist. Wenn beide einigermaßen höflich miteinander umgehen und sich gegenseitig unter bestimmten Bedingungen unterstützen und helfen, schafft das ein brauchbares politisches Muster für die Zukunft.

19

Go East - Hochprozentiges aus Osteuropa:

Osteuropa-Börsen mit Outperformancechancen

Andreas Männicke

Veilchen blühen im Verborgenen

„Veilchen blühen im Verborgenen", ist ein altbekanntes Sprichwort, das auch für die Aktienmärkte in Osteuropa zutrifft. Die zahlreichen Börsen aus Osteuropa bekamen in den letzten Jahren wenig Aufmerksamkeit in den Medien und somit auch nicht bei den Anlegern, da auch die wesentlich liquideren westlichen Aktienmärkte sehr gut abschnitten.

Dabei gelingt es einigen Börsen aus Osteuropa immer wieder, zu den am besten performenden Börsen der Welt zu zählen. Während 2016 noch die Moskauer Börse mit einer Performance von über 50 Prozent die Anleger erfreute, waren es in 2017 vor allem die zentralosteuropäischen Börsen aus Ungarn, Polen und Tschechien„ zusammengefasst im CECE-Index, die die Anleger überzeugten. So konnte der CECE-Index, ein Kunstprodukt der Wiener Börse, mit einem Plus von fast 30 Prozent sowohl den DAX als auch den Dow Jones Industrial Index (DJI) klar outperformen.

Aber auch die baltischen Börsen aus Estland, Litauen und Lettland erreichten in den letzten 5 Jahren weit überdurchschnittliche Performance-

Top-Performer in 2017 unter den Weltbörsen

Börse/Land	Index	Indexstand	Performance in %
Venezuela	IBC	709	+2137
Mongolei	MSE Top 20	20.973	+68,4
Argentinien	Merval	27.978	+65,4
Jamaika JSE		290.493	+51,1
Kasachstan	KTX	403,5	+48,0
Türkei	ISE 100	114.359	+46,4
Lettland	OMX Riga	1025	+39,6
Nigeria	NSE	36.931	+37,4
Chile	IPSA	5528	+33,1
Hongkong	Hang Seng	28.948	+31,6
Österreich	ATX	3396	+29,5
Polen	WIG20	2515	+29,1
Vietnam	VSI	850	+27,8
Indien	Sensex	33.636	+26,3
Südkorea	KOSPI	2545	+25,6
Ungarn	BUX	40.116	+25,3
Philippinen	PSEi	8522	+24,6
Brasilien Bovespa		74,311	+23,4
Norwegen	OBX	748	+21,1
Japan	Nikkei 225	22.938	+20,0
Italien	FTSE MIB	23.003	+19,6
Südafrika	JSE	60.535	+19,5
USA	DJI	25,48	+19,2
Litauen	OMX Vilnius	6662	+18,6
Griechenland	ASE	762	+18,4
Singapore	Strais Times	3408	+18,3
Estland	OMX Tallinn	1227	+14,1

Quelle: EAST STOCK TRENDS 11/17 (bis 10.11.17)

ergebnisse und stiegen von einem Hoch zum nächsten. Unter den südosteuropäischen Balkan-Ländern sind Bulgarien und Rumänien sehr interessant, wobei die Börsen aus Sofia und Bukarest auch in 2017 (bis Ende 2016) jeweils um über 10 Prozent zulegen konnten.

Fünf Osteuropa-Börsen als Outperformer in 2017

Fünf Börsen aus Osteuropa befanden sich bis November 2017 unter den 30 am besten performenden Börsen der Welt. Am besten performte in 2017 die Börse Almaty (+ 48 % beim KTX-Index), gefolgt von Riga (+ 39,6 %), Warschau (+ 29,1 % beim WIG20, PTX aber + 32 %), Budapest (+ 25,3 %), Vilnius ((+ 18,6 %), Tallinn (+ 14,1 %), Sofia (+ 11,1 %, BTX + 86 % in Euro!), Bukarest (+ 10 %), zusätzlich die Mongolei (+ 68,4 %), Türkei (+ 46,1 %) und Österreich (+ 29,5 %), wobei viele Aktiengesellschaften aus Österreich vor allem in Osteuropa ihre Geschäfte machen wie die Banken Raiffeisen Centro Bank, Raiffeisen International und die Erste Bank.

Österreich mit Osteuropa-Fantasie

Auch hat die Wiener Börse selbst eine Reihe von Indizes kreiert, wodurch der Privatanleger Zugang zu den Aktienmärkten hat wie in Bulgarien und Rumänien, obwohl keine Aktiengesellschaften des Landes an Auslandsbörsen notieren. Die Wiener Börse versteht sich auch als zentrales Verbindungsglied zu vielen Kapitalmärkten aus Osteuropa. Auch in 2018 stehen die Chancen gut, dass einige der Osteuropa-Börsen die etablierten westlichen Aktienmärkte outperformen werden.

Zweigeteiltes Osteuropa

Die Region Osteuropa kann man grob zweiteilen. Da sind zum einem die mit Europa sehr verbundenen zentralosteuropäischen Börsen mit gut entwickelten Kapitalmärkten, die südosteuropäischen Börsen, die noch viel Entwicklungspotenzial haben und die baltischen Börsen. Zum anderen gibt es die osteuropäischen Börsen aus den ehemaligen Sowjetrepubliken (jetzt GUS-Republiken), die in der Regel sehr rohstofflastig sind wie vor allem Russland und Kasachstan.

Die Ukraine nimmt jetzt aus mancher Hinsicht einen Sonderstatus ein, der sogar nach wie vor militärisch umkämpft wird. Der westliche Teil der Ukraine fühlt sich mit Westeuropa verbunden, der östliche Teil der Ukraine aber mehr mit Russland, wobei der Ost-Ukraine-Konflikt nach wie vor nicht gelöst ist.

Warum (auch) in Osteuropa anlegen?

Wenn man die Frage beantworten will, warum Anleger auch die Aktienmärkte in Osteuropa in die engere Wahl nehmen sollten, gibt es gemäß der obigen Zweiteilung auch zwei unterschiedliche Schwerpunkte bei den Antworten. Für die zentral- und südosteuropäischen Volkswirtschaften und Aktienmärkte trifft der Grundsatz zu: Wenn es Westeuropa gut geht - und hier insbesondere Deutschland als volkswirtschaftlicher Konjunktur-Lokomotive -, dann geht es Osteuropa noch besser! Die rohstofflastigen osteuropäischen Länder wie Russland und Kasachstan profitieren hingegen insbesondere von steigenden Rohstoffpreisen und hier wiederum besonders von steigenden Öl- und Gaspreisen.

So haben die zentralosteuropäischen Wirtschaften in der Regel wesentlich höhere Wachstumszahlen beim Bruttosozialprodukt (BSP) als die westeuropäischen Länder und das bei wesentlich geringerer Staatsverschuldung und wesentlich geringeren Haushaltsbilanzdefiziten. Das höchste BSP-Wachstum wies in 2017 Rumänen auf mit einem Plus von 5,7 %, gefolgt von Slowenien mit 4,7 % und Estland mit 4,4 %. Aber auch Polen, Ungarn Tschechien und die Slowakei überzeugten mit einem Plus von jeweils über 3 % BSP-Wachstum ebenso wie die baltischen Länder. Deutschland als westeuropäische Konjunktur-Lokomotive brachte es „nur" auf ein Plus von 2,2 % beim BSP-Wachstum in 2017.

BSP Wachstumszahlen in Osteuropa

Land	BSP-Wachstum in% zum Vorjahr			
	2015	2016	2017	2018
Rumänien	4,0	4,6	5,7	4,4
Slowenien	2,3	3,1	4,7	4,0
Estland	1,7	2,1	4,4	3,2
Polen	3,8	2,9	4,2	3,8
Bulgarien	3,6	3,9	3,9	3,8
Litauen	2,0	2,3	3,8	2,9
Ungarn	3,4	2,2	3,7	3,6
Tschechien	5,3	3,0	3,5	2,9
Lettland	2,8	2,2	4,2	3,5
Slowakei	3,9	3,3	3,3	3,8
Kroatien	2,2	3,0	3,2	2,8
Österreich	1,1	1,5	2,6	2,4
Deutschland	1,7	1,9	2,2	2,1

Staatsverschuldung in % des BSP in Osteuropa				
Land	2015	2016	2017	2018
Estland	10,0	9,4	9,2	9,1
Bulgarien	26,0	29,0	25,7	24,3
Tschechien	40,0	36,8	34,6	33,3
Rumänien	37,9	37,6	37,9	39,1
Lettland	36,9	40,6	39,1	35,6
Litauen	42,6	40,1	41,5	37,9
Slowakei	52,3	51,8	50,6	9,9
Polen	51,1	54,1	53,2	53,0
Ungarn	74,7	73,9	72,6	71,5
Slowenien	82,6	78,7	76,4	74,1
Kroatien	85,4	82,9	80,3	77,4
Österreich	84,3	83,6	78,6	76,2
Deutschland	70,9	68,1	64,8	61,2
Frankreich	95	96	97	97
Italien	131	132	132	131
Griechenland	177	181	180	178

Haushaltsbilanzdefizit in % des BSP in Osteuropa				
Land	2015	2016	2017	2018
Tschechien	-0,6	+0,7	+1,2	+,08
Litauen	-0,2	+0,3	+0,1	+0,2
Bulgarien	-1,6	0,0	0,0	0,0
Estland	+0,1	-0,3	-0,2	-0,4
Slowenien	-2,9	-1,9	-0,8	0,0
Kroatien	-3,3	-0,9	-0,9	-0,9
Lettland	-1,2	0,0	-0,9	-1,0
Slowakei	-2,7	-2,2	-1,6	-1,0
Polen	-2,6	-2,5	-1,7	-1,7
Ungarn	-2,0	-1,9	-2,1	-2,6
Rumänien	-0,8	-3,0	-3,0	-3,9
Österreich		-1,0	-1,6	-1,0	-0,9
Deutschland		+0,6	+0,8	+,9	+1,0

Quellen: Eurostat/EU-Kommission ESI GmbH

Die zentral-osteuropäischen Länder profitieren aber auch mittelbar von der expansiven Geldpolitik der europäischen Zentralbank, denn auch die zentral-osteuropäischen Länder weisen jetzt die historisch niedrigsten Zinssätze auf. Inflation ist auch in Zentral-Osteuropa kein Thema bei 1 bis 2 % Inflationsrate. Somit können sich sowohl der Staat als auch die Unternehmen sehr günstig refinanzieren. Durch die hohen Wachstumsraten gibt es auch hohe Unternehmensgewinne und niedrige Bewertungen, was die zentralosteuropäischen Börsen nach wie vor attraktiv macht.

Die zentral-osteuropäischen sind mehrheitlich auch eines der wenigen Länder in Europa, die die Maastricht-Stabilitäts-Kriterien (= maximal 3 % Haushaltsbilanzdefizit und maximal 60 Prozent bei der Staatsverschuldung zum BSP) dauerhaft erreichten - im Gegensatz zu Deutschland und Frankreich, ganz zu schweigen von den hochverschuldeten südeuropäischen Ländern wie Italien und Griechenland. Sie bringen daher auch mehr Stabilität nach Europa, auch wenn sie sich bei der Flüchtlingswelle ganz bewusst abschotten und dicht machen. Relativ zu hoch verschuldet sind in Osteuropa nur die Länder Ungarn, Slowenien und Kroatien, was auch noch Folgeschäden der Bankenschieflagen in 2008/9 waren.

Osteuropa: „Musterknaben" in der EU

Alle anderen zentral- und südosteuropäischen Länder erfüllen aber die Maastricht-Kriterien, die sogar Deutschland mit einer Staatsverschuldung von über 60 Prozent zum BSP in den letzten Jahren dauerhaft verletzt. Einige Musterländer aus Osteuropa wie Tschechien und Litauen wiesen in 2017 sogar ebenso wie Deutschland einen leichten Haushaltsbilanzüberschuss aus und Länder wie Bulgarien und Estland schafften einen ausgeglichen Haushalt, so wie es eigentlich überall sein sollte.

Insofern sind viele Länder aus Osteuropa, die neu der EU beigetreten sind, wahre „Musterknaben", was die Maastricht-Stabilitätskriterien angeht Dies findet in den westlichen Medien viel zu wenig Beachtung. Dagegen bleibt Griechenland mit einer Staatsverschuldung von etwa 180 Prozent nach wie vor zu hoch verschuldet und hier kann langfristig nur ein Schuldenschnitt helfen, auch wenn Griechenland 2017 einen positiven Primärsaldo und ein BSP-Wachstum von 1,6 Prozent aufweisen konnte. Zu hoch verschuldet sind aber auch Länder wie Frankreich mit einer Staatsverschuldung in Höhe von 97 % zum BSP, Belgien mit 102 Prozent zum BSP und vor allem Italien mit 132 Prozent zum BSP.

Janusköpfigkeit hilft

Insofern verwunderte es nicht, dass die mittel- und südosteuropäischen Länder in einem solchen stabilen Umfeld positiv gedeihen konnten. Hinzu kommen in der Regel günstigere Besteuerungen und auch die Janusköpfigkeit der Unternehmenspolitik, die es erlaubt, sowohl nach Westen als auch nach Osteuropa zu schauen. So hat nicht nur der Außenhandel mit Westeuropa zugenommen, sondern auch der Außenhandel unter den osteuropäischen Ländern untereinander.

Ein gutes Beispiel dafür sind die Pharmawerte (Generikahersteller) aus Ungarn (Gedeon Richter, Egis), Polen und Lettland (Olainfarm, Grindeks), die ihre Absatzmärkte nach West- und Osteuropa ausweiten konnten, wobei vor allem Polen und Russland wichtige Absatzmärkte bleiben. Hier funktionieren auch noch alte Seilschaften aus den Zeiten des Warschauer Paktes. Attraktive Länder bleiben weiterhin Ungarn, Polen, Tschechien und Rumänien auch für Anleger, wobei hier die Warschauer Börse immer noch die besten Handelsmöglichkeiten bietet. Wer Ungarn, Polen und Tschechien im Paket im Boot haben will, wählt eines der zahlreichen CECE-Index-Zertifikate oder einen ETF auf den CECE-Index wie den LYXOR UCITS ETF Eastern Europe (CECE NTR EUR) mit der WKN A0F6BV, der in 2017 fast um 30 Prozent zulegen und damit den DAX klar outperformen konnte (siehe Chart):

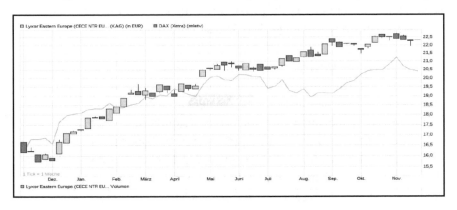

Budapester Börse: Paprika ins Depot

So war auch einer der am besten performenden Aktienmärkte der Welt die Budapester Börse mit einer Kursverdopplung der Aktien im Durchschnitt. Dabei blieb der ungarische Forint zum Euro relativ stabil in der Range 302 bis 314 EUR/HUF.

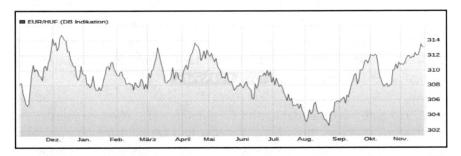

Daran konnte auch der recht eigenwillige und sehr nationalistisch geprägte Regierungsstil des in der EU nicht nur wegen der Flüchtlingsproblematik sehr umstrittenen Premiers Viktor Orbán nichts ändern, der gute Beziehungen zum russischen Präsidenten Putin pflegt. So soll Russland in Ungarn auch ein neues Atomkraftwerk für 10 Mrd. Euro bauen. Die Konjunkturdaten sind in Ungarn aber sehr positiv. Allerdings ist hier die Auswahl

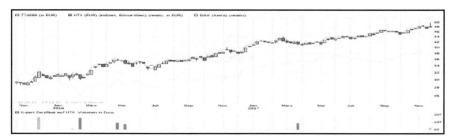

an einigermaßen liquiden Titeln, die auch an deutschen Börsen im Freiverkehr notieren, relativ begrenzt und beschränkt sich auf das Ölunternehmen MOL, die Bank OTP Bank, die T-Aktie Magyar Telekom sowie die Generikahersteller Gedeon Richter und Egis. Privatanleger können aber auch ein Indexzertifikat auf den ungarischen HTX-Index - ein Kunstprodukt der Wiener Börse für ungarische Bluechips - mit der WKN 774899 wählen. Das HTX-Zertifikat ist in den letzten 3 Jahren um 140 Prozent gestiegen, der DAX hingegen nur um 36 Prozent bis Ende November 2017. Die Budapester Börse ist die einzige Börse aus Osteuropa, die seit 2015 kontinuierlich gestiegen ist, ganz im Gegensatz zur Prager und Warschauer Börse, die in 2015/16 temporär stark nachgaben.

Prager Börse: Unterstützung durch die Tschechische Notenbank

Die Prager Börse konnte im letzten Jahr in Euro besser performen als in der Landeswährung CZK, weil die Tschechische Notenbank die Tschechische Krone freigab, wodurch der Euro zur Tschechischen Krone von 27 auf

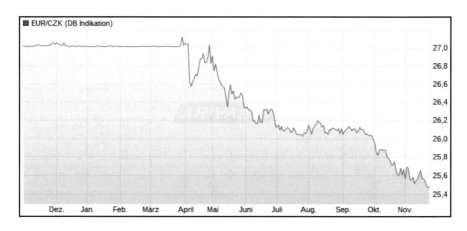

25,4 Euro nachgab. Damit wurden tschechische Aktien um etwa 6 Prozent für deutsche Anleger wertvoller, obwohl der Euro wiederum zum US-Dollar um über 11 Prozent anstieg. Für angelsächsische Investoren entstanden dadurch enorm hohe Währungsgewinne, aber auch für deutsche Anleger.

Ähnlich wie bei der Budapester Börse ist die Auswahl an halbwegs liquiden Aktien an der Prager Börse sehr begrenzt. Auch hier kamen weitere Privatisierungen nicht so recht voran. Es gibt kaum IPOs an der Prager Börse. Die Marktschwergewichte der Prager Börse sind immer noch der Versorger CEZ, die Banken Erste Group, der Versicherer VIG und das Telekomunternehmen O2. Einer der Outperformer war in 2017 aber auch der Petrochemiewert Unipetrol mit einer Kursverdoppelung. Ein interessanter Dividendentitel ist aber auch der Windelhersteller Pegas Nonwovens. Auch hier hat der Anleger die Möglichkeit, über ein CTX-Zertifikat mit der WKN 774911 den Gesamtmarkt abzubilden, wobei hier dann wieder die Bluechips der Prager Börsen enthalten sind (siehe Chart CTX-Index, 3 Jahre).

Warschauer Börse: Outperformer in 2017

Die Warschauer Börse ist die größte und liquideste Börse in Zentralosteuropa und nach der Moskauer auch die zweitgrößte und zweitliquideste in ganz Osteuropa. Zudem gibt es hier auch das sehr interessante Marktsegment NewConnect für Wachstumsaktien und für Small Caps. Anders als in

Budapest und Prag gibt es in Warschau eine große Auswahl von relativ liquiden Aktien. Da der Markt sehr gut reguliert ist, notieren auch Aktien aus dem Ausland, vor allem aus der Ukraine, aus Ungarn und aus Tschechien an der Warschauer Börse, einige auch mit einem Doppel-Listing. Einige polnische Aktien sind aber auch an der Londoner Börse als GDR handelbar und an deutschen Börsen, so wie die Bluechips PKN Orlen (Öl), der Kupfer- und Silberproduzent KGHM, die Banken PKO SA und Pekao SA, die Versicherung PZU, die T-Aktie Orange Polska und der Versorger PGNiG Group.

Der polnische Zloty pendelt schon seit Jahren relativ stabil zwischen 4 und 4,60 EUR/PLN. In 2017 gab der Euro zum Zloty sogar leicht um 6 Prozent von 4,5 auf 4,2 EUR/PLN nach, sodass leichte Währungsgewinne für deutsche Anleger entstanden.

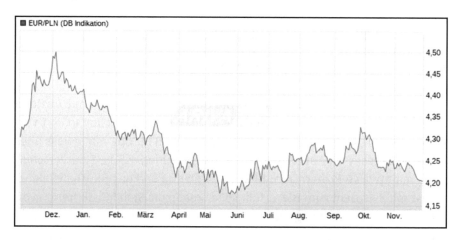

Maßgeblich als Benchmark ist der WIG-Index oder WIG 20-Index mit den 20 marktschwersten und liquidesten polnischen Aktien. Privatanleger können entweder auf einen ETF auf den WIG 20-Index setzen wie den LYXOR ETF WIG 20 in PLN (WKN LYX0LF), den es auch in US-Dollar gibt und der mit einem Plus von 50 Prozent zu den am besten performenden ETFs der Welt in 2017 zählte, oder ein Index-Zertifikat auf den PTX-Index (WKN 774898), das in Zloty, Euro und in US-Dollar handelbar ist. In Zloty stieg er immer um etwa 30 Prozent in 2017, in 3 Jahren aber nur um 8 Prozent (bis Ende November 2017). Möglich ist aber auch der Erwerb von Index-Zertifikaten auf den PTX-Index, ein weiteres Kunstprodukt der Wiener Börse, mit der WKN 774898.

Dee PTX-Index stieg bis Ende November 2017 um 29 Prozent in Zloty, um 35 Prozent in € und 52 Prozent in USD. Insofern konnte der PTX-Index in 2017 den DAX klar outperformen (siehe Chart).

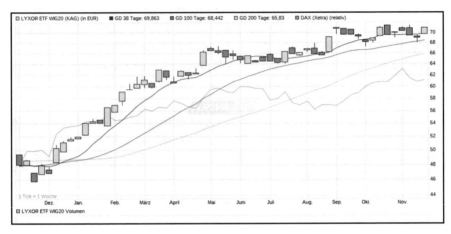

Bukarest: Top-Börse aus Südosteuropa

Unter den Balkan-Ländern ist die Bukarester Börse die mit Abstand größte und liquideste. Rumänien hatte in 2017 und auch schon in den Vorjahren seit 2015 mit das höchste BSP-Wachstum in Europa mit jeweils über 4 Prozent. Dieses wird auch für 2018 erwartet. Zudem ist die Staatsverschuldung mit etwa 40 Prozent zum BSP relativ niedrig und das Haushaltsbilanzdefizit mit 3 Prozent zum BSP erfüllt sogar knapp die Stabilitätskriterien von Maastricht. Vor allem angelsächsische Investoren sind an der Börse Buka-

rest schon lange sehr aktiv. Da aber keine rumänische Gesellschaft als ADR/GDR an Auslandbörsen notiert, kann der Anleger nur über ein Zertifikat auf den ROTX-Index am Wachstum von rumänischen Aktien partizipieren. Eines der ROTX-Zertifikate von der Raiffeisen Centro Bank hat die WKN RCB0DS, ein anderes von der HypoVereinsbank die WKN HV2AXX. Seit 2015 verdoppelte sich der Kurs in Euro bereits und in 2017 stieg er um etwa 10 Prozent.

Moskauer Börse bleibt attraktiv, aber auch ein Politikum

Die größte und liquideste Börse in Osteuropa ist die Moskauer Börse. Da die russischen Indizes als marktschwere Titel vor allem Rohstoffaktien dominieren, ist die Entwicklung der Rohstoffe - und hier wiederum des Öl- und Gaspreises - von besonderer Bedeutung für den russischen Aktienmarkt. Seit der Annexion der Krim bzw. aus russischer Sicht der Eingliederung der Krim im Jahr 2014 und dem Konflikt in der Ost-Ukraine dominiert neben den Rohstoffpreisen die Sanktionspolitik der USA und der EU die Moskauer Börse, die das Investmentklima erheblich belastet.

Hoher politischer Discount in Moskau

Der politische Discount war in Russland schon immer sehr hoch, ist nun aber besonders ausgeprägt. Daran hat sich auch nach der Wahl von Donald Trump wenig geändert, obwohl sich gerade Russland große Hoffnungen auf eine neue Ära der Entspannungspolitik nach der Wahl von Trump gemacht hat. Da russische Hacker aber durch den Datenklau von E-Mails bei Hillary Clinton die US-Wahl angeblich beeinflusst haben sollen und auch das Wahlkampfteam von Trump vor und während des Wahlkampfes intensive Kontakte zu russischen Politikern und Machthabern gehabt haben soll, machte auch Trump wegen der noch laufenden Untersuchungen des FBI bezüglich Russland eine 180-Grad-Drehung, sodass von der erhofften Entspannung nichts übrig blieb. Im Gegenteil: In dem ersten Jahr unter Trump wurden sogar die Sanktionen der USA gehen Russland verschärft und der „Kalte Krieg" auf verschiedenen Ebenen fortgesetzt.

So blieben die Konfliktherde in Syrien und in der Ost-Ukraine ungelöst und es kam nicht zu dem von Russland erhofften „Deal" mit Trump. In 2018 drohen mit Nord-Korea und dem Iran weiter Konfliktherde, wo sich dann Russland und China wiederum konträr gegenüberstehen. Die Sanktionen der USA und der EU haben auch Einfluss auf den Rubel, der stark hin und her schwankt und 2015 sogar um 50 Prozent an Wert verlor.

Dies hat aber zum Vorteil, dass nun viele russische Produkte wieder wettbewerbsfähig wurden und Russland den Export wieder erhöhen konnte. Zudem stiegen in 2017 auch die Industriemetalle um etwa 20 Prozent und seit September 2017 auch die Öl-/Gaspreise trotz der stark erhöhten US-Ölproduktion an, sodass die Moskauer Börse von der Seite eine Unterstützung erfuhr. Politische Ereignisse werden auch in 2018 die Anleger in Atem halten, denn es droht eine starke Konfrontation mit Nord-Korea und dem Iran. Zudem ist der Ost-Ukraine-Konflikt noch nicht gelöst.

Der Rubel rollt wieder

Rein wirtschaftlich geht es in Russland aber wieder bergauf. Zumindest ist die Krise aus den Jahren 2014/15 überstanden. In 2017 betrug das BSP-Wachstum schon fast 2 Prozent und die gleiche Höhe soll es auch in 2018 haben, solange der Ölpreis über 50 USD/Barrel bleibt. Russland hat mit 12 Prozent zum BSP mit die geringste Staatsverschuldung der Welt und immer noch Währungsreserven von über 420 Mrd. US-Dollar. Der Zinssatz der Notenbanken war im Hoch auf 17 Prozent während der Rubelkrise und ist nun auf 8 Prozent gesunken. Dennoch sind die Firmenkredite mit über 10 Prozent immer noch recht hoch, was belastet, aber die Leitzinsen der Notenbank sollen in 2018 auf 6 bis 7 Prozent gesenkt werden. Die Kapitalflucht hat von über 100 auf 20 Mrd. USD stark abgenommen. Zudem hat Russland mit 3 Prozent die niedrigste Inflationsrate seit Bestehen der russischen Föderation.

Im März 2018 findet die Präsidentschaftswahl statt, wo wohl Putin wieder gewählt wird, der immer noch starken Rückhalt in der Bevölkerung hat. Dann findet im Sommer 2018 die Fußballweltmeisterschaft in Russland statt, wodurch viele Medien wieder mehr auf Russland blicken werden.

Währungsrisiken beachten

Wer in Russland investiert, muss die nicht unerheblichen Währungsschwankungen beim Rubel berücksichtigen, die die Performance positiv und negativ beeinflussen können. So war der Rubel nach dem Rubel-Crash in 2014/15 im Folgejahr, also 2016, mit die stärkste Währung der Welt. In 2017 war der Rubel zwar stabil zum US-Dollar, aber in Euro entstanden durch den starken Euro Währungsverluste von über 10 Prozent. Der Rubel weist wiederum eine starke positive Korrelation zum Ölpreis auf: Bricht der Ölpreis wieder ein, wird auch der Rubel deutlich schwächer - und umgekehrt. Seit Anfang 2009 stieg der Euro zum Rubel schon um 100 Prozent von 35 auf 70 EUR/RUB, wobei das Hoch Ende 2014 und Ende 2016 schon bei 90 EUR/RUB lag. Dieser Wertverlust des Rubel ist aber positiv für die Wettbewerbsfähigkeit der russischen Produkte im Export.

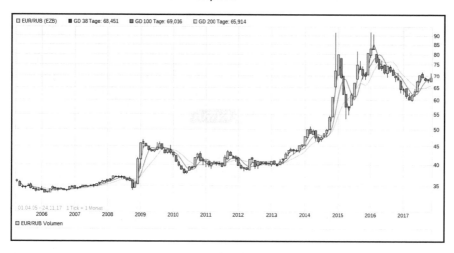

Öl-/Gasabhängigkeit immer noch groß

Die russische Wirtschaft ist immer noch nicht hinreichend diversifiziert und auch nicht hinreichend modernisiert. Auch mangelt es an Strukturreformen. Die russische Wirtschaft ist immer noch zu sehr von den Einnahmen im Öl-/Gassektor abhängig. Der russische Haushalt ist auch zur Hälfte von den Öl-/Gaseinnahmen abhängig, einerseits durch die Ölexportabgaben, die mit den Ölpreis schwanken, anderseits durch die zu versteuernden

Unternehmensgewinne der Öl-/Gasunternehmen, die aber auch die russischen Indizes dominieren. Bricht der Ölpreis ein, gibt es eine Haushaltskrise. Bisher konnten zwei zuvor aus Öleinnahmen gut gefüllte Reservefonds zur Bewältigung der Haushalts- und Rubelkrise gut beitragen, sodass es zu keinem Zahlungsausfall bei russischen Anleihen wie im Krisenjahr 1998 und während der Krise 2014 kam. Jetzt sind die Reservefonds aber allmählich aufgebraucht. In 2018 sollen die Privatisierungen wieder zu mehr Einnahmen führen und die Staatskasse wieder füllen. So soll das Haushaltsbilanzdefizit nur 1 Prozent des BSP betragen. Der Brentölpreis schwankte in 2017 sehr stark erst von 55 auf 44 USD um 20 Prozent, um dann wieder auf ein neues Jahres-Hoch von 65 US-Dollar/Barrel anzusteigen.

Ex-Bundeskanzler Gerhard Schröder plädiert für mehr Vertrauen

Die Kreml-nahen Staatskonzerne wie Gazprom und Rosneft, aber auch die VTB Bank, leiden nach wie vor sehr unter den US- und EU-Sanktionen. Die USA wollen jetzt sogar den Bau des zweiten Strangs der geplanten Nordischen Pipeline von Gazprom verhindern und auch die westlichen Unternehmen bestrafen, die sich an dem Bau beteiligen. Auch die EU will vor allem durch das Veto von Polen Gazprom einige Steine in den Weg legen. Der deutsche Ex-Bundeskanzler Gerhard Schröder wurde 2017 Aufsichtsratsvorsitzender bei Rosneft, nachdem er zuvor schon Aufsichtsratsvorsitzender der Nordischen Pipeline und damit mittelbar im Dienst von Gazprom war und ist. Schröder plädiert für mehr Vertrauen zwischen Deutschland und Russland.

Schröder will die strategische Partnerschaft zwischen Deutschland und Russland wieder auf eine solide und vertrauensvolle Basis bringen, wovon beide Länder profitieren würden. Gazprom und Rosneft bleiben aber auch wegen der Sanktionen ein Politikum. Besser sind daher die privaten Ölgesellschaften Lukoil und Tatneft bzw. auch die Gazprom-Tochter Gazpromneft sowie im Gassektor Novatek, die vor allem im Flüssiggasbereich im Fernen Osten expandieren will.

Die neue China-Connection macht Hoffnung

Nachdem es mit Europa viele politische Probleme gab und gibt, wendet sich Russland immer mehr Asien - und hier wiederum China - zu, wobei die Seidenstraße-Projekte ein gutes Symbol der intensiveren Zusammenarbeit sind. So soll eine Hochgeschwindigkeitsbahn von Kazan bis nach Moskau gebaut werden. Die Seidenstraße-Projekte, die Infrastruktur-Projekte wie neue Bahnhöfe, Häfen, Straßen und Flughäfen umfassen, sind wiederum den USA ein Dorn im Auge. Gespannt sein darf man, wie sich die USA unter Trump in 2018 zu Russland verhalten, wobei die „Kremlingate", also die Untersuchungen des FBI wegen der Russlandkontakte des Wahlkampfteams, das Verhältnis weiter belasten könnten.

Es locken niedrige Bewertungen und hohe Dividendenrenditen

Wenn die Rohstoffpreise und vor allem die Öl/Gaspreise weiter steigen, sollten vor allem Rohstoffaktien gutes Erholungspotenzial haben. Aber auch IT-Aktien wie Yandex - das Google von Russland - und mail.ru sowie Konsumaktien wie X5 Retail Group, die schon 2017 outperformen konnten, können weiter gekauft werden, wenn der Konsum in Russland wieder anspringt, was auch eine wichtige Säule des BSP ist. Attraktiv ist die Moskauer Börse nicht nur wegen der niedrigen Bewertung (Durchschnitts-Kurs-/Gewinn-Verhältnis von 6 bis 7), sondern auch wegen der überdurchschnittlich hohen Dividendenrendite von 5 Prozent im Durchschnitt. Auch Rubel-Anleihen sind wegen der hohen Renditen von über 8 Prozent weiterhin attraktiv.

Viele „Dividendenperlen" an der Moskauer Börse,...

In Russland gibt eine ganze Reihe interessanter „Dividendenperlen" im Rohstoffsektor, aber auch im Telekom-, Chemie-, Immobilien-, Logistik- und im Transportsektor. So sollen alle staatlichen Aktiengesellschaften mindestens 50 Prozent des Nettogewinns als Dividende ausschütten. Gazprom und Rosneft wurden wegen aufwendiger Investitionen bisher davon ausgenommen. Wenn aber die Sondergenehmigung wegfällt, könnte die Dividendenrendite bei Gazprom über 10 Prozent (jetzt 6 Prozent) betragen. Aeroflot zahlte in 2017 50 Prozent der Nettogewinne aus, womit die Dividendenrendite auf über 10 Prozent anstieg. In 2014/15 wurde aber keine Dividende wegen der Krise gezahlt. Überhaupt schwanken die Dividenden sehr stark. So verminderte Surgutneftegas die Dividende um 90 Prozent, obwohl sie 30 Mrd. USD an Cash vor sich herschieben. Zudem bleibt abzüglich der relativ hohen Spesen bei den im Ausland gehandelten russischen ADR/GDR und der 15%igen Quellensteuer in Russland, die allerdings gegen ein Entgelt aufrechenbar ist, zum Schluss relativ wenig netto übrig von den hohen Dividendenzahlungen.

Norilsk Nickel schüttet aber auch schon jetzt 50 Prozent der Nettogewinne als Dividende aus, wovon auch der Aluminiumkonzern Rusal profitierte, der an Norilsk Nickel mit 25 Prozent beteiligt ist. Da die Palladium-, Kupfer- und Nickelpreise in 2017 jeweils über 20 Prozent, Palladium sogar um über 40 Prozent gestiegen sind, dürfte Norilsk Nickel sehr gute Zahlen für 2017 melden und auch eine hohe Dividendenausschüttung. Kupfer wird jetzt vor allem bei Elektroautos vermehrt gebraucht. Das geschätzte KGV von 19 fällt von 9,6 auf 7,2 und die Dividendenrendite steigt auf 10,3 Prozent. In den nächsten 3 Jahren verringert sich das KGV nach den Schätzungen der UBS auf 5,7 und die Dividendenrendite erhöht sich auf 16,7 %.

... aber auch viele Turnaround-Chancen

Zudem gibt es ein Reihe von attraktiven Turnaround-Konstellationen wie den Lada-Hersteller AutoVaz im Automobilsektor, der bis 2025 acht neue Modelle herausbringen will, darunter auch Elektroautos. Interessant sind aber auch einige russische Goldproduzenten wie Polyus Gold Int., Highland Gold Mining und Petropavlovsk aufgrund der günstigen Produktionskosten von etwa 600 bis 700 USD/Unze.

Russland-ETFs mit Potenzial

Es gibt eine ganze Reihe von Russland-Indizes wie den MSCI-Russia-Index (in USD), den RTS-Index (in USD), den MICEX-Index (in Rubel), den RTX-Index und den RDX-Index (jeweils in Rubel, in Euro oder in USD) - Letztere wiederum zwei Kunstprodukte der Wiener Börse auf russischen GDR, die in London gelistet sind, oder auf russische Originalaktien, die direkt an der Moskauer Börse gehandelt werden, die aber alle eine Gemeinsamkeit haben: Es dominieren bei allen Indizes die großen Öl- und Gaskonzerne wie Gazprom, Rosneft, Lukoil, ergänzend die Sberbank und Norilsk Nickel, Rusal. Sie sind also alle sehr rohstofflastig. Während in 2016 noch eine Performance von über 50 Prozent erzielbar war, landeten alle russischen Indizes (bis Ende November 2017) mit etwa 10 Prozent im Minus, zumindest in Euro, und waren daher Underperformer auch im Emerging Markets-Universum. Insofern hat der russische Aktienmarkt in 2018 Erholungspotenzial, wobei die Weltbörsen in 2018 mehr schwanken dürften als in 2017 und dann aber der russische Aktienmarkt auch.

Anleger, die keine Einzelauswahl von Aktien, also das Stock-Picking, betreiben wollen, können Russland-ETFs erwerben oder auch Russland-

fonds (wie den Danske Invest oder der DWS). Einer von vielen Russland-ETFs, der den MSCI Russian abdeckt, ist von der Deutschen Bank AG und hat die WKN DBX1RC (siehe vorstehenden Chart, 3 Jahre).

Falls es zu einer ausgeprägten Hausse kommen sollte, schneiden Small- und Mid-Caps, also Nebenwerte, in der Regel noch besser ab. In diesem Fall kann der Anleger auch auf den VanEck Vectors Russia Small-Cap ETF (WKN A2AHKH) setzen. Der Kurs verdoppelte sich in 2016, tendierte 2017 aber nur seitwärts bis leicht abwärts.

Erst informieren, dann investieren

Da die Börsen aus Osteuropa sehr volatil und unterschiedlich sind und es beim Ein- und Ausstieg sehr auf das richtige Timing ankommt, sollten sich die Anleger erst informieren, bevor sie investieren. Dies ist möglich durch den monatlich erscheinenden Börsenbrief EAST STOCK TRENDS (www.eaststock.de) und durch Ostbörsen-Seminare "Go East!" (das nächste findet im Mai 2018 um 17.00 Uhr in Frankfurt/M statt, Anmeldung und Infos unter www.eaststock.de, dort unter „Seminar" oder unter info@eaststock.de, oder unter Tel. 040/6570883). Für mutige, risikofreudige Anleger und „Hartgesottene" bleibt das Credo: „Go east - in der Krise liegt die Chance!"

20

Russland bleibt Russland

Hans A. Bernecker

Über Russland gibt es ebenso viele Meinungen wie falsche Kenntnisse der Fakten. Das ist auch kein Wunder, weil über Russland im Westen relativ geringes Wissen vorhanden ist, das mit den tatsächlichen Bedingungen im Riesenreich im Osten übereinstimmt. Inzwischen gibt es Russland-Versteher und eindeutige Russland-Gegner. Die laufenden Sanktionen seit nunmehr vier Jahren reflektieren das ganze Durcheinander der Ansichten, dem die ökonomischen Relationen keineswegs entsprechen.

Ein Rückblick ist nötig, um das besondere Verhältnis der Russen gegenüber dem Westen nachzuvollziehen, das bis in die Gegenwart gut nachweisbar ist. 1547 schickte Iwan IV. (der Schreckliche), der erste gekrönte Zar, eine Bojaren-Delegation an den Kaiserhof als Besucher des Reichstags. Die Bojaren waren in dicke Schafspelze gehüllt, obwohl es Sommer war, trugen dicke Bärte und ebenso dicke Goldbeutel um den Hals, um ihre Bonität zu demonstrieren.

Peter der Große reiste ein gutes Jahrhundert später direkt in den Westen, lernte in Holland den Schiffbau und andere Techniken kennen und besuchte bei dieser Gelegenheit auch London und Paris. Dabei kam er mit der westlichen Kultur in Verbindung, gewann völlig neue Erkenntnisse und gebot nach seiner Rückkehr allen Bojaren und sonstigen Würdenträgern, ihre Bärte abzuschneiden, die üblichen Kutten wegzuschmeißen und sich westlich in Hosen zu kleiden und dem gesamten Hofstaat, sich westlich zu organisieren. Springen wir zeitlich etwas weiter:

Katharina II. (die Große) war eine deutsche Prinzessin (Anhalt-Zerbst) und die erste nichtrussische Zarin, die Petersburg zum Mittelpunkt einer umfangreichen neuen Politik in Russland entwickelte und gleichzeitig zu allen westlichen Höfen in engster Verbindung stand. Allen gemeinsam war: Russland bewegte sich in seiner Außenpolitik ausschließlich imperialistisch, nachdem es Anfang des 16. Jahrhunderts die in den südlichen Gebieten herrschenden Tartaren militärisch besiegt und außer Landes gewiesen hatte. Seit dieser Zeit expandierte Russland ausschließlich über Landgewinn sowohl nach Süden wie nach Osten, schließlich bis an den Pazifik mit Wladiwostok als wichtigster Stadt nebst Hafen für die militärische Präsenz der Russen im dortigen Raum. Damit folgte Russland unbeabsichtigt oder beabsichtigt der gleichen imperialistischen Politik, die England und Frankreich in der gleichen Zeit in den gleichen Gebieten ebenfalls versuchten.

Bis zum Ersten Weltkrieg war dies selbstverständliche Außenpolitik aller drei Länder und wird bis heute von diesen auch als selbstverständlich empfunden. Der einzige Störenfried war in dieser Frage ab 1860 das Deutsche Reich, das kühn versuchte, sich den berühmten Platz an der Sonne in den Kolonialländern zu sichern, was nur begrenzt gelang und im Vertrag von Versailles schlicht untersagt wurde.

Die russische Expansion nach Westen reichte lediglich für bedingte Herrschaftszeiten in Polen sowie politische Einflüsse, aber nicht für eine direkte Herrschaft auf dem Balkan. In mehreren Kriegen gegen die Türken versuchten die Russen, Zugang zu der Meerenge des Bosporus zu erlangen, was bislang nicht gelang. Der Bosporus/die Dardanellen bleiben weiterhin eines der wichtigsten geopolitischen Ziele, die aus russischer Sicht als unverzichtbar gelten. Tatsächlich ist es der einzige Zugang zum Mittelmeer und damit zum Ozean. Die Ostsee ist dafür keine Alternative.

Die Annexion der Krim in den Wirren der ukrainischen Verhältnisse war der letzte Aggressionsakt von Präsident Putin, der aus seiner Sicht nur das tat, was einer seiner Vorgänger, Nikita Chruschtschow, 1954 selbstherrlich entschieden hatte, indem er die Krim organisatorisch an die Ukraine hängte, die zu dieser Zeit eine rein sowjetische Provinz darstellte.

Aus westlicher Sicht war dies ein Akt der Aggression. Niemand kann das bestreiten. Daran knüpft sich eine historische Besonderheit: Alle westlichen Kulturländer folgen seit dem 6. Jahrhundert mehr oder minder dem von Kaiser Justinian kodifizierten römischen Recht. Die Russen verzichteten darauf und entwickelten ihr eigenes Recht. Dieses Recht unterscheidet sich vom europäischen grundsätzlich natürlich insbesondere auch dadurch, dass es eine Rechtsprechung westlicher Art seit der Oktoberrevolution nicht gab; so die Mehrinstanz-Gerichtsbarkeit vom Amtsgericht bis zum Obersten Gerichtshof und eine möglichst objektive Beurteilung des jeweiligen Rechtsstreits durch die Richter. Mindestens 80 Jahre unterstand die russische Rechtsprechung den politischen Ansichten, wie hinlänglich bekannt.

Die Rückführung der Krim in den russischen Staatsverbund war deshalb eine Selbstverständlichkeit, als sich die Gelegenheit dazu aus dem innenpolitischen Chaos der Ukraine ergab. Denn die Krim wurde unter Katharina II. erstmals annektiert und war seitdem bis zu dem Chruschtschow-Akt russisch.

Die Sanktionen gegen Russland aufgrund dieses politischen Gewaltaktes unterliegen europäischen Rechtsprinzipien, die gleichfalls nicht zu bezweifeln sind. Fragen wir nach dem Nutzen einer solchen Aktion, indem wirtschaftspolitische Grundsätze gegen politische Logik zu stellen sind:

Russland befindet sich nach 80 Jahren Gewaltherrschaft seit rund 30 Jahren in einer Metamorphose der Rückfindung in eine zivile Ordnung des gesamten Staatswesens inklusive angemessener persönlicher Freiheit aller

Menschen. Diese Metamorphose ist noch längst nicht abgeschlossen. Die Sanktionen sind mithin politisch vertretbar, aber ökonomisch dumm. Denn:

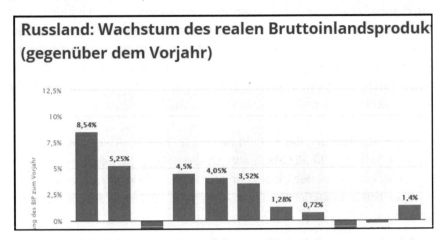

Russland an den Westen zu binden oder es an ihm zu orientieren, sollte für alle Westeuropäer eine Selbstverständlichkeit sein. Denn es ist nun einmal ein großer Nachbar, wenn auch in seiner Konstitution schwer verständlich. Je enger die wirtschaftlichen Bindungen gestaltet werden könne, umso wahrscheinlicher ist es, dass sich Russland den europäischen Kriterien nähert. Konkreter:

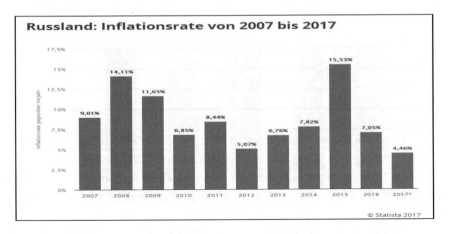

Der Aufbau der russischen Industrie ist ohne die deutschen Zulieferungen für Ausrüstungen so gut wie unmöglich. Das kann jeder sofort erkennen, der einen russischen Betrieb besucht und die vorhandenen Produktionsanlagen besichtigt. Für die Ausrüstungen sind deutsche Produkte deshalb so entscheidend, weil sie die einzigen sind, die hinlänglich solide konstruiert sind und ungewöhnlich sorgfältig im Service betreut werden. Beides ist den Russen unbekannt und den Japanern und Chinesen als Lieferanten ebenfalls. Ohne diese Ausrüstungen ist Russland keinesfalls in der Lage, eine breite Mittelstandsindustrie aufzubauen, die einen wichtigen Pfeiler für die Wirtschaftsleistung des Landes darstellt. Der Grund:

Unter Präsident Jelzin wurden sehr viele ehemalige Staatsbetriebe in Privatbetriebe umgewandelt, wobei sich die jeweiligen Direktoren umfangreich bereicherten, indem sie die Anteilscheine an diesen Betrieben per Kredit kauften und so zu dem wurden, was man heute im Westen unter Oligarchen versteht. Damit entstand eine Industrie, die in ihrem Leistungsvermögen weit hinter dem Westen zurücksteht.

Bis heute gibt es kaum eigenentwickelte Elektrogeräte und andere Dinge des täglichen Bedarfs, die auf russischen Erfindungen oder Entwicklungen beruhen, sondern bestenfalls auf Kopien westlicher Vorbilder. Die Innovationskraft dieser Betriebe ist offensichtlich noch so gering, dass es entweder ausländischer Unterstützung bedarf oder eines längeren Zeitraums, bis sich das selbstständig entwickelt. Grob zusammengefasst:

Deutschand ist für Russland wichtigster Zulieferer und industrieller Partner. Die Verbindungen zu den USA bleiben verständlicherweise begrenzt. Großbritannien, Frankreich und Italien sind aus russischer Sicht nur für ganz bestimmte Produkte brauchbar.

China und Japan bieten ebenfalls nur begrenzte Kooperationen für bestimmte Projekte, meistens in der Infrastruktur oder Ähnlichem, aber selten oder nie kommen sie als ernsthafte Lieferanten von Großprojekten des Schienen- oder Luftverkehrs oder für den industriellen Anlagenbau infrage.

Deshalb ist Russland einer der größten Partner im Außenhandel, wenn auch mit Einseitigkeit. Deutschland liefert Industrie, Russland bezahlt mit Gas und Öl. Es ist eine ideale Partnerschaft im Handel, die niemand objektiv bezweifeln kann. Ob dies die westlichen Nachbarn mögen, kann man hinterfragen. Dass es für Deutschland eine dominierend wichtige Rolle spielt, ist jedoch nicht zu bezweifeln. Paris mag auch befürchten, dass diese deutsch-russische Zusammenarbeit auf ökonomischem Gebiet zu einem anderen Verhältnis auf der politischen Bühne führt, als dies für Frankreich wünschenswert ist. Diese Bedenken hatte bereits Präsident Mitterrand anlässlich der deutschen Wiedervereinigung, die damals unter den vier ehemaligen Besatzungsmächten noch genehmigungspflichtig erschien.

Russland bleibt Russland. Die Deutschen sind für alle Russen durchweg Vorbild, aber sie möchten auch als Russen ernst genommen werden, und zwar so, wie ihre Geschichte sie nun einmal geprägt hat. Aus amerikanischer Sicht mag dies alles anders erscheinen. Dafür ist Washington auch 8.000 Kilometer Luftlinie von Moskau entfernt. Es sind offensichtlich zwei Welten, die bis auf Weiteres weder geopolitisch noch politisch noch ökonomisch zusammenpassen und deshalb auch nicht zusammenfinden werden.

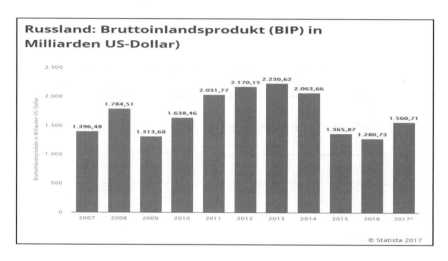

Das Ergebnis ist relativ klar zu formulieren: Eine weitsichtige deutsche Außenpolitik in Richtung Moskau ist geopolitisch genauso wichtig, wie sie dem friedlichen Verhältnis zwischen Russland und Europa dient.

Ein jedes Volk hat die Regierung, die es verdient. (Joseph Marie Comte de Maistre)

21

Venezuela wird die Restrukturierung des Jahres

Mikey Fritz

Der venezolanische Fan-Club am Anleihemarkt ist überraschend groß. Obwohl das Land in den vergangenen zwei Jahrzehnten von vielen Krisen geschüttelt wurde, die die Staatsanleihen und die Anleihen des staatlichen Ölkonzerns PDVSA (Petroleos de Venezuela) regelmäßig auf Achterbahnfahrten geschickt hatten, gibt es einen großen Anlegerkreis, der dem Land die Treue geschworen hat. Mit bemerkenswerter Hartnäckigkeit wurden die Anleihen selbst dann gehalten und sogar verbilligt, wenn die Renditen auf Endfälligkeit über das Niveau der Kurse stiegen. Zu Recht, denn:

Die Treue beruhte auf Gegenseitigkeit. Egal, wie schlecht es dem Land und den Bürgern ging und geht: Die Anleihen wurden immer (!) bedient. Das mag trivial klingen, aber in Zeiten, in denen die „Collective Action Clause" einen Erfolg nach dem nächsten feiert, ist eine Vorzugsbehandlung von Gläubigern eine Seltenheit geworden.

Selbstverständlich sind die Gläubiger keine Heiligen oder wohltätigen Samariter. Am Ende zählt nur die Rendite und dass man seinen Nennwert auch zurückbekommt. Die umfangreichen Ölreserven des Landes waren und sind für die Gläubiger selbstverständlich eine Art implizite Besicherung ihrer Forderung, denn man geht davon aus, dass im Falle eines Falles das Land vielleicht überschuldet, aber illiquide werden wird. Diese Erwartungshaltung könnte sich in 2018 als falsch herausstellen, denn:

Die venezolanische Ölproduktion ist nicht mit westlichen Standards zu vergleichen. Schon zu Zeiten von Hugo Chávez hatte die Regierung versäumt, die Investitionen auf einem so hohen Niveau zu halten, dass zumindest notwendige Ersatzinvestitionen bereitgestellt werden können.

Stattdessen wurde darauf abgezielt, das meiste aus den bestehenden Anlagen herauszuholen. Auch wenn damit Jahr für Jahr das Risiko stieg, dass die Produktionskapazitäten sinken und nicht genügend neue Erdöl- und Erdgasfelder erschlossen werden, um den (natürlichen) Produktionsrückgang bei den Bestandsfeldern wenigstens auszugleichen.

Die Höhe der Direktinvestitionen in die Branche ist seit 1999 in jedem Jahr gesunken. Im Schnitt lag der Rückgang bei einer Rate von 7,5 % p.a. im Verhältnis zur Wirtschaftsleistung. Trotz der geringen Investitionsrate ist der Ölkonzern hoch verschuldet.

Die Verbindlichkeiten der PDVSA sind umfangreich. Auch der Diversifizierungsgrad der Finanzierungsinstrumente ist außergewöhnlich breit. Der Konzern hatte im Grunde jede nur erdenkliche Möglichkeit genutzt, um in der Vergangenheit Fremdkapital aufzunehmen. Abgesehen von den verschiedenen Anleiheformaten stechen die bilateralen Kredite mit chinesischen und russischen Ölkonzernen heraus. Umgerechnet in Dollar stehen insgesamt aktuell mindestens 42,5 Mrd. Dollar aus.

Der absolute Umfang der Verbindlichkeiten ist die eine Seite der Medaille. Die andere ist jedoch, wann die Verbindlichkeiten fällig werden, denn das macht im Zweifel selbstverständlich einen riesigen Unterschied für den Liquiditätsfluss. Der aktuelle Stand ist, dass zwischen Ende 2017 und 2025 insgesamt 35,5 Mrd. Dollar bzw. 84 % aller ausstehenden Verbindlichkeiten fällig werden.

Fällig bedeutet natürlich nicht, dass die 35,5 Mrd. Dollar auch komplett zurückgezahlt werden müssen. Ganz im Gegenteil sogar. Üblich wäre, dass nur ein kleiner Teil getilgt und der Löwenanteil revolviert wird. Für eine fortlaufende Refinanzierung braucht die PDVSA jedoch das Vertrauen des Anleihemarktes und starke bilaterale Partner. Darin bestehen jedoch zunehmend Zweifel, denn:

Der Verfall der Leistungsfähigkeit der PDVSA ist nicht unerheblich. Beratungsgesellschaften wie Rystad Energy haben Schätzungen veröffentlicht, wonach einige venezolanische Ölfelder in den kommenden Jahren einen

Rückgang der Förderung um bis zu 30 % erleben werden. Der wichtigste Grund dahinter ist nicht etwa das Ende der Reserven, sondern die Überschuldung der PDVSA. Die Schätzungen konkretisieren den Rückgang für den Weltmarkt auf bis zu 800.000 Barrel/Tag, die nicht mehr zur Verfügung stehen würden.

Abgesehen von den sinkenden Investitionen spielt auch die Zahlungsmoral gegenüber den Zulieferern eine große Rolle. Die hohe Belastung des Cashflow hat in den letzten Jahren dazu geführt, dass sich die PDVSA immer weniger externe Dienstleistungen einkaufen konnte, da Rechnungen schlicht und einfach nicht bezahlt werden konnten. Und die Zahl der Zulieferer war bereits stark dezimiert, nachdem die Regierung viele westliche Unternehmen in den vergangenen Jahren ohne Entschädigung enteignet hatte, was die Investitionsbereitschaft auf Ebene der Zulieferer nicht erhöht hatte. Dienstleister wie Halliburton, Schlumberger und Co. geben an, dass die Außenstände inzwischen bei 1 Mrd. Dollar liegen.

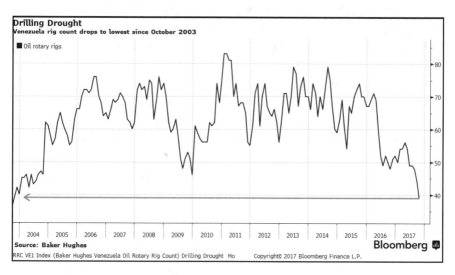

Den Zenit hat die Ölproduktion bereits 2011 überschritten. Seinerzeit erreicht die Zahl der Bohrtürme in Betrieb in Venezuela ihren Höhepunkt. Heute betreibt die PDVSA nur noch die Hälfte der Bohrtürme und ist damit auf den niedrigsten Stand seit Ende 2003 gefallen.

Die Sanktionen der Amerikaner betreffen nicht nur die Staatsfinanzen, sondern auch ganz handfest die Produktion. Ein Beispiel, das die PDVSA betrifft, ist die Verfügbarkeit von Naphtha, dem sogenannten Rohbenzin. Ein einfacher Hilfsstoff, der jedoch hohe Bedeutung im Raffinerieprozess hat und für die Weiterverarbeitung des schweren Erdöls notwendig ist, das den Löwenanteil der Produktion in Venezuela darstellt. In 2016 importierte das Land rund 375.000 metrische Tonnen Naphtha. Seit Beginn der Sanktionen im April 2017 sind die Importe auf null gesunken.

Die Produktion liegt heute auf dem niedrigsten Stand seit 1989. Und in 2018 soll die Situation nicht besser werden. Die aktuellen Prognosen gehen von einer durchschnittlichen Produktion von 1,8 Mio. Barrel/Tag aus. Was viel klingt, aber so wenig wäre wie seit 29 Jahren nicht mehr. Noch vor sechs Jahren lag die tägliche durchschnittliche Produktion bei rund 3 Mio. Barrel.

Parallel zum Ausstoß sinkt auch die Qualität des Erdöls. Aufgrund der Sanktionen ist die PDVSA genötigt worden, sich mit Provisorien zu behelfen. Der Qualität der Erdölprodukte schadet dies jedoch messbar.

Raffinerien aus drei verschiedenen Kontinenten haben bestätigt, dass die Qualität rapide gesunken ist. Es häufen sich zudem Berichte, dass die Lieferungen aus Venezuela wegen Verunreinigungen mit Wasser und Salz zurückgewiesen werden. Die Einkäufer sind entsprechend vorsichtig geworden und kontrollieren inzwischen streng jede Lieferung aus Venezuela, während sich gleichzeitig die Reklamationen und Rückforderungen zu stapeln beginnen.

Es verwundert daher nicht, dass die für Venezuela zu erzielenden Preise am Weltmarkt stetig sinken. In einige Märkte kann die PDVSA überhaupt nur noch verkaufen, wenn erhebliche Discounts gewährt werden. Die direkte Folge ist, dass die Deviseneinnahmen signifikant gefallen sind, was die Abwärtsspirale weiter verstärkt.

Die Erdöl-Ressourcen machen Venezuela zu einem potenziell reichen Land. Angesichts der ausgeprägten Armut im Land mag das paradox

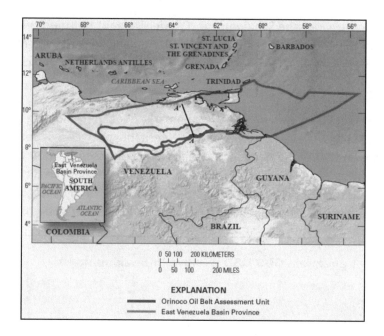

erscheinen, doch die Erdölfelder im sogenannten Orinoco Belt weisen auf einer Fläche von 55.000 Quadratkilometern bestätigte und vermutete Reserven in Höhe von 297 Mrd. Barrel Öl auf. Die Region ist damit eine der erdölreichsten der Welt.

Wenn die Statistiken denn stimmen. Die venezolanische Regierung verhindert schon seit Jahren eine unabhängige Überprüfung der Zahlen des Amts für Statistik, womit alle Daten grundsätzlich mit Vorsicht zu genießen sind. Die dem Westen vorliegenden Daten sind in der Regel veraltet und geschönt.

Offensichtlich führt die Regierung aber selbst auch kein Buch mit akkuraten Daten. Anders ist die Festnahme von 10 hochrangigen PDVSA-Mitarbeitern nicht zu erklären, denen Betrug vorgeworfen wird. Konkret sollen Produktionsdaten in den Jahren 2014 bis 2017 geschönt worden sein. Der daraus resultierende Schaden wird mit immerhin 1,15 Mrd. Dollar beziffert.

Die Ratingagenturen lassen keinen Zweifel an der Zahlungsunfähigkeit des Landes. Fitch und Standard & Poor's haben mittlerweile das Rating für einige ausländische Schulden auf „D" wie „Default" reduziert und damit den Ausfall der Forderungen dokumentiert. Auf eine Reaktion von Moody's wartet der Markt noch, wenngleich dieses Votum nicht mehr entscheidend ist.

Parallel dazu hat sich der Terminmarkt ebenfalls eindeutig positioniert. Wichtig war hier das Votum der International Swaps & Derivatives Association (ISDA), die bei genau definierten Ereignissen für den Gesamtmarkt entscheidet, ob z.B. der Versicherungsfall bei den Credit Default Swaps (CDS) eingetreten ist. CDS werden von Gläubigern gekauft, um sich im Wesentlichen gegen einen Ausfall eines Schuldners abzusichern.

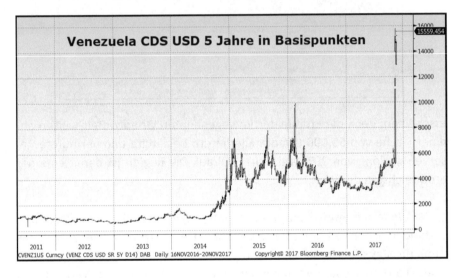

Wie bei einer normalen Versicherung kann der Schutz im Vorfeld eines Ereignisses erkauft werden. Dazu zahlt der Käufer ein Upfront (Kaufpreis) und dann jährliche Prämien. Diese Prämien werden transparent am Markt gehandelt und entwickeln sich flexibel mit der impliziten Bonität des Schuldners. Dabei gilt: Je höher die Prämie, desto unsicherer die Aussichten für die Bonität.

Die ISDA hat im November 2017 ein „Credit Event" bestätigt. Die Vereinigung sieht in den verspäteten Zahlungen der Regierung und der PDVSA zwei Ereignisse, die ausreichen, um zu einer Auszahlung der Versicherungs-

Venezuela wird die Restrukturierung des Jahres 207

produkte zu führen. Von der Entscheidung sind Derivate in einem Umfang von 1,5 Mrd. Dollar betroffen.

Über die Zukunft der venezolanischen Staatsanleihen und der PDVSA-Anleihen ist damit jedoch noch nichts gesagt. Aus heutiger Sicht ist es völlig unklar, ob es 2018 überhaupt eine Restrukturierung geben wird und wenn, wie diese konkret aussehen wird. Fitch warf zwar bereits einen potenziellen Restwert von bis zu 31 % für die PDVSA-Anleihen in den Ring, doch das könnte sich als voreilig herausstellen, auch wenn der Markt bisher noch anders aufgestellt ist.

Gemessen an der Renditendifferenz und den verfügbaren Handelsdaten positionieren sich die Gläubiger vor allem in den PDVSA-Anleihen statt den Staatsanleihen, um auf eine Restrukturierung bzw. eventuell sogar auf einen Turnaround zu spekulieren.

Innerhalb der Gruppe der PDVSA-Anleihen gibt es einige Auffälligkeiten. So wird u.a. deutlich, dass die spekulativen Anleger vor allem auf die Anleihen setzen, die den geringsten Kupon ausweisen und deren letzter Kupontermin möglichst dicht am jetzigen Zeitpunkt liegt. Warum? Weil die PDVSA-Anleihen zum Zeitpunkt der Schlussredaktion noch mit Stückzinsen gehandelt werden. Die Einführung eines „Flat-Trading" steht jedoch mit hoher Wahrscheinlichkeit kurz bevor. Wird die Entscheidung gefällt, wird nur noch der Nennwert gehandelt und die aufgelaufenen Stückzinsen verfallen. Insofern minimiert man seine Verluste bei den Stückzinsen, wenn man die Anleihe mit den geringsten Kupons wählt, die vor kurzer Zeit die letzte Ausschüttung hatten, was den Stückzinsenlauf immer auf null zurücksetzt. Der Favorit des Marktes sind daher momentan die 6%igen Dollar-PDVSA-Anleihen (ISIN USP7807HAR68) mit Fälligkeit am 15. November 2026.

							Kurse per 20.11.2017	
ISIN	Whg.	Coupon	Schuldner	Fälligkeit	Preis	Rendite auf Fälligkeit p.a.	Mindest- order- größe nominal	Rating
USP7807HAV70	USD	8,50%	Petroleos de Venezuela SA	27.10.2020	82,99	15,99%	150.000	CC-
USP7807HAP03	USD	9,00%	Petroleos de Venezuela SA	17.11.2021	32,62	48,95%	100	C+
USP7807HAM71	USD	12,75%	Petroleos de Venezuela SA	17.02.2022	35,24	51,67%	100	C
USP7807HAT25	USD	6,00%	Petroleos de Venezuela SA	16.05.2024	25,30	37,20%	100	C+
USP7807HAR68	USD	6,00%	Petroleos de Venezuela SA	15.11.2026	26,64	29,87%	100	C+
USP7807HAQ85	USD	9,75%	Petroleos de Venezuela SA	17.05.2035	31,25	31,60%	100	C+

Die Ausnahme in dieser Tabelle sind die 8,50%igen Dollar-PDVSA-Anleihen (ISIN USP7807HAV70) mit Fälligkeit am 27.10.2020. Der aktuelle Preis von knapp 83 % und die vergleichsweise geringe Rendite auf Endfälligkeit von 16 % p.a. resultiert aus dem Rang der Anleihe. Während alle anderen hier aufgelisteten Anleihen vorrangig, unbesichert sind, ist diese Anleihe vorrangig, besichert und gleichzeitig ein Sinker.

Ein „Sinker" ist eine Anleihe, deren Nennwert nicht zu 100 % zur Fälligkeit getilgt wird, sondern in Teilen während der Laufzeit. Interessanter ist jedoch die Besicherung, denn:

Die Anleihe verbrieft das Recht auf 50,1 % an der amerikanischen Citgo Raffinerie. Ein durchaus attraktives Pfand, das aber natürlich im Falle eines Ausfalls nicht einfach übernommen werden kann. Es muss sich eine einfache Mehrheit unter den Gläubigern finden, um das Pfand einzufordern, was relativ einfach sein wird. Schwieriger wird es sein, die Schuldner auch zur Herausgabe des Pfands zu bewegen. Es werden sich sicherlich nicht viele Banker finden, die bereit sind, nach Venezuela zu reisen und vor Ort die Herausgabe der Beteiligung zu fordern. Die Wahrscheinlichkeit eines verlängerten Aufenthalts in Venezuela ist in diesem Fall als relativ hoch einzuschätzen. Der Rechtsweg muss also beschritten werden, ohne jemals das Land zu betreten, was die Durchsetzung des Pfandrechts erheblich erschwert.

Erschwerend kommt für Privatanleger hinzu, dass die Anleihe eine Mindestordergröße von 150.000 Dollar nominal aufweist. Selbst zu Kursen um 83 % und unter Beachtung des reduzierten Nennwertes wären aktuell immer noch mindestens 94.000 Dollar bzw. umgerechnet rund 80.000 Euro fällig. Für eine sehr riskante Spekulation ist das ziemlich viel Kapital, das dann im Feuer steht. Doch:

Eine Alternative gibt es nicht. Denn die anderen PDVSA-Anleihen sind im Zweifel alle wertlos. Sollte es zu einem Ausfall und einer Restrukturierung kommen, ist es sehr wahrscheinlich, dass die Gläubiger am Ende leer ausgehen. Und die Erklärung dafür ist relativ einfach, denn:

Das Öl gehört Venezuela und nicht der PDVSA. Der Ölkonzern besitzt die Produktionsanlagen, Immobilien, Pipelines usw., doch die Rechte am Öl liegen bei der Regierung. Das ist bei der anstehenden Restrukturierung der Schulden des Konzerns selbstverständlich ein entscheidender Unterschied, denn die Ölreserven machen den Restwert des Konzerns aus, nicht die verrosteten Bohrtürme. Dieser Fakt ist aber offensichtlich nicht allen Anlegern bekannt.

Ohne ein Recht an den Ölreserven kann die Spekulation leicht nach hinten losgehen. Ein denkbares Szenario ist, dass die vorrangig, unbesicherten PDVSA-Anleihen mit sehr geringen Restwerten im einstelligen Prozentbereich im Dollar abgefunden werden. Auch ist durchaus möglich, dass der Ölkonzern die Dollar-Anleihen im Rahmen einer Restrukturierung in lokale Anleihen tauscht, deren Nennwert auf Bolivar lautet.

Ein Engagement bei den Staatsanleihen wiederum verbietet sich, solange die US-Sanktionen aufrechterhalten werden. Die Trump-Administration hat mit einer gewissen Voraussicht die Finanz-Sanktionen so ausgelegt, dass Alt-Anleihen gehandelt werden dürfen, neue Anleihen jedoch nicht. Das betrifft originär alle Finanzunternehmen, die in den USA zugelassen sind, aber im Ergebnis halten sich auch die wichtigsten europäischen Adressen und vor allem die Clearingstellen daran.

Da bei einer Restrukturierung der Staatsanleihen automatisch neue Anleihen emittiert werden, ist diese Hürde nicht zu nehmen. Zudem ist sie nicht ohne Grund installiert worden, denn die USA wollen ein implizites Mitbestimmungsrecht erhalten, wer zukünftig Venezuela regieren wird. Nur wenn die neue Regierung Washington „genehm" ist, wird man die Sanktionen aufheben. Daraus ergeben sich im Kern zwei Szenarien:

1.) Die Regierung bleibt linksgerichtet. Ob Nicolás Maduro auch weiterhin Staatspräsident bleibt, spielt in diesem Szenario eine untergeordnete Rolle. Entscheidend wäre, dass eine linksgerichtete Regierung keine Unterstützung vonseiten der Amerikaner bekommen, sprich die Sanktionen aufrechterhalten würde. Eine Restrukturierung der Staatsschulden wäre dann mithilfe des Anleihemarktes nicht möglich, da die Marktteilnehmer die neuen Anleihen nicht handeln und sogar mit den meisten Mitgliedern der Regierung nicht einmal reden dürfen, ohne einer Gefängnisstrafe entgegenzusehen. In diesem Fall wäre Venezuela auf die bilaterale Hilfe von anderen Staaten angewiesen, was im Kern auf China und Russland hinausläuft. Nicht die schlechteste Wahl, aber selbst diese beiden potenten Partner sind nicht in der Lage, die Folgen eines Ausfalls abzufangen.

2.) Die (neue) Regierung wird rechtsgerichtet. Eine konservative Regierung würde umgehend die Zustimmung der Amerikaner erhalten, woran wiederum die Aufhebung der Sanktionen hängen würde. Darüber hinaus könnte eine konservative Regierung sicherlich mit umfangreichen bilateralen Abkommen mit den USA rechnen, um die Wirtschaft möglichst schnell wieder anzukurbeln. Im Bereich des Möglichen läge dann auch, dass die Amerikaner die Regierung dazu drängen, die „Odious Debt Doctrin" durchzusetzen, die abseits des Völkerrechts Nationen dazu berechtigt, Diktatorenschulden bzw. „verabscheuungswürdige" Kredite für nichtig zu erklären. Aus Sicht der USA und einer neuen konservativen Regierung würden dazu sicherlich die bilateralen Kreditverträge mit China und Russland zählen, die im Wesentlichen dem inneren Kreis um Staatspräsident Maduro zugutegekommen sind, aber sicherlich nicht dem venezolanischen Volk. Die Doktrin wurde seit dem 19. Jahrhundert bisher in vier Fällen angewandt. In drei dieser vier Fälle haben die USA sie als Rechtsgrundlage benutzt, um Schulden für nichtig zu erklären. Ein solcher Akt würde den Umfang der ausstehenden und zu restrukturierenden Schulden spürbar senken. Anleihen fallen nicht unter die Doktrin.

Beide Szenarien führen zu völlig unterschiedlichen Restwerten bei den heutigen Staatsanleihen. Während man im ersten Szenario damit rechnen muss, dass der Restwert bestenfalls im einstelligen Bereich liegen wird, sind im zweiten Szenario durchaus 15 bis 30 % als Restwert möglich.

Keine der heute notierenden Anleihen gibt Ihnen einen echten Discount auf den potenziellen Restwert. Lägen die gehandelten Kurse beispielsweise um 10 % herum, wäre ein spekulativer Kauf denkbar, wenngleich nicht ohne Risiko (Szenario 1!). Bei den aktuellen Kursen, die zwischen 25 und 40 % liegen, gibt es kein Argument, um vorschnell zu kaufen. Ganz im

Venezuela wird die Restrukturierung des Jahres **211**

Kurse per 20.11.2017

ISIN	Whg.	Coupon	Schuldner	Fälligkeit	Preis	Rendite auf Fälligkeit p.a.	Mindest- order- größe nominal	Rating
US922646AT10	USD	13,625%	Venezuela Government International Bond	15.08.2018	35,00	238,42%	1.000	CC+
USP9395PAA95	USD	13,625%	Venezuela Government International Bond	15.08.2018	40,93	194,29%	10.000	CC+
USP97475AD26	USD	7,00%	Venezuela Government International Bond	01.12.2018	39,00	130,99%	1.000	CC+
USP97475AN08	USD	7,75%	Venezuela Government International Bond	13.10.2019	30,08	92,28%	100	DDD+
USP97475AG56	USD	6,00%	Venezuela Government International Bond	09.12.2020	24,08	68,05%	500	CC+
USP17625AC16	USD	12,75%	Venezuela Government International Bond	23.08.2022	28,05	59,13%	100	C
USP17625AA59	USD	9,00%	Venezuela Government International Bond	07.05.2023	25,64	49,23%	100	CC+
USP97475AP55	USD	8,25%	Venezuela Government International Bond	13.10.2024	25,09	42,38%	100	DDD+
XS0217249126	USD	7,65%	Venezuela Government International Bond	21.04.2025	24,97	39,40%	1.000	CC+
USP17625AE71	USD	11,75%	Venezuela Government International Bond	21.10.2026	28,12	44,84%	100	CC+
US922646AS37	USD	9,25%	Venezuela Government International Bond	15.09.2027	28,00	36,54%	1.000	CC+
USP17625AB33	USD	9,25%	Venezuela Government International Bond	07.05.2028	25,50	39,03%	100	CC+
USP17625AD98	USD	11,95%	Venezuela Government International Bond	05.08.2031	25,88	46,35%	100	CC+
US922646BL74	USD	9,375%	Venezuela Government International Bond	13.01.2034	23,88	39,49%	2.000	CC+
USP97475AJ95	USD	7,00%	Venezuela Government International Bond	31.03.2038	23,69	29,82%	500	CC+

Gegenteil. Es macht aus heutiger Sicht sehr viel Sinn, den weiteren Verlauf der Krise in Ruhe abzuwarten, die PDVSA-Anleihen generell zu meiden und bei den Staatsanleihen darauf zu achten, ob die Regierung wie gehabt linksgerichtet bleibt (Szenario 1) oder ein echter Umbruch stattfindet und sich eine konservative Regierung (Szenario 2) etabliert. Bei Letzterem wäre dann mit einem attraktiven Restrukturierungsprozess zu rechnen. Die neuen venezolanischen Staatsanleihen könnten sich dann zu einem bemerkenswerten Erfolg entwickeln.

Börsenwissen ist das, was übrig bleibt, wenn man schon alle Details vergessen hat. (André Kostolany)

22

Südafrika - Debakel am Kap

Daniel Bernecker

Wer sich mit Südafrika zwischen 1993 und 2006 beschäftigte, steht heute fassungslos vor der Ausgangslage, in der sich das Land befindet. Keiner hätte für möglich gehalten, dass die vielversprechende wirtschaftliche und politische Tendenz, die nach der Beendigung des Apartheid-Regimes unter der Führung von Nelson Mandela so positiv begann, derart trostlos enden würde. Südafrika galt als Paradebeispiel für eine neue afrikanische Wirtschaftspolitik und als größte Volkswirtschaft des Kontinents, auch als Vorbild bzw. Vorreiter für andere Staaten. 25 Jahre später erfüllt Südafrika alle negativen Klischees, die man mit afrikanischen Staaten und deren Regierungen normalerweise verbindet. Gibt es eine neue Perspektive oder muss man sich dauerhaft von Engagements in Südafrika verabschieden?

Für uns selbst ist die Beobachtung der Entwicklung in Südafrika schmerzhaft, weil wir mit unseren Lesern zwischen 1990 und 2006 sehr erfolgreich in Rand-Anleihen und -Anlagen investiert hatten, in der festen Überzeugung, dass eine nachhaltige strukturelle Trendwende stattgefunden hat.

Das Abseits, in das sich Südafrika in den letzten Jahren manövriert hat, ist im Kontext der Weltwirtschaftsentwicklung umso befremdlicher. Während nach der Finanzkrise in den USA und Europa die beliebte BRIC-Story (Brasilien, Russland, Indien und China) zusammen mit den Rohstoffmärkten aus unterschiedlichen Gründen in tiefe Rezessionen schlitterten, war die Verschlechterung der wirtschaftlichen Ausgangslage Südafrikas nachvollziehbar. Alle diese Länder hatten mit erheblichen Überkapazitäten, starker Überschuldung im öffentlichen und privaten Sektor, politischen Turbulenzen und vor allen Dingen Korruption zu kämpfen. Es waren die Nachwirkungen des Superbooms, der zwischen 2000 und 2011 diese Regionen und deren Märkte befeuerte. Südafrika galt lange Zeit als „stilles F" der BRIC-Abkürzung. Der einzige Grund, warum Goldman Sachs bei der damaligen Begründung Südafrika nicht miteinbezog, lag darin, dass die HIV-Epidemie die demografische Entwicklung derart unterwanderte, dass dieses Kriterium nicht positiv einbezogen werden konnte. Alle anderen Länder wiesen eine positive demografische Entwicklung auf, die dazu führte, dass eine steigende Zahl der Bevölkerung aus der Armut in den Mittelstand gehoben wurde, womit eine steigende Kaufkraft einherging. Diese Logik war nachvollziehbar und tatsächlich liegt in der demografischen Entwicklung auch einer der wesentlichen Gründe, warum Südafrika in seinen Wachstumsgrößen eher auf dem Niveau von Industriestaaten lag, nämlich 1 bis 3 %, statt der 4 bis 6 %, die für Entwicklungsländer galten. Das an sich wurde aber in Südafrika durch eine sehr solide Finanz-und Geldpolitik kompensiert. So bedauerlich also die Nichteinbeziehung in die BRIC-Abkürzung war, sie führte zu keiner wesentlichen Benachteiligung Südafrikas.

Das Problem Südafrikas ist seine politische Führung. Nach dem Rücktritt Nelson Mandelas übernahm Präsident Thabo Mbeki die Führung des ANC und die Präsidentschaft. Weniger charismatisch und volksnah war Mbeki eher technokratisch und akademisch und isolierte sich sowohl innen- als auch außenpolitisch mit umstrittenen Thesen zu verschiedenen Themen. Dadurch entstand der Eindruck mangelnder Volksnähe, was insbesondere im ANC, der als Koalition stets 60 bis 70 % der Wähler hinter sich vereint, als schwierig galt. Der größte Vorwurf lag in dieser Zeit darin, dass die restriktive Haushalts- und Geldpolitik zwar ausländische Kapitalanleger begünstigte und auch hohe Kapitalzuflüsse nach Südafrika ermöglichte, sich aber eben nicht in das Wirtschaftswachstum umsetzen ließ, das notwendig gewesen wäre, um die Arbeitslosigkeit zu senken und die Umverteilung von Vermögen zu begünstigen.

Auf Mbeki folgte Präsident Zuma. Volksnah und pragmatisch schien er anfänglich die Defizite seines Vorgängers bei der Bevölkerung zu kompensieren, nur um sich in den letzten Jahren als totale Katastrophe für das Land zu entpuppen. Die Vetternwirtschaft und Korruptionsskandale, die sich mittlerweile auf 760 Fälle und Anklagen gegen ihn summieren, führten gleichzeitig dazu, dass er wichtige Personalien in der Regierung vor allem im Bereich Justiz, Finanzen und Bankwesen mit „Freunden" besetzte, die einerseits seine Politik unterstützten und andererseits Maßnahmen gegen ihn vereitelten. Der in den letzten zwei Jahren hochgespielte Skandal um die indischen Unternehmerbrüder Gupta offenbarte gerade in den letzten Monaten 2017 den vollen Umfang und die Tiefe des Bestechungssumpfs, der letztlich zu internationaler Empörung führte und nur verdeutlicht, dass Präsident Zuma eine Politik verfolgt, die darauf ausgerichtet ist, sich und seinen Geldgebern Vorteile zu verschaffen. In Zuma manifestiert sich die schlimmste Art von Regierungschef, wie man sie allerdings in afrikanischen Staaten oft gesehen hat. Dazu gehört auch der Versuch, eigene Familienmitglieder in die Regierung einzuschleusen bzw. mit ihnen eine dauerhafte Nachfolgeregelung zu treffen.

Während die oben genannten BRIC-Staaten sich allesamt in den Jahren 2011 bis 2016 mit ihren ebenfalls korrupten Strukturen und geld- bzw. finanzpolitischen Fehltritten auseinandersetzten, folgte Südafrika einem diametralen Sonderweg. Brasilien erlebte neben einer tiefen Rezession tiefe Korruptionsskandale in der Ölindustrie, aber eben auch in der Regierung, was letztlich zu deren Sturz führte, hat aber durch diese turbulente Phase eine neue Struktur gefunden, die heute wieder starkes Wachstum ermöglicht. Gleiches gilt für die sehr starken Maßnahmen, mit denen auch China seine Korruption einerseits bekämpfte, die Macht der Regierung festigte und gleichzeitig mit einer aggressiven Fiskal- und Geldpolitik Wachstum aufrechterhielt. Russland litt unter den Sanktionen im Zuge der Krim-Krise, fand aber dort ebenfalls sein Gleichgewicht, das einerseits durch eine gekonnte Geldpolitik und andererseits geschickte Außenpolitik hergestellt wurde. Indien erlebte einen Regierungswechsel mit ersten tiefgreifenden Strukturreformen, die die Dynamisierung der indischen Wirtschaft antrieben. Kurzum: Alle diese Länder hatten zwar ebenfalls tiefe Skandale, haben diese aber mit Härte beseitigt und erleben heute eine Fortsetzung des Aufschwungs des ersten Jahrzehnts des 21. Jahrhunderts. Südafrika nicht. Die Zahlen verdeutlichen das sehr eindrücklich. Das Wachstum Südafrikas wird 2017 bei lediglich 0,7 % des BIP liegen. Die vorherige Summe lag noch bei 1,3 %. Und das in einem Umfeld, in dem das Weltwirtschaftswachstum bei 3,2 % liegt, wobei nach Schätzung des IWF die Entwicklungsländer um 4,7 % wachsen werden. Von den Zielgrößen von plus 3 % ist Südafrika also sehr weit entfernt, obwohl die Weltkonjunktur von sehr günstigen Finanzierungsbedingungen, expansiven Haushalten und vor allem einer deutlichen Erholung der Rohstoffe und Energiepreise profitiert. In einem solchen Umfeld nicht zu wachsen, zeigt die tiefe strukturelle Problematik, in der sich Südafrika befindet.

Die Verschuldung der Südafrikaner weitet sich gleichwohl aus. Die Neuverschuldung wird in diesem Jahr 4,3 % des BIP erreichen und damit ebenfalls über den avisierten 3,1 % liegen.

Weil diese Verschuldung über den südafrikanischen Anleihenmarkt finanziert werden muss, wird die höhere Neuverschuldung tendenziell auch zu höheren Kapitalmarktzinsen führen, was einer wirtschaftlichen Dynamisierung ebenfalls entgegensteht. Während die restliche Welt also von niedrigen Kapitalmarktzinsen und niedriger Inflation profitiert, zeigt sich in Südafrika genau die entgegengesetzte Wirkung.

Dass angesichts solcher Zahlen auch noch die politische Führung der wichtigsten Ministerien durch Zuma-getreue Gefolgsleute ersetzt wurde, erschwert es Südafrika, Vertrauen an den Kapitalmärkten zu gewinnen. Als im März 2017 der amtierende Finanzminister Pravin Gordhan wegen seiner starken Kritik an Zuma und der dazugehörenden Korruption ersetzt wurde, fingen die internationalen Ratingagenturen an, das bis dato positive Rating von BB+ auf Junk-Bond-Status zu reduzieren. Das positive Rating, das man in den vorangegangenen 15 Jahren hart erarbeitet hatte und verteidigte, war der Garant dafür, das Südafrika stets in der Lage war, sich mit der eigenen Währung an den Kapitalmärkten zu verschulden und damit seine Defizite zu finanzieren. Dieses Privileg war unter den Schwellenländern fast einmalig, denn obwohl Südafrika nur das dreißiggrößte Land der Welt war, war die Währung (Südafrikanischer Rand) hoch liquide und arbeitete sich auf den 12. Rang der internationalen Währungen hoch. Durch die Herabstufung der Ratings ist dieser Nimbus nun verloren gegangen und es wird sehr schwierig sein, diesen wiederherzustellen.

Gordhans Nachfolger Malusi Gigaba gilt als Marionette Zumas, der für die wirtschaftliche Verschlechterung alle möglichen Schuldigen in der Industrie sucht, ohne dabei selbstkritisch auf die eigenen Reihen zu schauen. Solange er Finanzminister bleibt, wird sich die Glaubwürdigkeit Südafrikas an den Kapitalmärkten kaum wiederherstellen lassen.

Die entscheidende Frage für die Zukunft der südafrikanischen Wirtschaft hängt also daran, ob sich entweder der ANC zu einer neuen qualifizierten Führung entwickeln kann oder ob durch die nächsten Wahlen 2019 ein tiefer Umbruch in der Parteienlandschaft Südafrikas stattfindet.

Der ANC (African National Congress) ist heute auf jeden Fall Teil des Problems und erfüllt nicht mehr die stabilisierende Rolle, die er nach Ende des Apartheid-Regimes spielte. Die einzige Opposition, die demokratischen Liberalen, haben in den letzten Jahren zwar deutliche Zugewinne erzielen können, vertreten aber aus Sicht der schwarzen Bevölkerung immer noch mehrheitlich die Interessen der weißen Minderheit. Ob dies dauerhaft bleibt, ist unklar, aber ein Regierungswechsel zugunsten der demokratischen Liberalen ist unwahrscheinlich. Der Schlüssel zu einem politischen Wandel in Südafrika liegt in einem Aufbrechen des ANC in seine drei wesentlichen Bestandteile und dabei gilt es gleichzeitig zu verhindern, dass die daraus entstehende Regierungsmehrheit einer eindeutig linken bzw. sozialistischen Agenda folgt. Dies kommt der Quadratur des Kreises gleich, da der ANC zu zwei Dritteln aus ehemaligen Kommunisten oder Gewerkschaftlern besteht, die einer westlichen bzw. kapitalistischen Wirtschaftspolitik grundsätzlich entgegenstehen. Es war in den letzten 20 Jahren sogar eher bemerkenswert, dass diese mehrheitlich linke Koalition eine derart wirtschaftsfreundliche Politik duldete. Der Schlüssel lag in Personen wie Mandela oder dem damaligen Finanzminister Trevor Manuel, die als Garanten für eine Wirtschaftspolitik galten, die mittel- bis langfristig zu einem deutlichen Wohlstandszuwachs für die breite Bevölkerung führte. Dieser Prozess vollzog sich letztlich zu langsam.

Bei 27 % Arbeitslosenquote liegt die soziale Sprengkraft auf der Hand. Bereits in den letzten drei Jahren haben lange und mitunter auch brutale Streiks in verschiedenen Minen oder auch bei den Stromkonzernen zu erheblichen Versorgungsengpässen geführt. Das Gefühl der ungerechten Verteilung macht es dem linken Spektrum im ANC natürlich leicht, mit kommunistischen Thesen bis hin zur Verstaatlichung von Industrie und Land Unterstützung bei Wählern zu finden. Genau das Gegenteil wäre aber richtig. Erschwerend kommt hinzu, dass eine kleine Gruppe privilegierter Regierungsmitglieder einen überproportional höheren Anteil am Volksvermögen unter sich angesammelt hat, was zu einer tiefen Spaltung auch innerhalb der schwarzen Bevölkerungsgruppe führt. Diese Spaltungen und Risse werden durch die Politik Zumas weiter gefördert.

In seiner Tendenz, wenngleich noch nicht in seiner Entwicklung, nähert sich heute Südafrika eher Zimbabwe als anderen und positiveren Beispielen von Entwicklungsländern an. Auch der politische Umsturz von Präsident Mugabe garantiert nicht, dass Zuma seine Politik ebenfalls ändert, um einem ähnlichen Schicksal zu entrinnen. Seine sehr freundliche und unterstützende Haltung gegenüber Simbabwe verdeutlicht eher, dass man sich Mugabe als Vorbild für die eigene Zukunft nimmt. Kurzum: Solange Präsident Zuma im Amt ist und die Regierung stellt, ist mit einem nachhaltigen Aufschwung in Südafrika nicht zu rechnen, und je länger sich ein Regierungswechsel hinzieht, desto ernster werden die dafür notwendigen Institutionen und Strukturen geschädigt.

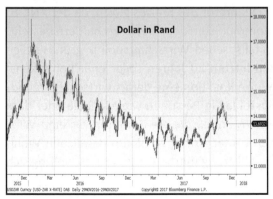

Die desolate politische Lage hinterlässt an den Kapitalmärkten Südafrikas Spuren, die aber längst noch nicht so tief sind, wie man meinen würde. Der Rand hat gegenüber dem US-Dollar und gegenüber dem Euro zwar deutlich abgewertet und liegt auf dem tiefsten Niveau seit 30 Jahren, aber die Kapitalmarktzinsen halten sich im historischen Vergleich im Rahmen von moderaten Abweichungen. Zwar sind die kurzen Zinsen von 6,5 % und die Kapitalmarktrenditen von 8,7 % im internationalen Vergleich sehr hoch, aber angesichts des politischen Risikos in Südafrika eigentlich zu niedrig. So verlockend also eine Investition in südafrikanischen Rand-Anleihen bei

Südafrika - Debakel am Kap

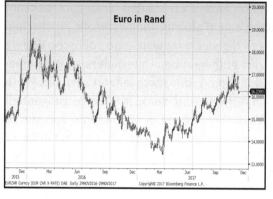

dem niedrigen Randkurs auf den ersten Blick ist, spiegeln sie noch nicht adäquat das politische und Bonitätsrisiko wider. Infolgedessen muss man von südafrikanischen Randanleihen weiter abraten, bis die politische Situation so weit eskaliert, dass eine Wende sichtbar oder greifbar wird. Die Beispiele Argentiniens oder jüngst Venezuelas verdeutlichen, wie das Timing einer solchen Investition getätigt werden kann. Vor der Wende zu kaufen, ist problematisch, erst nach der Wende lohnt sich das Risiko.

Rand Anleihen Wegweiser 2018

Kurse per 29.11.2017

ISIN	Whg.	Kupon	Schuldner	Fälligkeit	Preis (%)	Rendite p.a.	Mindestordergröße nominal	Rating
XS0875328790	ZAR	6,00%	Rabobank	16.01.2019	97,96	7,94%	5.000	AA-
XS0957736480	ZAR	7,50%	European Investment Bank	30.01.2019	99,72	7,72%	10.000	AAA
XS1386404427	ZAR	8,50%	European Investment Bank	14.06.2019	100,98	7,74%	5.000	AAA
XS0848049838	ZAR	6,00%	European Investment Bank	21.10.2019	97,16	7,66%	5.000	AAA
XS0984173624	ZAR	7,50%	European Investment Bank	15.01.2020	99,42	7,79%	5.000	AAA
XS1105947714	ZAR	7,50%	European Investment Bank	10.09.2020	99,18	7,82%	5.000	AAA
XS1046468168	ZAR	7,50%	Rabobank	24.03.2021	98,04	8,18%	5.000	AA-
XS1046468168	ZAR	7,50%	Rabobank	24.03.2021	98,04	8,18%	5.000	AA-
XS0605996700	ZAR	9,00%	European Investment Bank	31.03.2021	102,37	8,13%	10.000	AAA
ZAG000030396	ZAR	6,75%	Südafrika	31.03.2021	95,62	8,28%	1	BB+
XS1072624072	ZAR	8,25%	European Investment Bank	13.09.2021	100,14	8,19%	5.000	AAA
XS1069178173	ZAR	8,25%	Landwirtschaftliche Rentenbank	23.05.2022	99,17	8,46%	5.000	AAA
XS1090019370	ZAR	8,375%	European Investment Bank	29.07.2022	99,89	8,38%	5.000	AAA
ZAG000096165	ZAR	7,75%	Südafrika	28.02.2023	96,50	8,59%	1	BB+
XS1110395933	ZAR	8,50%	European Investment Bank	17.09.2024	99,02	8,69%	10.000	AAA
XS1274823571	ZAR	8,75%	European Investment Bank	18.08.2025	99,31	8,86%	5.000	AAA
XS1167524922	ZAR	8,125%	European Investment Bank	21.12.2026	97,32	8,56%	5.000	AAA
ZAG000016320	ZAR	10,50%	Südafrika	21.12.2026	107,53	9,25%	1	BB+
XS1605368536	ZAR	8,00%	European Investment Bank	05.05.2027	93,65	9,01%	5.000	AAA
ZAG000077470	ZAR	7,00%	Südafrika	28.02.2031	79,64	9,77%	1	BB+
ZAG000030404	ZAR	6,25%	Südafrika	31.03.2036	69,01	9,96%	1	BB+
ZAG000096173	ZAR	8,75%	Südafrika	28.02.2048	86,37	10,21%	1	BB+

Konkret bedeutet das ein Warten auf 2019. Zuma wird die nächste Präsidentschaftswahl nicht mehr gewinnen können bzw. gar nicht mehr antreten. Entscheidend bleibt, wen der ANC im Vorfeld an die Parteispitze wählt. Um sich und seine Familienmitglieder zu schützen, versucht Präsident Zuma derzeit alles, um seine ehemalige Ehefrau an die Spitze des ANC zu hieven. Diese Tradition ist in afrikanischen Staaten hinlänglich bekannt und beliebt, weil sich dann durch eine (Familien-)Amnestie alle juristischen Belange gegen den Vorgänger erledigen. Damit wäre eine politische Wende in Südafrika nicht machbar. Wird entgegen der Unternehmer Cyril Ramaphosa an die Parteispitze gewählt, womit ihm anschließend auch das Präsidialamt sicher wäre, ist mit einer Aufarbeitung der korrupten Vergangenheit Zumas zu rechnen und eine Wiederherstellung der Strukturen von vor 10 Jahren wäre denkbar. Die Chancen stehen dafür gut, aber in Südafrika ist alles möglich - auch das Gegenteil. Mithin wird in den nächsten 12 Monaten darauf zu achten sein, inwiefern ein solcher Wechsel an der Spitze des ANC erkennbar wird. Dabei darf man nicht unterschätzen, um was es hier für Präsident Zuma persönlich und seine Familie geht. Eine Aufarbeitung der korrupten Strukturen hätte sehr weitreichende Konsequenzen, die viele der Betroffenen natürlich verhindern möchten.

Rand Zero Anleihen Wegweiser 2018 — Kurse per 29.11.2017

ISIN	Whg.	Kupon	Schuldner	Fälligkeit	Preis	Rendite p.a.	Mindestordergrösse nominal	Rating
XS1253413816	ZAR	0,00%	European Bank for Reconstruction & Development	01.07.2020	82,32	7,54%	10.000	AAA
XS0076219491	ZAR	0,00%	Bank Nederlandse Gemeenten NV	29.12.2020	77,76	7,82%	5.000	AA+
XS0074838300	ZAR	0,00%	International Bank for Reconstruction & Development	01.04.2022	70,56	8,26%	5.000	AAA
XS0086657532	ZAR	0,00%	International Bank for Reconstruction & Development	31.12.2025	51,11	8,55%	5.000	AAA
XS0074789503	ZAR	0,00%	European Bank for Reconstruction & Development	07.04.2027	45,70	8,63%	5.000	AAA
XS0076085603	ZAR	0,00%	Deutsche Bank AG	27.05.2027	39,90	10,08%	5.000	BBB
XS0076593267	ZAR	0,00%	European Bank for Reconstruction & Development	17.06.2027	44,60	8,75%	5.000	AAA
XS0076717411	ZAR	0,00%	Svensk Exportkredit AB	25.06.2027	41,06	9,54%	5.000	AA+
XS0078528352	ZAR	0,00%	Eskom Holdings SOC Ltd	18.08.2027	29,02	13,39%	5.000	B
XS0080713497	ZAR	0,00%	International Bank for Reconstruction & Development	30.12.2027	43,09	8,58%	50.000	AAA
XS0078962809	ZAR	0,00%	Development Bank of Southern Africa Ltd	31.12.2027	34,34	11,09%	5.000	BB+
XS0082720698	ZAR	0,00%	International Bank for Reconstruction & Development	29.12.2028	38,31	8,97%	5.000	AAA
XS1697550512	ZAR	0,00%	European Investment Bank	18.10.2032	26,91	9,15%	10.000	AAA
XS0079398250	ZAR	0,00%	Eskom Holdings SOC Ltd	31.12.2032	14,83	13,12%	50.000	B
XS1238805102	ZAR	0,00%	International Bank for Reconstruction & Development	29.05.2035	22,99	8,51%	10.000	AAA

Wie immer liegen in solchen Krisenszenarien auch Chancen, wie wiederum Argentinien und Venezuela verdeutlicht haben. Es lohnt sich auf jeden Fall, Südafrika in den nächsten 12 Monaten intensiv zu beobachten, weil eine Deeskalation und Stabilisierung mit der jetzigen Regierung nicht zu erwarten ist. Man legt sich also quasi auf die Lauer, um zu kaufen, „wenn die Kanonen donnern".

23

Saudi-Arabien

Daniel Bernecker

2018 müssen Kapitalanleger mindestens 25 % ihrer dauerhaften Aufmerksamkeit auf die Entwicklung in Saudi-Arabien und dem Nahen Osten legen. Die von dem saudi-arabischen Kronprinzen Mohammed bin Salman (MBS) initiierte grundlegende Neuausrichtung Saudi-Arabiens ist von einer theoretischen Vision 2030 in den letzten 12 Monaten zu einer sehr praktischen Politik umgewandelt worden. Dabei ist ersichtlich, dass die wirtschaftspolitische Neupositionierung Saudi-Arabiens mit dem Ziel, sich weg von den Öleinnahmen zu diversifizieren, nicht nur auf innenpolitische Veränderungen angewiesen ist, sondern auch eine außenpolitische Neuordnung des Nahen und Mittleren Ostens beinhaltet. Nicht zu leugnen ist auch, dass MBS sowohl den Willen zur Macht hat als auch über die nötige Rücksichtslosigkeit verfügt, seine jeweiligen Ziele umzusetzen. Das stellt insbesondere den Westen in Europa und die USA vor eine ziemlich große Herausforderung und bedingt ebenfalls, dass die Kapitalmärkte politische Risiken einpreisen müssen, die in dieser Form noch nicht vorlagen. Selbst die Kriege im Irak oder un Afghanistan waren in ihrer Struktur einfacher einzuordnen, weil es im Wesentlichen um den Eingriff einer westlichen Koalition in die inneren Angelegenheiten des Nahen und Mittleren Ostens ging. Der arabische Frühling in verschiedenen muslimischen Ländern war hingegen eine innenpolitische Eskalation, die aber keiner konkreten strategischen Überlegung folgte. Der Krieg in Syrien war in seiner Tragweite schon weiter, liegt aber deutlich unter dem, was sich in Saudi-Arabien bzw. seinem Umland andeutet.

Das ursprüngliche Ziel der Vision 2030, die Wirtschaft Saudi-Arabiens zu modernisieren, seine Finanzierung auf breitere Einkommensströme zu stellen und damit auch ein höheres Wachstum zu erzielen, war mutig, aber nachvollziehbar. Das früh angekündigte Vorhaben, die größte Ölgesellschaft zu privatisieren bzw. 5 % an den internationalen Börsen notieren zu lassen, hatte dabei einen hohen Symbolcharakter, wurde aber anfänglich als unrealistische Wunschvorstellung des Prinzen angesehen. Ohne Zweifel wird er nach den Maßnahmen 2017 ernster genommen. Das gilt sowohl für die von ihm initiierte Blockade Katars wie auch für den durch ihn erzwungenen Rücktritt des libanesischen Premierministers. Wirklich Eindruck machte MBS mit seiner gezielten Aktion, hochrangige Regierungsvertreter bzw. Unternehmen in einer Razzia gefangen zu nehmen, um sie mit Korruptionsvorwürfen zu konfrontieren bzw. die angeblich von ihnen illegal beiseitegeschafften Vermögen zu repatriieren. Die dazu nötige Kompetenz und Machtfülle erhielt er in dem Coup durch seinen Onkel, der ihm de facto die Kontrolle über die innere Sicherheit und das Militär verschaffte und die Erwartung zementierte, dass er innerhalb der nächsten 12 bis 18 Monate vorzeitig die Rolle des Königs von seinem Vater übernehmen werde. Die sich hier anbahnende Tendenz geht aus Sicht der Kapitalmärkte aber weiter. Solange es sich bei den Maßnahmen der saudischen Regierung um innenpolitische Themen handelt, ist die Relevanz für die Kaptalmärkte eher gering. Im Gegenteil, sie werden sogar eher positiv bewertet, weil die grundsätzliche Überlegung, die saudische Wirtschaft zu reformieren und auch zu liberalisieren, weitere Unterstützung in der akademischen Welt des Westens findet.

Die sich anbahnende Streitigkeit mit dem Iran, die sich langsam von einer verschärften Rhetorik zu einem echten militärischen Konflikt entwickelt, ist für die Kapitalmärkte eine ernst zu nehmende Herausforderung. Im historischen Kontext ist die sich anbahnende Kontroverse indes nachvollziehbar. Über 120 Jahre lang sind die wirtschaftlichen, geographischen und politischen Strukturen des Mittleren Ostens durch die Europäer bzw. Engländer und Franzosen und letztlich durch die USA federführend gestaltet worden. Kein Land des Mittleren Ostens ist weder in seinem Namen, seiner Regierungsform oder in seiner Grenzziehung das Ergebnis einer innenpolitisch nationalen Bewegung. Sie sind komplett von westlicher Hand „gezeichnet" worden. Die Grundlage dieses westlichen Interesses war natürlich das einseitige Interesse der Industriestaaten, die Ölförderung in diesen Regionen auszubauen und in ihrer Gänze der Wertschöpfung zu kontrollieren. Die daraus resultierende Einmischung hat die dauerhafte Instabilität dieser Region bis heute begründet. Mithin ist keiner der vorherigen Staaten, insbesondere auch der Iran, mit der heutigen Ausgangslage wirklich zufrieden, weil sie in keiner Weise die politischen und religiösen Realitäten der Region widerspiegelt. Solange die westlichen Staaten, und hier insbesondere die USA, bereit und fähig waren, die geschaffenen Strukturen kraft der eigenen militärischen Stärke zu erhalten und durchzusetzen, blieben Konflikte zwischen den Regionen auf ein Minimum begrenzt. Für Saudi-Arabien und den Iran stellt sich die Frage, ob sie diese Gestaltung auch den USA überlassen bzw. selbst die Gestaltung ihrer unmittelbaren geographischen Umgebung übernehmen. Beide haben aufgrund ihrer Größe und wirtschaftlichen Stärke die Möglichkeit, den Anspruch einer dominanten Macht in der Region zu übernehmen. Dabei zeichnen sich zwei Konsequenzen ab:

Erstens ist die Frage des Iraks nachhaltig zu klären. Das Land ist von den Engländern buchstäblich gegründet worden und verfügt nach dem Sturz Saddam Husseins im Zweiten Golfkrieg über keinerlei stabile innenpolitische Strukturen. Der Versuch der Amerikaner, hier einen starken Staat zu etablieren, ist gescheitert, sodass der Irak heute als Staat mit allen seinen Ölreserven aus Sicht der Iraner und auch Saudi-Arabiens buchstäblich zur Disposition steht. Die Funktion eines Pufferstaats zwischen beiden, um jeweilige Sicherheitsgarantien zu untermauern, ist mehr als fraglich. Der Vergleich zwischen dem Irak und Polen vor dem Zweiten Weltkrieg als Puffer zwischen der Sowjetunion und Deutschland ist naheliegend. Alle religiösen Differenzen spielen dabei eine eher untergeordnete Rolle, wenngleich sie nicht gänzlich zu vernachlässigen sind. In einem Konflikt zwischen Iran und Saudi-Arabien geht es um das Territorium des Iraks.

Zweitens wird ein militärischer Konflikt zwischen Saudi-Arabien und dem Iran kein regional zu begrenzender Konflikt sein. Bereits der Krieg in Syrien hat in den letzten vier Jahren verdeutlicht, wie schnell europäische Staaten, aber auch Russland oder die USA in den Konflikt aufgrund der eigenen Ineressenlage gezwungen werden. Dabei hat sich schon in der „Lösung" des Syrien-Konflikts gezeigt, dass eine erhebliche Verschiebung der Einflusssphäre von Westen nach Osten erfolgte. Diese wird sich bei einer eskalierenden Situation zwischen Saudi-Arabien und dem Iran nochmals verstärken, wobei davon auszugehen ist, dass in dem Fall auch China entgegen seiner bisherigen Tradition stärker in eine Regelung und Vermittlung des Konflikts eintreten wird. Damit überschattet das Risiko eines Iran/Saudi-

Arabien-Konflikts deutlich jeden geopolitischen Brandherd, den wir 2016 und 2017 (z.B. Nordkorea) im Visier hatten.

Drittens: Bei aller Begeisterung und Euphorie von einer Elektrifizierung und Digitalisierung von Wirtschaften bleibt die Abhängigkeit vom Öl dominant. An der Bedeutung der Region im Ölmarkt ändert auch der Boom der amerikanischen Fracking-Industrie mittelfristig wenig. Die OPEC hat entgegen mehrerer Erwartungen 2016 und 2017 eine beeindruckende Disziplin in der Regelung der Förderquoten bewiesen, die vor allem auch durch die Staatskrise in Venezuela nicht unterwandert wurde. Ebenfalls beeindruckend ist die Erkenntnis, dass Russland innerhalb der OPEC mindestens gleich starkes Mitglied gegenüber Saudi-Arabien ist, aber nach jüngsten Schätzungen sogar die dominante Figur in dem Kartell bildet. Damit gewinnt Russland bzw. Präsident Putin ein außenpolitisches Gewicht, das ihm der amerikanische Präsident Obama noch 2015 absprach und das vor allem die Europäer in die unglückliche Lage versetzt, Sanktionen gegen das Land weiterzuverfolgen, das über einen so bedeutenden Einfluss in der Energiepolitik verfügt.

Viertens versucht China unter der resoluten Führung von Präsident Xi, Einfluss in der Region zu gewinnen, um einerseits den eigenen Energiebedarf abzusichern und sich andererseits als geopolitisches Gegengewicht zum Westen zu profilieren. Die Wahrscheinlichkeit, dass der erste große außenpolitische Test der Chinesen somit im Mittleren Osten stattfindet und nicht, wie von vielen Beobachtern vermutet, in der chinesischen Südsee, ist sehr hoch.

Dies für sich wird Nebenwirkungen in den außenpolitischen Debatten weltweit haben, die dann über den ursprünglichen Konflikt im Mittleren Osten hinausgehen.

Die Erholung des Ölpreises war 2017 einer der bemerkenswerten Wendepunkte, der noch vor 10 Monaten nicht prognostiziert wurde. Die erste Reaktion auf die Erholung des Ölpreises seitens der Kapitalmärkte ist positiv, weil er ins Bild der weltweiten Wirtschaftserholung passt und auch signalisiert, dass sich die Angebots-/Nachfrage-Verwerfungen im Ölmarkt nachhaltig auflösen. Eine Risikoprämie ist im Öl bisher noch nicht enthalten. Mithin wird auch der Einfluss der Energiepreise auf die Inflationsraten sehr gering eingeschätzt. Bei einer deutlichen Verschärfung der Konflikte im Mittleren Osten wird sich dies ändern und dann stellt sich sehr wohl die Frage, inwiefern die niedrige Inflationserwartung mit der daraus abgeleiteten Konsequenz für die Zinsmärkte nachhaltig Bestand haben wird. Derzeit lässt sich dies an den Kapitalmarktzinsen im Dollar oder Euro nicht erkennen, aber die grundlegende Mechanik darf nicht ignoriert werden.

Saudi-Arabiens Vision unterscheidet sich grundlegend von der außenpolitischen Historie der Region, indem hier nicht reagiert wird, sondern aktiv gestaltet werden soll. Es deutet sich an, dass MBS eine Vision hat, um nicht nur das eigene Land wirtschaftspolitisch zu modernisieren, sondern die unmittelbare Region außenpolitisch zu dominieren. Um dies zu erreichen, teilt er andere Staaten sehr kategorisch in Befürworter und Gegner seiner Politik und verlangt von den einen bedingungslose Loyalität, um mit entschiedener Härte gegen die anderen vorzugehen. Er bedient sich dabei der Taktik, mit der die Amerikaner ihre Koalitionen in den letzten Jahrzehnten schmiedeten, und übernimmt andererseits die Führungsstrukturen, die bereits in Russland oder China zu einer sehr wirkungsvollen Regierungsführung beitragen. Sein Interesse ist also in keiner Weise, diesen Konflikt „entre nous" zu lösen, sondern er verlangt die Unterstützung der restlichen Industriestaaten mit dem klaren Hinweis, was es kostet, diese zu verwehren. Eine solche Außenpolitik ist den Europäern seit gut 70 Jahren unbekannt.

Kriege dieser Art sind vor allem langwierig und teuer. Sie binden Ressourcen und verwerfen die Märkte in einer Art und Weise, die nicht kompatibel ist mit der Mechanik einer freien Wirtschaft in einer globalen Welt. Vor allem darin liegt die Herausforderung der Kapitalmärkte, das Risiko, das sich aus einer solchen Eskalation ergibt, dauerhaft richtig einzupreisen. Dabei darf man unterstellen, dass sämtliche Assetklassen und Devisenmärkte wie auch die Rohstoffmärkte von einem solchen Konflikt beeinträchtigt werden. In dem Moment, in dem sich die übrigen Staaten in Europa, den USA oder China gezwungen sehen (wie schon im Syrien-Konflikt), für die eine oder andere Seite Stellung zu beziehen, übertragen sich die politischen Risiken unmittelbar auf die jeweiligen Kapitalmärkte. Vereinfacht gesagt: Nicht Donald Trump stellt die Globalisierung infrage, sondern Saudi-Arabien bzw. der mögliche Konflikt mit dem Iran.

Bislang lässt sich nicht erkennen, ob eine militärische Auseinandersetzung mit dem Iran ein unabdingbares Ziel Saudi-Arabiens ist, auf das man zielstrebig hinarbeitet, oder ob eine Alternativlösung denkbar wäre. Eine friedliche Koexistenz beider Staaten oder eine Kompromisslösung ist aber unwahrscheinlich. Dazu sind die Herausforderungen zu groß und die Übereinstimmung der Interessen zu gering.

24

China: Kommunismus 2.0

Daniel Bernecker

China hat 2017 seinen innen- und außenpolitischen Anspruch klar formuliert. Vor dem Hintergrund des Regierungswechsels in den USA tritt dieser noch deutlicher hervor, ist aber nicht in der Amtsübernahme von Trump begründet. Vielmehr hat Peking in den letzten 12 Monaten nur das eindeutig belegt, was sich in den Jahren zuvor andeutete, aber eben nicht griffig formuliert wurde. Unklar ist, wie sich die restliche westliche Welt demgegenüber profilieren kann. Denn ebenso klar ist, dass der chinesische Ansatz nur bedingt kompatibel mit den westlichen Vorstellungen ist. Von Integration kann keine Rede sein und inwiefern eine Koexistenz wirklich machbar ist, wird sich in den nächsten Jahren zeigen. Die Herausforderung ist jedenfalls ernst zu nehmen.

Diese Entwicklung ist umso bemerkenswerter, wenn man sich vergegenwärtigt, mit welchen Problemen China in den Jahren 2015 und 2016 fertigwerden musste. Die Regierung sah sich mit zwei wesentlichen Herausforderungen in diesen Jahren konfrontiert: Der massive Kapitalabfluss ließ die Devisenreserven von ca. 3,5 auf knapp unter 3 Billionen Euro zusammenschmelzen. Hintergrund waren massive Kapitalabflüsse seitens der Investoren und Unternehmen, die Geld ins Ausland transferierten, um entweder dort zu investieren oder es in sicheren Häfen zu parken. Der Rückgang der Devisenreserven führte dazu, dass die Kreditfähigkeit des chinesischen Bankensystems unterwandert wurde, was wiederum die Gefahr einer Kreditkrise mit sich brachte. Gleichzeitig führte dieser massive Kapitalabfluss zu einer deutlichen Abwertung der chinesischen Währung Yuang, was nur durch massive Intervention der chinesischen Notenbank kompensiert werden konnte. Diese Interventionen führten wiederum dazu, dass die Devisenreserven zusätzlich belastet wurden, weil Dollar und Euro gegen Yuan verkauft werden mussten, um die eigene Währung zu stützen. Es bestand

2015 und 2016 weltweit die ernste Sorge, dass das chinesische Finanzsystem in eine Krise rutschte, was zu einer erheblichen Beeinträchtigung der wirtschaftlichen Dynamik im Inland, aber auch weltweit geführt hätte. Letztendlich konnte die Regierung nur mit drastischen Kapitalkontrollen die Situation unter Kontrolle bringen, was aber natürlich dazu führte, dass der Status der Währung international beschädigt wurde. Nichtsdestotrotz muss man den Chinesen attestieren, dass sie mit ihrem konsequenten Durchgreifen eine dritte weltweite Finanzkrise nach den USA 2007 und Europa 2011 verhindert haben.

Vor diesem Hintergrund ist die demonstrative Stärke 2017 umso beeindruckender. Die Kaptalkontrollen sind inzwischen wieder gelockert, die Währung stabilisiert und die Devisenreserven wieder aufgefüllt worden: Das Wirtschaftswachstum hat sich auf 6,5 % p.a. eingependelt und das befürchtete Platzen einer Kreditblase ist ausgeblieben.

Nicht minder beeindruckend ist die Konsequenz, mit der Präsident Xi in diesen Jahren seine politische Position gefestigt und die Kontrolle der Wirtschaft und Gesellschaft vertieft hat. Der Kontrast gegenüber den zerstrittenen und heftigen Diskussionen innerhalb westlicher Demokratien könnte dabei nicht stärker sein: Auf der einen Seite eine chinesische Regierung, die geschlossen auftritt und jeden Widerspruch beiseiteschiebt, auf der anderen westliche Demokratien, die den Eindruck erwecken, dass sie sich durch die demokratische Streitkultur selbst zersetzen. Die Frage ist nun: Wohin will China und welche Konsequenz hat das für den Westen und vor allem für die Kapitalmärkte?

Bislang war die chinesische Politik darauf ausgerichtet, innenpolitische Stabilität zu gewährleisten. Diese Stabilität basiert auf dem Versprechen gegenüber der Bevölkerung, durch nachhaltiges Wachstum mehr Wohlstand zu schaffen. Solange die Bevölkerung auf breiter Front an den Wohlstandszugewinnen partizipiert, ist sie bereit, auf demokratische Prozesse zu verzichten bzw. die negativen Begleiterscheinungen eines autoritären Systems zu tolerieren. Um das nötige Wachstum dauerhaft darzustellen, finanziert die Regierung Wachstum mit einer sich sehr stark ausweitenden Kreditmenge, die sich seit 2009 fast vervierfacht hat. Diese stark steigende

Verschuldung, die inzwischen 290 % des BIPs erreicht hat, ist nur aufrechtzuerhalten, weil der Staat über das staatliche Bankensystem Kredite quasi per Dekret vergibt. Mit einer Kreditvergabe bzw. einem Bankensystem nach westlichem Muster hat das wenig zu tun. Dadurch werden auch Konsolidierungsprozesse in Industrien, die unter starken Überkapazitäten leiden, verhindert und alle Unternehmen, die nicht rentabel sind, durch weitere Kredite künstlich am Leben gehalten. Die Kapitaldienstfähigkeit dieser Unternehmen darf zu Recht bezweifelt werden, was wiederum die Frage aufwirft, wie groß die echten Verluste aus den gesamten Kreditportfolios bei Banken wären, wenn sie gezwungen wären, faule Kredite abzuschreiben. Nach westlichen Vorstellungen ist eine solche Geldpolitik nicht haltbar. Die Chinesen stellen aber eine gewisse Sondersituation dar:

Das chinesische Wachstum hängt sehr stark davon ab, dass ausländische Firmen in China investieren und produzieren lassen, was zu einem sehr starken Kapitalzufluss nach China mündet. Diese Kapitalzuflüsse, die normalerweise zu einer Aufwertung der Währung führen würden, werden nun wieder durch die Notenbank per Intervention neutralisiert, indem sie die eigene Währung gegen die Dollar- und Eurozuflüsse verkauft. Im Gegenzug nehmen die Devisenreserven wieder zu. Nach jüngsten Schätzungen liegen sie inzwischen wieder bei 3,2 bis 3,3 Billionen Dollar. Diese Devisenreserven ermöglichen es der Notenbank, inländischen Banken das Kapital zur Verfügung zu stellen, was für die oben genannte ungewöhnliche Kreditpolitik notwendig ist. Die dauerhafte Ausweitung der Verschuldung der Chinesen ist also nur möglich, solange der Kapitalzufluss aus der restlichen Welt nach China hinein anhält. Dieser Abhängigkeit sind sich die wenigsten bewusst, sie spielt aber eine gravierende Rolle in der Fortsetzung des bisherigen Wirtschaftswachstums.

Mithin exerzieren die Chinesen einen ungewöhnlichen Spagat. 27 Jahre nach Ende der Sowjetunion propagieren sie ein neues System, das politisch kommunistisch ist, wirtschaftlich aber kapitalistisch. Kein kommunistisches Regime hat je zuvor diese Zweiteilung propagiert. Im Rückblick auf die Auflösung der Sowjetunion mit all ihren destabilisierenden Konsequenzen ist Peking darauf bedacht, die totale politische Kontrolle über Wirtschaft und Märkte zu behalten, gleichzeitig aber die wirtschaftliche Dynamik, die sich aus einer kapitalistischen Marktwirtschaft ergibt, zu nutzen. Eine hochinteressante Kombination, die aber völlig im Widerspruch zu dem steht, was die Europäer und die Amerikaner in den letzten 20 Jahren von den Chinesen erwarteten. Wer immer davon ausging, dass China mit einer weitergeführten Liberalisierung der Wirtschaft und Öffnung seiner Märkte letztlich auf ein westliches Modell zusteuere, dürfte nach 2017 endlich erkannt haben, dass dies nicht der Fall ist. Damit stellt sich für den Westen die schwierige Frage, ob und wie man sich mit diesem Dualsystem der Chinesen arrangieren kann oder auch will. Die logische Debatte wollte der Westen auf jeden Fall vermeiden. Dies wird aber mittelfristig nicht mehr möglich sein.

Die Notwendigkeit dieser Diskussion drängt sich zudem auf, nachdem der chinesische Präsident Xi im Herbst 2017 dieses System auch der Welt als Vorbild angeboten hat. Darin lag die wirkliche Brisanz des jüngsten Asien-Gipfels, an dem neben mehreren asiatischen und pazifischen Staaten vor allem auch die USA teilnahm. Peking bezieht dieses System also nicht nur auf sich, sondern vertritt auch die Meinung, dass es für Staaten in Asien, Afrika und auch Lateinamerika eine echte Alternative zum westlichen Modell darstellt. Das heißt, sie propapieren einen weitgehend totalitären Staat mit einem Ein-Parteien-System, der sich lediglich der Vorzüge eines dynamischen Wirtschaftssystems bedient. Sich diesem kapitalistischen System aber auch politisch zu unterwerfen, indem man damit auch demokratische Grundprinzipien verknüpft, kommt nicht infrage. Mit diesen sehr publik gemachten Äußerungen hat Peking eine Grenze überschritten, die den Westen stark irritieren müsste. Die Toleranz gegenüber dem chinesischen Modell war so lange vertretbar, wie es sich nur um eine innenpolitische Lösung der Chinesen handelte. Wird dieses Modell zur Grundlage der chinesischen Außenpolitik, wird ein ideologischer Streit aufflammen, den man eigentlich mit dem Ende des Kalten Krieges 1990 für beendet hielt. Bislang hat der Westen hier noch keine Gegenposition formuliert.

Tatsächlich stecken die USA und auch die Europäer hier in einem Dilemma. China ist als Absatzmarkt und auch als Produktionsstätte so bedeutend für das eigene Wachstum, dass man sich eine Ausgrenzung der Chinesen eigentlich nicht leisten kann. Die chinesische Volkswirtschaft, die je nach Maßstab inzwischen die größte oder zweitgrößte der Welt ist, ist so stark in die Weltwirtschaft integriert, dass jede Einschränkung oder Ausgrenzung der Chinesen sofort die eigene Wirtschaftsdynamik und den eigenen Wohlstand empfindlich beeinträchtigt. Dessen ist sich Peking sehr wohl bewusst und daraus zieht es auch seine ideologische Stärke. Es ist schon eine Ironie der Geschichte, dass 27 Jahre nach dem angeblichen Untergang des Kommunismus eine dynamische, globalisierte und kapitalistische Welt zum größten Teil wieder von einem kommunistischen System abhängig geworden ist. Vor dieser Erkenntnis verschließen die westlichen Industriestaaten gerne die Augen, das ändert aber nichts an der Realität.

Eine Koexistenz beider Systeme wäre eventuell denkbar, wenn die Chinesen nicht aggressiv gegen das westliche Modell vorgehen. Die oben genannten Überkapazitäten der vom Staat über Kredite finanzierten Industrien führen in den Exportländern in Europa oder in den USA zu drastischen Preissenkungen, die wiederum die eigenen konkurrierenden Industrien gefährden. Das bezieht sich nicht nur auf Stahl, sondern auch auf Zulieferindustrien aller Art oder auch auf die Textilindustrie sowie den Maschinenbau. Die Chinesen sind also gar nicht gewillt, die eigene Dynamik zu beschränken, um die Stabilität in den westlichen Staaten zu garantieren, sondern sie beabsichtigen, die eigene wirtschaftliche Dynamik zulasten der westlichen Staaten zu beschleunigen. In dieser Logik, die man konsequent weiterdenken muss, ist auch der Ansatz der neuen amerikanischen Handelspolitik unter Trump zu verstehen.

Wie schon im Kalten Krieg kann die oben skizzierte ideologische Rivalität nur von den Amerikanern eingedämmt oder in ihre Schranken gewiesen werden. Die Europäer und auch sämtliche anderen kleineren Industriestaaten können und werden hier nur wenig zu diesem Streit beitragen und werden letztlich den Ergebnissen der Amerikaner folgen und folgen müssen. Um diesen Wettstreit aufzunehmen, müssen die Amerikaner sich aus sämtlichen multilateralen Verabredungen verabschieden, um den höchstmöglichen Handlungsspielraum bei der Definition einer neuen Handelspolitik zu haben. Sämtliche vertraglichen Regelungen, die in den letzten 25 Jahren von den westlichen Industriestaaten getroffen wurden, sind in dem Moment hinfällig, in dem wieder ein rivalisierendes politisches System die eigene Vorstellung von freien Märkten mit all ihren Komponenten infrage stellt. Genau das haben die Chinesen im Oktober 2017 öffentlich getan und somit alle Vermutungen seitens der Amerikaner in diese Richtung bestätigt. In Europa ist diese Botschaft noch nicht angekommen.

Wie man diesem chinesischen Model entgegenzutreten hat, ist allerdings unklar. Logisch ist, dass man aber zunächst versucht, die eigenen Märkte gegen eine Überflutung durch ausländische Produkte zu schützen. Dass diese protektionistischen Gedanken natürlich im völligen Widerspruch zu der freien Handelsbotschaft der letzten 25 Jahre stehen, ist unstrittig. Unabdingbar ist es aber dennoch. Nur wenn die Chinesen nicht mehr in der Lage sind, mit ihren Produkten ausländische Märkte und die dortigen Industrien zu unterwandern, werden sie auf die ersten notwendigen Widerstände stoßen. Ob dieser Protektionismus in Form von höheren Zöllen oder sonstigen Auflagen umgesetzt wird, ist nicht entscheidend. Entscheidend ist die Wirkung, die dann auch die chinesische Führung dazu zwingen wird, zu entscheiden, wie sehr sie sich mit ihrer ideologischen Botschaft künftig aus dem Fenster hängen wird. Völlig logisch ist jedenfalls, dass je aggressiver die Chinesen ihr System weltweit propagieren, desto größer die Widerstände des Westens dagegen werden müssen. Das ist eine Realität, die zu einem drastischen Umdenken insbesondere bei den Europäern führen muss.

Die Rolle der chinesischen Währung darf hier ebenfalls nicht unterschätzt werden. Die Exportfähigkeit der Chinesen wird durch die massive Intervention der Notenbank zulasten der eigenen Währung unterstützt. Durch die oben genannten Interventionen hält man den Yuan gegenüber Euro und Dollar niedrig, während man gleichzeitig die Devisenreserven weiter ausbaut. Dieses Modell haben die Japaner bereits in den letzten 60 Jahren erfolgreich umgesetzt, was zu erheblichen handelspolitischen Streitereien insbesondere mit den USA führte, die letztendlich immer dadurch beigelegt wurden, dass die Japaner sich letztlich dem westlichen Wirtschaftsmodell unterordneten. Die Chinesen werden dies nicht tun. Mithin werden auch die Amerikaner und letztlich auch die Europäer dafür sorgen, dass eine künftige Manipulation des Yuan beendet wird, um zu erreichen, dass mit einer Aufwertung der chinesischen Währung die Exportfähigkeit und somit auch die wirtschaftliche Dynamik gedrosselt wird.

Alle diese Punkte lassen sich in der These von US-Präsident Trump bezüglich „Fair Trade" statt „Free Trade" zusammenfassen. Der zugrunde liegende Denkansatz des US-Präsidenten ist auch völlig richtig, wenngleich er von der westlichen Wirtschaftspresse weiterhin stark kritisiert wird. Mit der Zeit wird sich aber die Erkenntnis verfestigen, dass die bisherige westliche multilaterale Interpretation des freien Handels dazu führt, dass die Chinesen den Westen übervorteilen und somit nachhaltig seine wirtschaftliche Stabilität unterwandern. Diese Dynamik ist ernst zu nehmen und wird die politischen und wirtschaftlichen Debatten der nächsten Jahre prägen. Aus Sicht der Kapitalmärkte ergibt sich somit ein uneinheitliches Bild, das keine schnelle und voreilige Einschätzung zulässt.

Einerseits ist China aufgrund seiner Größe und Dynamik der entscheidende Faktor für die Bewertungen von Assets aller Art an den internationalen Kapitalmärkten. Die Börsentendenz der letzten zwei Jahre war maßgeblich daran gekoppelt, dass die chinesische Dynamik aufrechterhalten wird und somit die vermeintliche Schwäche in den europäischen und westlichen Industriestaaten kompensiert. Wenn der IWF heute ein Weltwirtschaftswachstum von 3,2 % für jedes der nächsten drei Jahre prognostiziert, so hängt dies maßgeblich davon ab, dass das chinesische Wirtschaftswachstum die angestrebte Bandbreite zwischen 5,5 und 6,5 % einhält. Die gleiche Logik überträgt sich auch auf Aktien der Industriekonzerne weltweit. Ohne nachhaltiges chinesisches Wachstum sind sämtliche Gewinnschätzungen und somit auch sämtliche Bewertungen, die an den Börsen gehandelt werden, zu überprüfen. Dabei geht es nicht nur um die Fähigkeit, in den chinesischen Markt zu verkaufen, sondern auch gleichzeitig dort produzieren zu lassen. Die Verquickungen gehen über die Rohstoffmärkte weiter, deren Preise und Volumina ebenfalls stark von der chinesischen Wirtschaft beeinflusst werden. Die ganze Kalkulationsgrundlage der Weltwirtschaft würde sich aus Sicht der Kapitalmärkte verschieben, wenn das chinesische Wachstum drastisch und dauerhaft zurückgeht. Insofern sind die Kapitalmärkte daran interessiert, aus Eigeninteresse das chinesische Modell weiter zu finanzieren.

Auf der anderen Seite werden die Kapitalmärkte künftig vor der Frage stehen, ob mit fortlaufendem Wachstum das chinesische Modell die eigene

Existenz in den Heimatmärkten infrage stellt. Je größer China wird, umso größer wird auch sein Einfluss in wirtschaftspolitischen und kapitalmarktrelevanten Fragen, insbesondere dann, wenn tatsächlich andere Länder anfangen, das chinesische Modell zu übernehmen bzw. zu kopieren. Auch hier gibt es eine interessante Parallele zu der letzten ideologischen Rivalität im Kalten Krieg. Die Sowjetunion begann in dem Moment auseinanderzufallen, als die internationalen Kapitalmärkte nicht mehr gewillt waren, das kommunistische System zu finanzieren bzw. das kommunistische System nicht mehr in der Lage war, eine Eigenfinanzierung darzustellen. Vor diese Frage werden die internationalen Kapitalmärkte in den nächsten Jahren auch gestellt werden. Wie weit sind sie also bereit, ein rivalisierendes System aus Eigeninteresse zu finanzieren, und wann ist die Grenze erreicht, wo das nicht mehr zu tolerieren ist?

Vor diesem Hintergrund muss man auch die Ansätze der Amerikaner bewerten, China als Währungsmanipulator (Currency Manipulator) abzustempeln bzw. China in Handelsfragen vor die Welthandelsorganisation WTO zu zerren. Bislang belässt es die US-Administration bei scharfer Rhetorik. Werden daraus konkrete Verfahren, hat das gravierende Folgen für die Kapitalmärkte, weil in dem Moment eine Vielzahl von Transaktionen mit den Chinesen rechtlich nicht mehr möglich sind. Der Kapitalstrom, den der Westen also nach China hineinpumpt, kann nur solange fortgeführt werden, wie er uneingeschränkt legal ist. Wird China offiziell in Handelsstreitigkeiten verwickelt, werden diese Kapitalzuflüsse deutlich abnehmen. Dies ist eine wichtige Stellschraube, die der Westen hat und die von den Chinesen auch ernst genommen wird. Deswegen setzt Peking alles daran, nicht offiziell als Manipulator gekennzeichnet und vor allem auch trotz seiner wirtschaftlichen Größe von der WTO immer noch offiziell als Entwicklungsland eingestuft zu werden. Das führt auch dazu, dass man eine ganze Reihe von begünstigten Handelskonditionen in Anspruch nehmen darf, die in dem Moment wegfallen, in dem China als entwickeltes Land bzw. Industriestaat kategorisiert wird.

Bislang gingen die USA und auch die Europäer davon aus, dass die Vorteile des chinesischen Wachstums die Nachteile überwiegen. Diese Beurteilung ist nicht mehr so eindeutig zu teilen und die Haltung der chinesischen Regierung, die 2017 erneut unterstrichen wurde, hat die Veränderung dieses Gleichgewichts nochmals betont. Mithin stellt sich die Frage, wann dem Westen und vor allen Dingen den USA der Geduldsfaden reißt und man zu härteren Maßnahmen greift, um der chinesischen Entwicklung entgegenzutreten. Die Amerikaner arbeiten bereits an dieser Position, werden sie letztlich auch eigenmächtig durchsetzen und die übrigen Industriestaaten werden keine andere Alternative haben, als den amerikanischen Vorgaben zu folgen.

Wenn also die westliche Presse derzeit lamentiert, dass die USA sich aus ihrer bisherigen Führungsrolle zurückziehen, um nur die eigenen Interessen zu vertreten, ist genau das Gegenteil der Fall. Die Amerikaner formulieren die Regeln des Westens in puncto Handels- und Wirtschaftspolitik neu und werden letztlich von allen Partnerländern verlangen, dass diese künftig einzuhalten sind. Nicht anders hatte man es nach dem Zweiten Weltkrieg gemacht und die westliche Welt ist politisch und wirtschaftlich damit groß geworden. Dies widerspricht natürlich dem europäischen und insbesondere dem deutschen Konsensdenken, die intuitiv auf multilateraler Ebene ein Mitspracherecht beanspruchen, das ihnen aber letztlich nicht gewährt werden wird. Darin liegt die Härte und die Konsequenz der amerikanischen „Amerika-first-Politik", die derzeit vertreten wird.

Die Implikationen dieser Entwicklung sind nicht theoretisch, sondern sehr praktisch zu sehen. Man muss also keine großen Analysen über einen möglichen ideologischen Konflikt erstellen, um zu erkennen, dass das von China vertretene System bereits heute international Anerkennung findet. Die Überlegung, ein autokratisches politisches System einzuführen, das einer weitgehend privatwirtschaftlichen Wirtschaftspolitik übergeordnet ist, findet bereits Nachahmer in Russland oder auch in Saudi-Arabien. China legitimiert somit das Vorgehen Putins, sich politisch den demokratischen Regeln zu entziehen, gleichzeitig aber weitgehend marktfreundliche Tendenzen in der Wirtschaftspolitik zu dulden. Die Kritik der Europäer und vor allem der Deutschen gegenüber autokratischen Staaten klingt in dem Moment hohl, da sie China und sein System nicht nur akzeptieren, sondern zudem applaudieren. Insofern muss Peking seine Idee gar nicht groß exportieren. Sie findet bereits internationale Sympathisanten.

Saudi-Arabien ist das jüngste Beispiel dieser Entwicklung. Auch hier versucht der junge saudische Prinz einerseits die politische Macht weitgehend auf sich zu konzentrieren, während er gleichzeitig wirtschaftliche Reformen und Privatisierungen forciert, um die Volkswirtschaft des eigenen Landes zu dynamisieren. Sein Vorgehen gegen korrupte Eliten ist 1:1 dem Drehbuch der Chinesen entnommen. So wie Präsident Xi in den letzen drei Jahren die eigenen Reihen durch Bekämpfung der Korruption einerseits bereinigte und andererseits stärker an sich band, folgt die saudi-arabische Führung in ihrer Korruptionsbekämpfung der gleichen Logik.

Es ist insofern auch nicht verwunderlich, dass China seine bilateralen Handelsbeziehungen zu Russland oder Saudi-Arabien, aber auch zum Iran oder Venezuela, vertiefen kann, ohne dabei auf wesentliche Kritik zu stoßen. Man bewegt sich quasi unter Gleichgesinnten. Für die Europäer und auch Amerikaner ist dies bereits kritisch, da sie selbst Handelsbeziehungen zu diesen Ländern pflegen und ausbauen wollen, aber hier inzwischen Schwierigkeiten haben, die gewünschten Ziele zu erreichen. China bietet diesen Ländern ideologisch und systematisch eine echte Alternative, die man im Westen nicht mehr findet.

In den kommenden 12 Monaten wird sich die Kluft zwischen den beiden Systemansätzen weiter ausweiten. Insbesondere für die Europäer, deren laufender wirtschaftlicher Aufschwung sehr stark von der Exportfähigkeit nach China abhängt, wird dies ein schwieriger Balanceakt. Die Börsen werden dies solange tolerieren, wie die Absatzfähigkeit europäischer Produkte seitens der Konzerne in China nicht infrage gestellt wird. Verhärten sich aber die Handelspositionen oder schließen die Chinesen in kleineren Schritten ihren Markt, hat das für die europäischen Börsen sehr wohl eine negative Konsequenz.

25

Asien tickt anders!

Hans A. Bernecker

Bis vor zweieinhalb Jahren gehörte es zum morgendlichen Ritual jedes Börsenhändlers, zunächst einmal die Fakten und Nachrichten aus China zu sortieren, um daraus zu folgern, wie wohl der deutsche Börsentag aussehen wird.

In den vergangenen Monaten war davon nichts mehr zu spüren, die China-Ergebnisse wurden kaum noch zur Kenntnis genommen. Das ist nachvollziehbar.

China und Indien repräsentieren zusammen rund die Hälfte der Weltbevölkerung. Deren Entwicklungen nach den ersten stürmischen Jahren des chinesischen Wirtschaftswunders verlangen eine andere Beurteilung, als dies gegen Ende der 80er-Jahre vielseitig vermutet wurde. Dafür lohnt zunächst ein Blick auf die fortschrittlichste Nation Asiens, Japan.

Japan machte ab den 60er-Jahren vor, wie asiatisches Wirtschaftswunder funktioniert, abläuft und was daraus geworden ist. Der Nikkei-Index als Meinungsbild Japans begleitete das japanische Wirtschaftswunder mit einem Gewinn von über 1.000 % und insgesamt sogar 4.000 %, je nach Ausgangslage. Japan wurde zum Sinn- und Vorbild für alle Asiaten.

Für die Manager westlicher Firmen war eine Reise nach Tokio Pflicht, um neue oder andere Methoden kennenzulernen, wie man produktiver und rentabler produziert und mit den Ergebnissen dann die Weltmärkte erobert.

Anfang 1989 erreichte der Nikkei mit 38.600 Zählern seinen höchsten historischen Stand, der bis heute einen sagenhaften Wert repräsentiert, der nie wieder erreicht wurde. Warum nicht?

Der Erfolg der Japaner mit ihren Produkten und in den Märkten war zu diesem Zeitpunkt ziemlich genau die Spitze der japanischen Kompetenz.

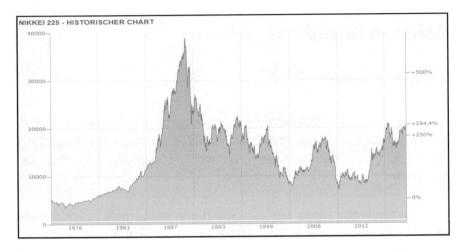

Japan ist seitdem immer noch eine der führenden Industrienationen der Welt, insbesondere für die Sektoren Auto und Elektrotechnik bzw. Elektronik bis zum Roboter und der Fototechnik, aber damit ist bereits der größte Teil ihrer Kompetenz erfüllt.

Da die Produktionskosten im Inland zu hoch sind, wanderten große Teile entweder in die USA (Autobau) oder nach China aus. Der Anteil dieser Produktion an den Umsätzen japanischer Firmen erreicht inzwischen 30 bis 40 und in einzelnen Fällen sogar 60 %. Damit sind diese Konzerne zwar immer noch Weltmarken, aber ihre Wertschöpfung findet nicht mehr in Japan, sondern im Ausland statt.

Die japanische Gesellschaft verpasste sämtliche Anschlüsse. Die historisch gewachsenen Gesellschaftsstrukturen gleichen noch immer denen von vor hundert Jahren. Die Aufstiegschancen junger Leute sind sehr begrenzt und mithin stagniert die Gesellschaft in sich. Da Zuwanderungen ausländischer Fachleute und Wissensträger nur eine große Ausnahme darstellen, stellt sich Japan somit als Closed Shop dar.

Verzweifelt versuchen die japanische Regierung und die Notenbank, diese Stagnation zu überwinden, indem sie permanent Geld drucken, um entweder die Nachfrage zu stimulieren oder die Inflationsrate anzuregen. Inzwischen stieg diese Verschuldungsquote auf über 240 % des BIP und ist damit Weltrekord.

Die alternde Gesellschaft Japans ist denkbar schlecht geeignet, solche monetären Anregungen aufzugreifen. Kurzum: Wie Japan aus dieser selbst gestellten Falle herauskommen will, wird von internationalen Experten als hoffnungsvoll kommentiert, aber in der Sache bisher nie richtig getroffen.

Investments in japanische Aktien waren in der gesamten Laufzeit der vergangenen Jahre ein möglicher und zeitlich begrenzter Trade, aber keine wirkliche Anlage mit tragbarem Langfrist-Charakter. Die letzten vier Jahre unter der aktuellen Regierung bewirkten zwar umfangreiche Anregungen für Aktien-Investments, am besten dargestellt im Nikkei, doch dies wurde regelmäßig nur dadurch erreicht, dass der Yen entsprechend abwertete. Das ergab ein Nullsummenspiel.

Es gibt wenige Anzeichen für eine Änderung. Eine völlig neue Politik mit neuen politischen Grund-Ideen wäre erforderlich, die verkrusteten Strukturen der Gesellschaft und damit auch der Wirtschaft aufzubrechen. Geschieht dies nicht, bleibt Japan die immer noch viertgrößte Volkswirtschaft der Welt, aber ihre ehemalige Dominanz im Export hat sich inzwischen halbiert. Somit stellt sich die Frage:

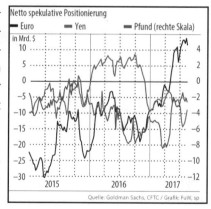

Folgen die anderen Asiaten einem ähnlichen Muster ihrer historischen Verläufe oder bleibt Japan ein Sonderfall? China und Indien stehen vor ziemlich genau diesem Phänomen.

China startete seine neue Geschichte vor gut 30 Jahren mit der Öffnung des Landes für alle Investoren der Welt bzw. für diejenigen, die in China produzieren lassen wollten mit dem Ziel, die sehr niedrigen Löhne zu nutzen, um die Herstellungskosten ihrer Produkte zu reduzieren und damit die Stückzahl der weltweiten Verkäufe auszuweiten. Es wurde die wichtigste und am weitesten greifende wirtschaftspolitische Entscheidung Pekings.

China wurde auf diese Weise zum absoluten Weltmeister für alle Billigprodukte, die einfach herzustellen waren, keine besonderen Vorkenntnisse erforderlich machten, für die aber mehr als eine halbe Milliarde Menschen produktionsseitig zur Verfügung standen. Alle Zahlen lassen sich nur grob schätzen, aber die Gewalt dieser Produktion war nicht nur in den Warenmärkten der Welt zu spüren, sondern auch auf den Konten der Chinesen.

Innerhalb von 25 Jahren wurde China der größte Besitzer von Währungsreserven, die es in dieser Höhe jemals gab. Auf gut 4 Bio. Dollar stellten sich diese Ende 2015 dar. Indes:

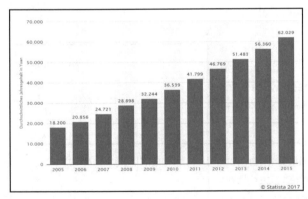

Das Lohnniveau der Chinesen hat sich inzwischen deutlich erhöht, womit der Wettbewerbsvorteil der chinesischen Produktion schrittweise abnimmt. Somit reduziert sich die Exportdynamik fast automatisch. Dem steht gegenüber, dass mit den höheren Einkommen der Chinesen die Binnennachfrage in China deutlich zunimmt, wofür sowohl ausländische als auch inländische Produkte zur Verfügung stehen müssen. Das ergibt eine spannende Perspektive:

Der Nachholbedarf bis zu einem höheren Wohlstand für 1,2 Mrd. Menschen lässt sich schwer messen. Es besteht jedoch großer Nachholbedarf sowohl bei Wohnungen als auch im täglichen Verbrauch und am besten sichtbar bezüglich des Autowunsches.

Wie Peking mit diesem Sachverhalt umgeht, wird demnächst die Autowelt sehr gründlich verändern. Daran knüpfen sich technische Revolutionen und ein ungeheures Mengenproblem. Betroffen sind davon so gut wie alle Autobauer.

Das Auto ist für die Bewohner aller Länder der Welt Sinnbild des Wohlstands schlechthin. Das Aufholpotenzial der Chinesen ist deshalb eine der ungeheuerlichsten Herausforderungen dieser Art, die es zurzeit gibt.

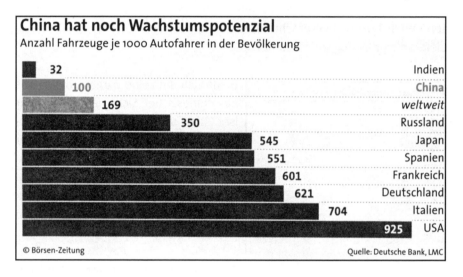

Mit dieser Konstellation verlagert sich die Interessenlage aller Chinesen deutlich nach innen und sehr viel geringer nach außen. Denn ohne den Export von Billigwaren verfügen die Chinesen nur über wenige Techniken und Produkte, die gegenüber den westlichen Wettbewerbern nachhaltig konkurrenzfähig sind. Die beiden aktuellen Fälle sind fast typisch:

Die chinesischen Schnellzüge gelten als große Konkurrenz für die japanischen bzw. europäischen Alternativen, in diesem Fall insbesondere bei Siemens und Alstom. Nur wenige wissen, aber der eine oder andere kann sich noch daran erinnern:

Vor knapp 20 Jahren war Siemens stolz darauf, Joint Ventures mit den Chinesen bei der Produktion des ICE bekannt zu geben, wobei man anschließend reichlich still wurde. Die jetzt angebotenen Modelle des ICE aus China sind saubere Kopien des deutschen ICE oder des französischen TGV, die ohne diese Vorlagen und Zulieferungen nicht funktionieren würden.

Der erste Passagierflieger der Chinesen gleicht dem Airbus 320 fast bis auf den letzten Millimeter. Nicht überraschend, weil Airbus ebenfalls vor 20 Jahren das Gleiche tat wie Siemens: Unter Präsident Chirac und dem französischen Airbus-Chef wurde ein umfangreiches Joint Venture verkündet, wonach die Vorlagen des neuen Flugzeugs dem A320 entsprechen sollten und sich Airbus verpflichtete, für die empfindlichsten Technik-Teile als Lieferant zur Verfügung zu stehen.

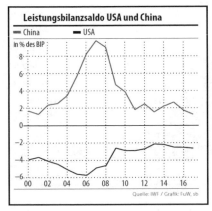

Beide Fälle sind eine Vorgabe dafür, was aus chinesischer Sicht nachvollziehbar ist: China verfügt nicht über eine eigene hochwertige Entwicklung in der Technologie und ist vorerst darauf angewiesen, sie entweder zu kaufen, zu kopieren oder über Beteiligungen an Technologie-Firmen in Europa und den USA indirekt zu transformieren.

Für ein Land, das jahrzehntelang unter kommunistischer Diktatur mehr vegetierte als lebte, ist eine solche Wirtschaftspolitik absolut vertret- und auch nachvollziehbar. Aufholbar ist jedoch die technologische Lücke nicht in wenigen Jahren, sondern nur in Jahrzehnten. Die immense Bevölkerung in einem ebenfalls riesigen Flächenland rechtfertigt die Annahme, dass nach dem sehr guten Verlauf des Wirtschaftswunders die wirtschaftliche Entwicklung an Breite gewinnen, aber an Tempo abnehmen wird. Das bedeutet:

Zuwachsraten in der Wirtschaftsleistung von 9, sogar 10 % p.a. sind künftig unmöglich. Eine langsame Reduzierung des Wachstumstempos ist mithin logisch und vertretbar, um sozialpolitische Friktionen zu vermeiden.

China ist damit ein wichtiges Mitglied der Weltwirtschaft und ein tragender Faktor. Doch es ist zweifelhaft, ob es aus seiner Situation heraus eine wirtschaftliche Führungsmacht sein kann. Denn tendenziell haben die Chinesen demnächst mehr mit sich selbst zu tun als mit spektakulären Eroberungen anderer Märkte oder Regionen. Eine weitere Folge:

Je breiter sich der chinesische Wohlstand entwickeln soll, umso nötiger sind hochwertige Investitionen, um das Angebot an Waren qualitativ zu verbessern und kostenmäßig günstig zu erhalten. Dazu sind dauerhafte Investitionen nötig.

Deutschland ist in der glücklichen Lage, einen großen Teil dieser Investitionen anzubieten. Ein Vergleich mit den USA ist hier möglich. Die Abhängigkeit der amerikanischen Industrie von bestimmter Ausrüstungstechnik führte in den vergangenen 60 Jahren dazu, dass die deutschen Exporte in die USA nur in einer engen Bandbreite von +/- 10 % im Trend schwankten und ganz selten von der Relation D-Mark/Dollar oder aktuell Euro/Dollar abhängig sind. Lediglich die Gewinnmargen der Unternehmen können durch Wechselkursveränderungen unter Druck geraten oder profitieren, aber ganz selten in den Stückzahlen.

Dieser Tendenz folgt künftig der Handelsverkehr zwischen Deutschland und China. Auf Jahrzehnte hinaus ist der Bedarf der Chinesen an hochwertiger Ausrüstung beinahe festgeschrieben.

Lohnen sich Investments in China als Aktionär? Wer in China als Privatanleger investiert, steht häufig vor einer gewaltigen Wissenslücke. Die Verfügbarkeit brauchbarer Daten ist stark eingeschränkt. Die Publizitätsvorschriften der Chinesen folgen nur sehr bedingt den im Westen üblichen Maßstäben. So bleibt die Möglichkeit, in einen Index zu investieren. Davon gibt es mehrere, womit das Problem bereits erkennbar wird.

An den westlichen Kapitalmärkten gibt es in der Regel einen globalen Trend des Marktes, dem ca. 70 bis 80 % aller Sektoren/Branchen folgen. Damit lässt sich hinreichend sicher ein Investment mit Trendcharakter aufbauen.

In Tokio zu investieren, war über den Index ebenfalls möglich, aber schwer berechenbar. Schon die Differenz zwischen Nikkei und Topix zeigt, wie weit die Einflüsse auseinander gehen.

Der chinesische Aktienmarkt zeigt zunächst eine verwirrende Zahl sehr unterschiedlicher Unternehmen mit noch stärkeren Differenzen der Sektoren selbst, sodass ein Mainstream für den chinesischen Aktienmarkt noch nicht wirklich sicher erkennbar ist. In einem Index drückt sich dies anders aus, weil sich in ihm positive und negative Trends mischen. Das wird auf lange Sicht sicherlich zu brauchbaren Trendeinschätzungen führen.

Das Ergebnis: In China als Privatanleger zu investieren, gleicht zu 50 % einem Glücksspiel und zu 50 % einer Wette auf den grundsätzlichen Wirtschaftserfolg der Chinesen. Dafür ist aber jederzeit damit zu rechnen, dass in Peking wirtschaftspolitische Entscheidungen gefällt werden, die kurzfristig und umfangreich wirken. Der aktuelle Fall ist die Entscheidung, die Elektro-Mobilität zum Schwerpunkt zu erklären, der sich alle mehr oder weniger fügen müssen, das Ausland eingeschlossen.

Gleiches kann für andere Sektoren ebenso kurzfristig erfolgen wie z.B. in den Bereichen rund um die Energieversorgung oder die Gesundheitspolitik mit Vorschriften, die sehr schnell umzusetzen sind und denen sich immerhin ca. 1,2 Mrd. Menschen fügen müssen.

26

Kommt der Petro-Yuan?

Daniel Bernecker

Wie sehr sich die Kapitalmärkte mit den veränderten politischen Realitäten bzw. mit den veränderten Gewichtungen der wirtschaftlichen Kraft einzelner Staaten auseindersetzen, erkennt man an der Diskussion um die Rolle der chinesischen Währung Yuan als Reservewährung. Noch 2014 bis 2016 schien diese Diskussion abwegig bzw. theoretisch, weil die starke Kapitalflucht aus China dazu führte, dass die Notenbank ihre Reserven massiv einsetzen musste, um per Intervention eine drastische Abwertung der Währung zu verhindern. Erst mit Einführung rigoroser Kapitalkontrollen 2016 wurde diese Kapitalflucht unterbunden und erst im Frühjahr 2017 konnten diese Kontrollen inklusive der Interventionen der Notenbanken auslaufen. Die Erfahrung dieser beiden Jahre schien die Diskussion um eine mögliche Rolle des Yuan als Reservewährung dauerhaft zu verschieben. Dem ist nicht so.

Die Perspektive des Yuan als Reservewährung ergibt sich aus der wirtschaftlichen Dynamik des Landes, die sehr stark über den Außenhandel mit der Weltwirtschaft verwoben ist, und vor allem aus Chinas Bedeutung für den internationalen Ölmarkt. Eine Währung wird immer so stark benötigt, wie die Waren eines Landes attraktiv für Ausländer sind. Länder mit Leistungsbilanzüberschüssen ziehen Kapital stark an und akkumulieren es dann letztlich in Form von Reserven. So entstehen die traditionellen „harten Währungen" und gleichzeitig werden hohe Devisenreserven angesammelt. Bestes Beispiel dafür: Die Schweiz oder Japan und früher eben Deutschland.

Im Herbst dieses Jahres begann die chinesische Börse in Shanghai, Öl-Termingeschäfte auf Yuan-Basis einzuführen: Ein erstes sicheres Indiz dafür, dass die Chinesen ihre Ölimporte gern in der eigenen Währung bedienen würden anstatt im US-Dollar. China ist heute der größte Erdölimporteur der Welt und wird dies aufgrund seiner schieren Größe im BIP bzw. dessen Wachstum auch dauerhaft bleiben. Das Bemühen, die Zulieferung von ausländischem Öl dauerhaft zu sichern, trägt auch einen wesentlichen Teil der chinesischen Industrie und Außenpolitik. Durch die parallele Akkumulation von Dollarreserven durch den normalen Handel bzw. über den Leistungsbilanzüberschuss ist die Begleichung der Ölimporte mit Dollar kein Problem. Gleichwohl begibt man sich in eine Abhängigkeit, die dadurch gelöst wird, dass erdölexportierende Länder auch die Bezahlung mit Yuan akzeptieren würden und werden. China ist für die OPEC-Staaten und auch für andere erdölexportierende Länder mit den USA der größte bzw. zweitgrößte Kunde und hat auch somit die Möglichkeit, die Bedingungen zu bestimmen.

Russland folgt dem gleichen Gedankengang, wenngleich von der anderen Seite. Moskau und Peking haben sich jüngsten Gerüchten nach bereits auf eine Umstellung des Yuan im Ölhandel geeinigt. Das ist insofern plausibel, da Russland enge Handelsbeziehungen mit China ausbaut, infolge derer man auch andere Waren und Güter aus China bezieht, die in Yuan bezahlt werden müssen. In dieser Wechselwirkung liegt die Plausibilität des Yuan als Reservewährung, wie sie der US-Dollar in den letzten 50 Jahren erfüllte. China liefert ein derart breites Spektrum an Produkten, dass jeder seiner Handelspartner mittlerweile gezwungen ist, Yuan als höheren Anteil seiner Devisenwährungen zu halten, um seine chinesischen Importe zu bezahlen.

Saudi-Arabien als größter Erdölproduzent denkt in die gleiche Richtung. Dabei geht es zum einen darum, sich die Ölexporte in der eigenen Währung Riyal bezahlen zu lassen bzw. Exporte nach China in Yuan zu fakturieren. Beides bedeutet eine Diversifizierung weg vom US-Dollar mit der entsprechenden Signalwirkung für andere Ölexporteure.

Die Bedeutung dieser Entwicklung ist nicht symbolisch, sondern hat eine direkte Konsequenz für die Bond- bzw. Anleihenmärkte der jeweiligen Währung bzw. der daraus resultierenden Kapitalmarktzinsen. Die USA genießen seit Ende des Zweiten Weltkriegs das sogenannte Dollar-Privileg, das daraus entsteht, dass die Nachfrage nach der eigenen Währung weltweit so groß ist, dass im Umkehrschluss auch eine fast unbegrenzte Verschuldung durch die Ausgabe von Staatsanleihen möglich ist. Da der Dollar bis heute ca. 62 % der Währungsreserven ausmacht, bedingt das im Umkehrschluss, dass jede Notenbank, die diese Dollarreserven ansammelt, diese in Form von amerikanischen Staatsanleihen anlegt. Mit der Folge, dass insbesondere Japan lange Zeit der größte Besitzer von amerikanischen Staatsanleihen war und erst 2017 durch China in dieser Rolle abgelöst wurde. Über 50 % der amerikanischen Staatsverschuldung in Höhe von 178 Billionen Dollar liegen in Form von Devisenreserven bei Notenbanken und Institutionen weltweit. Die Leistungsbilanzüberschüsse dieser Länder gegenüber den USA führen zu einem Anstieg der Devisenreserven, die immer sofort in Dollar-Anleihen konvertiert werden. Darin liegt im Übrigen das kleine schmutzige Geheimnis, das Trump bzw. die USA nicht offenbaren, wenn sie gegen Länder wie Deutschland, Japan oder China wegen deren vermeintlich hoher Leistungsbilanzüberschüsse vorgehen. Alle diese Länder verfügen über hohe Dollar-Devisenreserven, die postwendend die amerikanischen Haushaltsdefizite finanzieren.

Die Petro-Dollar, also die Dollar, mit denen sich erdölexportierende Staaten ihr Öl bezahlen lassen, stellen in diesem Zusammenhang eine besondere Kategorie dar, folgen aber der gleichen Logik. Die Rezirkulierung dieser Petro-Dollar in Aktien-, aber insbesondere auch in Anleihenmärkte, begünstigt mit überproportional hohem Anteil den amerikanischen Bondmarkt. Fangen nun Länder wie Saudi-Arabien oder China an, diese Ölgeschäfte in der eigenen Währung zu fakturieren, sinkt das Volumen, das in Dollar-Anlagen rezirkuliert werden kann, zugunsten von Anlagen im Riyal oder Yuan. Die Möglichkeit der Amerikaner, sich mittel- bis langfristig zu den jetzigen Zinsen zu refinanzieren, würde dadurch zunächst theoretisch eingeschränkt. Aus dieser Theorie kann in absehbarer Zukunft Praxis werden.

Die Entscheidung Chinas oder Saudi-Arabiens ist deswegen auch zwingend aufgrund ihrer politischen und wirtschaftlichen Entwicklung. Um eine gewisse wirtschaftliche Unabhängigkeit zu erreichen, ist der Zugang zu den internationalen Kapital- und insbesondere Anleihemärkten entscheidend. China war bereits 2017 mit einem Volumen von 35 Mrd. Dollar der zweitgrößte Emittent aller Schwellenländer an den Anleihemärkten. Für die zweitgrößte Volkswirtschaft der Welt mit einem Bruttoinlandsprodukt von ca. 13 Billionen Dollar ist dies aber ein verschwindend kleines Volumen. China muss darauf zielen, Anleihen mit längerer Laufzeit am Markt zu emittieren, um eine entsprechende Zinskurve zu etablieren. Dazu braucht es ein hohes Volumen von mindestens 5- bis 10-jährigen Staatsanleihen, im Idealfall sogar 30-jährigen. Solange das bisherige Anleihevolumen maßgeblich in Dollar oder Euro platziert wird, hat es nicht die gleiche Qualität wie Staatsanleihen von europäischen Ländern oder den USA. Pekings Ziel muss sein, einen liquiden Yuan-Anleihemarkt zu etablieren, um die eigene Staatsverschuldung in der eigenen Währung dauerhaft refinanzieren zu können.

Das entwickelt in China eine besondere Dringlichkeit, weil die hohe Staatsverschuldung in Höhe von inzwischen 290 % des BIP international sehr viel kritische Aufmerksamkeit auf sich zieht. Chinas Wachstum wurde seit 2009 mit einer Vervielfachung der Verschuldung finanziert und der Einsatz dieses Fremdkapitals wird zunehmend ineffizienter: Für 4 Dollar Neuverschuldung entsteht nur 1 Dollar BIP-Wachstum. Die größte Wahrscheinlichkeit, dass China in eine Finanzkrise rutscht, kommt über diesen neuralgischen Punkt. Gerät die Refinanzierung dieser Gesamtverschuldung ins Stocken, käme es zu einer Kreditkrise, die aufgrund von Chinas Größe wahrscheinlich das Volumen der Subprime-Krise in den USA 2008/09 und der Eurokrise 2012/2013 übersteigen würde. Ein Verschuldungsgrad wird in dem Moment problematischer, ab dem seine Refinanzierung nicht mehr stattfinden kann. Wenn die Verschuldung von ausländischem Kapital und Währung abhängig ist, ist dies umso prekärer. Diese Erfahrung haben alle Schwellenländer der Welt in den letzten 30 Jahren mehrfach machen müssen - das muss China unbedingt vermeiden.

Insgesamt bleibt China mit seinen Ambitionen zur Etablierung des Yuan weit hinter den Erwartungen zurück. Derzeit ist der Yuan nur die siebtgrößte Währung der Welt hinter dem kanadischen und nur knapp vor dem australischen Dollar. Knapp 40 % aller Handelsgeschäfte werden in US-Dollar abgewickelt, 34 % im Euro und 7,7 % in Pfund. Die Kapitalkontrollen und die Interventionen der Bank of China in den letzten drei Jahren wurden als Maßnahmen eingeführt, um die Abwertung des Yuan wegen hoher Kapitalabflüsse zu verteidigen. Diese Marktintention hat der Währung auf internationaler Ebene geschadet, weil sie nicht den Prinzipien freier Märkte entspricht. Damit steht China unter dem Druck, die Akzeptanz seiner Währung auf anderem Wege durchzudrücken. Solange die Währung nicht international höhere Akzeptanz erzielt, sind alle wirtschaftspolitischen Vorstöße und Visionen der Chinesen gehandicapt.

Damit schließt sich der Kreis zurück zum Thema des Petro-Yuan. Je stärker der Außenhandel in Yuan fakturiert wird, desto größer die Nachfrage nach der Währung und desto größer der potenzielle Anleihemarkt, der sich in der Währung etablieren kann. Natürlich entstehen solche Entwicklungen nicht von heute auf morgen, aber das Zeitfenster für China ist nicht sehr groß (5 bis 10 Jahre), um ein kritisches Volumen zu erreichen, damit Währung und Anleihen groß genug sind, um die Staatsrefinanzierung aufrechtzuerhalten.

Saudi-Arabien kommt von der anderen Seite, muss aber in die gleiche Richtung denken. Die einseitige dominierende Abhängigkeit des Staates und der Wirtschaft von Öleinnahmen ist hier der neuralgische Punkt. Die Entscheidung der Regierung, eine Diversifizierung weg vom Öl anzustreben, ist zwar inhaltlich richtig, aber praktisch schwer umzusetzen. Die Erfahrung des fallenden Ölpreises zwischen 2015 und 2016 hat verdeutlicht, wie stark der Staatshaushalt ins Defizit fällt, wenn die Öleinnahmen drastisch sinken. In Reaktion darauf hat die neue saudische Führung nicht nur drakonische Sparmaßnahmen und Kürzungen durchgezogen, sondern auch mit radikalen Schritten zur Korruptionsbekämpfung begonnen, Gelder zu repatriieren. Hier besteht großer Handlungsdruck, denn mit dem Ölpreisverfall von 140 auf 30 Dollar entstand in den Jahren 2015 bis 2017 ein Defizit von fast 9 % des BIP, was nur durch die Auflösung der Devisenreserven finanziert werden konnte. Diese reduzierten sich im gleichen Zeitraum von 750 auf 450 Mrd. Dollar.

Die Diversifizierung der Wirtschaft braucht Zeit, die Saudi-Arabien aber nicht hat. Also ist der Zugang zu den Kapitalmärkten zwingend. Auch die Teilprivatisierung der größten Ölgesellschaft Aramco ist in diesem Licht zu bewerten. Gleichzeitig hat man religiöse Einschränkungen umgangen, um erste Anleihen an den Kapitalmärkten in Dollar zu platzieren. Saudi-Arabiens Verschuldung ist sehr niedrig (etwa 9 % des BIP), sodass hier viel

Spielraum nach oben besteht. Die Nachfrage nach saudi-arabischen Papieren wäre mit Sicherheit auch sehr hoch. Aber hier muss der Staat darauf achten, nicht in die klassische Fremdwährungsfalle zu tappen, indem man steigende Verschuldung in fremder Währung aufnimmt. Also muss Saudi-Arabien daran arbeiten, die eigenen Verschuldung über Anleihen an den Märkten zu platzieren. Steigt man darauf um, entweder die Ölexporte künftig in der eigenen Währung oder vielleicht Yuan zu emittieren, ergibt sich eine Diversifizierung weg vom Dollar, was wirtschaftspolitisch zu einer erheblichen Emanzipation führt.

Die Überlegungen, einen Petro-Yuan oder Petro-Riyal einzuführen, klingen anti-amerikanisch und verschwörerisch, sollten aber ernst genommen werden. Beim Entstehen neuer wirtschaftlicher Kräfte in den Größenordnungen Chinas, Indiens, Saudi-Arabiens oder auch Russlands ist es nur logisch, dass das Portfolio der Devisenreserven bei internationalen Notenbanken dies auch reflektiert. Ob die USA das einfach so hinnehmen oder zu verhindern versuchen werden, ist eine sehr spannende Frage. Prinzipiell wäre man wohl bereit zur Toleranz, sofern sich die jeweiligen Staaten in allen handels- und wirtschaftspolitischen Fragen den internationalen Regeln der WTO unterordnen. Das tun sie bis dato natürlich nicht, weswegen auch die USA vehement gegen die chinesischen Bemühungen ankämpfen, als entwickelter Staat von der WTO anerkannt zu werden. China und Russland, aber auch Saudi-Arabien, wollen die Vorteile der internationalen Handelsgebote nutzen, ohne sich andererseits durch die bestehenden Regeln einschränken zu lassen. Solange diese Haltung fortgeführt wird, werden die USA mit Sicherheit nicht akzeptieren, dass die Rolle des Dollar als internationale Reservewährung unterwandert wird.

Unsere diesjährigen Autoren:

Hans A. Bernecker:
Hans A. Bernecker studierte Nationalökonomie in Köln und Hamburg. Als Assistent bei der Hamburger Börse entstand seine große Leidenschaft für die Themen Börse und Aktienmärkte. Mehr als 50 Jahre später ist der renommierte Börsenexperte und Buchautor immer noch der Herausgeber seiner wöchentlich erscheinenden Actien-Börse. Seine Stärke ist sein Gespür für Trends und die konsequente Umsetzung einer Investment-Idee. Wirtschaftliche Zusammenhänge werden mit Tendenzen an den Weltbörsen umfangreich analysiert und interpretiert und führen immer zu konkreten Empfehlungen. Dabei legt Hans A. Bernecker Wert auf eine klare, unmissverständliche Meinungsäußerung. Seine Vorträge und Seminare sind gesuchte Termine in der Aktien- und Börsenwelt.

Daniel A. Bernecker:
Daniel A. Bernecker ist Herausgeber des Schmitt-Briefs, des Aktien- sowie des Anleihen-Briefs und der Börse Easy. Er absolvierte sein Wirtschaftsstudium an der University of Vermont, USA. Seit 1999 ist er zusammen mit seinem Bruder Geschäftsführer der Bernecker Verlagsgesellschaft mbH. Er ist wie sein Vater ein beliebter Redner und Moderator bei Börsenseminaren.

Mikey Fritz:
Mikey Fritz startete seine Karriere an der Freien Universität Berlin, sammelte wertvolle Erfahrungen in der Wirtschaftsredaktion von n-tv und kam 1997 zum Hause Bernecker. Er ist durch seine frühere Tätigkeit als Gründer und Chefredakteur des Anleihen-Compass und seine heutige Stellung als Geschäftsführer der D. A. Bernecker GmbH und Vermögensverwalter ein ausgewiesener und anerkannter Anleihe-Experte. Zusammen mit Daniel Bernecker leitet er heute die Redaktion des zweiwöchentlich erscheinenden Anleihen-Briefes, der zu den besten Quellen für Anleihe-Empfehlungen im deutschsprachigen Raum zählt.

Oliver Kantimm:
Oliver Kantimm arbeitet seit 1999 für die Bernecker Verlagsgesellschaft. Er kann auf eine Börsenerfahrung von über 30 Jahren zurückblicken. Im Zuge seiner Tätigkeit als Redakteur bei der Bernecker Verlagsgesellschaft gestaltete Herr Kantimm u.a. die Actien-Börse, den Frankfurter Börsenbrief und den Frankfurter Tagesdienst inhaltlich mit. Seit 2011 zeichnet er zusammen mit Volker Schulz für den Aktionärsbrief verantwortlich.

Arndt Kümpel:
Arndt Kümpel studierte nach seiner Banklehre bei der Dresdner Bank an der Universität Trier Volkswirtschaftslehre, Öffentliches Recht und Politikwissenschaft. Danach sammelte er breite Berufserfahrung im Private Banking und im Treasury u.a. in Luxemburg, Hamburg und Berlin sowie Lehrerfahrungen an verschiedenen Hochschulen im In- und Ausland. Seit Dezember 2011 ist er als Depotberater für Privatkunden beim Depotscout tätig.

Andreas Männicke:
Andreas Männicke ist Geschäftsführer der ESI East Stock Informationsdienste GmbH (www.eaststock.de), Veranstalter von Börsen-Seminaren, Herausgeber des monatlich erscheinenden Börsenbriefes EAST STOCK TRENDS sowie Berater von Fonds und Vermögensverwaltungen in der Schweiz. Unter www.andreas-maennicke schreibt er einen eigenen Blog und auf YouTube hat er seinen eigenen East-StockTV-Kanal mit regelmäßigen Berichten und Einschätzungen über die Welt- und Ostbörsen. Er ist zudem gefragter Interviewpartner u.a. bei NTV/Telebörse, N 24, Aktionärs TV und Börsen Radio Networks.

Stefan Schmidbauer:
Stefan Schmidbauer hat „Deutsches und Europäisches Wirtschaftsrecht" an der Universität Siegen studiert und war zunächst als freier Wirtschaftsjournalist und Redakteur für mehrere Wirtschaftsmedien tätig. Seit September 2008 ist er bei der Bernecker Verlagsgesellschaft beschäftigt. Stefan Schmidbauer betreut den „Bernecker Börsenkompass".

Volker Schulz:
Nach seinem Studium der Betriebswirtschaftslehre und einer Zwischenstation bei der Investmentbank UBS Warburg zog es Volker Schulz im April 2001 zur Bernecker Verlagsgesellschaft in Düsseldorf. Hier ist er zusammen mit Oliver Kantimm maßgeblich für den Aktionärsbrief verantwortlich. 2017 wurde der Aktionärsbrief bereits zum achten Mal mit dem „Deutschen Börsenbrief Award" als bester Börsenbrief Deutschlands in der Kategorie „Allgemeiner Börsenbrief" ausgezeichnet. Wiederholt gewann der studierte Betriebswirt zudem die Krone als bester Trader im Rahmen der vom Deutschen Anleger Fernsehen ausgestrahlten Sendung „Depotchamp".

Georg Sures:
Georg Sures beschäftigt sich als studierter Diplom-Kaufmann seit Mitte der achtziger Jahre mit den Themen Börse und Aktien. Seit 2008 arbeitet der langjährige Redakteur für die Bernecker Verlagsgesellschaft und schreibt aktuell u.a. für den Frankfurter Tagesdienst.

Walter Tissen:
Der ausgebildete Bankkaufmann wechselte 1998 zur Unternehmensgruppe Bernecker und hat sich redaktionell, nur kurz unterbrochen durch eine Mitwirkung bei einem Unternehmensgründungs-Vorhaben, bei verschiedenen Publikationen beteiligt. Derzeit gehört er neben Bernhard M. Klinzing zur Redaktion des Frankfurter Börsenbriefs, beteiligt sich am dazugehörenden TV-Angebot „Geld oder Brief" und ist häufig auch im Video-Strategie-Ticker des Frankfurter Börsenbriefs vor der Kamera. Im Frankfurter Börsenbrief liegt seine Schwerpunktbetrachtung bei deutschen Standard- und Nebenwerten sowie in der Erarbeitung der grundsätzlichen Depotstrategie bzw. in der Einordnung des „Big Picture". Walter Tissen ist CFA® Charterholder und Mitglied in der CFA Society Germany.

Der Wert der Arbeit wächst mit der Größe des Wirtschaftsraumes. (Ludwig Erhard)

Verzichten Sie nicht auf unser nächstes Jahrbuch. Wenn Sie auch im Jahre 2019 über den voraussichtlichen Verlauf von Börse und Wirtschaft frühzeitig orientiert sein wollen, benötigen Sie den

Wegweiser für Kapitalanlagen 2019

Das Bestreben, Ihnen ein Buch in die Hand zu geben, mit dem Sie in der Lage sind, konkrete Unterlagen für Ihre Disposition zu schaffen, ist auch für den neuen Jahrgang 2019 unser Leitmotiv.

Bestellen Sie Ihr Exemplar mit untenstehendem Bestellschein.

Die Auslieferung erfolgt voraussichtlich Anfang Dezember 2018.

Bestellschein

Senden Sie mir ..... Exemplar(e)
"Wegweiser für Kapitalanlagen 2019"
gegen Rechnung an:

Name: _____

Anschrift: _____

Datum/Unterschrift: _____

Ihre Bestellung senden Sie bitte an:

Bernecker Verlagsgesellschaft mbH Telefon: 05231.983-116
Theodor-Heuss-Str. 1 Telefax: 05231.983-146
D-32760 Detmold eMail: abo@bernecker.info